Histoire
de la philosophie

DE L'ANTIQUITÉ À NOS JOURS

© 2000 Könemann Verlagsgesellschaft mbH
Bonner Strasse 126, D – 50968 Cologne

Sous la direction de : Peter Delius
Rédaction et maquette : Kathleen Wünscher
Glossaire : Sasan Seyfi
Design : Peter Feierabend
Photogravure : Digiprint, Erfurt

Titre original : *Geschichte der Philosophie*

© 2000 pour l'édition française
Könemann Verlagsgesellschaft mbH

Traduction de l'allemand : Christian Muguet, Paris
Réalisation et coordination éditoriale : Belle Page, Boulogne
PAO : ADL, Sèvres

Suivi éditorial : Marie-Cécile Azam
Fabrication : Mark Voges

Impression et reliure : Druckhaus Locher GmbH, Cologne
Imprimé en Allemagne
ISBN 3-8290-2035-X

10 9 8 7 6 5 4 3 2 1

Christoph Delius et Matthias Gatzemeier,
Deniz Sertcan, Kathleen Wünscher

Histoire de la philosophie

DE L'ANTIQUITÉ À NOS JOURS

KÖNEMANN

Sommaire

Les textes paraissant indispensables à la compréhension des philosophes et dont sont issues la plupart des citations, figurent à la fin de chaque entrée consacrée aux auteurs, page **117**.

Les débuts de la philosophie

L'Antiquité

LA PHILOSOPHIE GRECQUE

Du mythe au *logos*

« L'étonnement a depuis toujours incité les hommes à philosopher et continue à le faire. » Par cette assertion toujours valable de nos jours et grâce à cette notion d'« étonnement philosophique », Aristote décrit la surprise ressentie face aux phénomènes et aux événements inexplicables et dont résulte ensuite la question portant sur les origines. Aristote renvoie ainsi à Platon et aborde simultanément le problème de l'origine et du commencement de la philosophie. La philosophie universitaire, liée à une école, n'est pas la seule à contenir un savoir philosophique, c'est aussi le cas du mythe, suscité également par ce qui étonne, par toutes les questions en quête d'explications. Il n'est effectivement pas facile de tracer la frontière entre mythe, pensée préphilosophique et philosophie, comme ont coutume de le faire les classifications des histoires de la philosophie.

Leurs contenus, à savoir la question de l'origine du monde, l'explication des phénomènes naturels, des normes et des institutions sociales sont identiques ; ils ne se distinguent d'ailleurs que par leur manière de traiter ces sujets, ou plus exactement par leur façon de formuler les choses. La transition souvent évoquée du mythe au *logos* correspond au passage d'un langage narratif relatant des histoires de dieux et de héros à un discours strictement argumenté. En lieu et place d'une explication du monde par l'existence de dieux, on se mit à élaborer une forme de plus en plus rationnelle d'appréhension du monde. Aristote restitua cette différence de registre de la manière suivante : « Les auteurs de mythes se sont contentés de réfléchir dans une catégorie qui n'était, selon lui, accessible qu'à eux et ils n'ont pas beaucoup tenu compte de nous. Car à partir du moment où ils élèvent les dieux au rang de principe, qu'ils en font l'origine de toute chose et affirment que tout ce qui ne se nourrit pas de nectar et d'ambroisie est mortel, il devient évident qu'ils disent quelque chose de compréhensible pour eux, alors qu'ils disent simultanément quelque chose qui, pour nous, est incompréhensible et qui a précisément trait à la manière d'agir de ces causes. Il n'est pas nécessaire en réalité de se poser beaucoup de questions sérieuses sur les moyens d'acquérir de la connaissance à l'aide d'instruments mythologiques. Il faut en revanche chercher à se procurer des renseignements auprès de ceux qui argumentent avec des preuves. » L'origine de la philosophie au sens strict réside dans la découverte de l'argument.

La philosophie grecque n'est pas apparue sur le continent (elle ne parviendra à Athènes que dans la seconde moitié du Ve siècle), mais dans les petites colonies grecques d'Asie Mineure (Milet) et d'Italie méridionale (Crotone et Élée). Cela tient au fait que la confrontation des colons à des questions, des problèmes et des modes de pensée nouveaux suscita davantage de questionnements théoriques que dans la patrie originelle. Les besoins nés des communications entre cultures, notamment en

---

L'ANTIQUITÉ

La **philosophie occidentale trouve son origine** dans la Grèce antique. Les Grecs ont commencé à philosopher aux environs de 600 av. J.-C. Cette époque est caractérisée par de profondes mutations économiques et sociales qui conduisirent à une crise de l'État fondé sur l'aristocratie et finalement à l'émergence de nouvelles formes d'organisations politiques (tyrannie, démocratie).

C'est parallèlement à ces mutations que se produisit la **transition du mythe au *logos***, c'est-à-dire qu'à une interprétation du monde en termes mythologico-religieux (récits des origines racontés par les dieux évoquant le déroulement de la formation du monde) se substitua une explication du monde philosophico-scientifique et rationnelle. Cette transition ne s'effectua toutefois que progressivement de telle sorte que l'influence du mythe est encore perceptible chez de nombreux penseurs antiques.

La philosophie antique débute avec les **présocratiques (env. 650-500 av. J.-C.)** auxquels appartiennent les philosophes de Milet (Thalès, Anaximandre), les pythagoriciens, les philosophes de l'école d'Élée (Xénophane, Parménide), et les atomistes (Leucippe, Démocrite).

***Pythagore**, gravure du XVIe siècle, Bibliothèque nationale de France, Paris*

Au centre de la philosophie présocratique se trouve la question du principe fondamental qui régit le monde et celle de la substance originelle dont sont issus le monde et les choses.

La **période classique** qui succède aux présocratiques **(de 480 env. à 320 env. av. J.-C.)** est une **période d'apogée** pendant laquelle les Grecs réalisèrent les œuvres les plus significatives dans le domaine des arts plastiques (aménagement de l'Acropole sous Périclès, sculpteurs de renom : Myron, Phidias, Polyclète), de la poésie (période des plus importants représentants de la tragédie attique : Eschyle, Sophocle, Euripide) et de la philosophie (Socrate, Platon, Aristote).

Athènes devient alors le centre de la philosophie tandis que, parallèlement, la nouvelle forme étatique de la cité parvient à son plein épanouissement.

L'**hellénisme (323 – 146 av. J.-C.)** est l'époque qui voit apparaître une culture mixte porteuse de traits orientaux même si l'élément grec y reste prédominant. Les Grecs dominent alors jusque dans les régions du Moyen-Orient et du Nord de l'Inde. Les sciences et le commerce prennent un essor considérable. Alexandrie et Pergame constituent les centres de cette civilisation. La juxtaposition d'orientations stylistiques diverses caractérise l'art et l'architecture de cette époque. La littérature et la philosophie sont très cosmopolites. De nouvelles écoles philosophiques font alors leur apparition (stoïciens, épicuriens).

matière de commerce, dépassant largement les frontières de la cité, nécessitèrent l'adoption de formes d'argumentation linguistiques et méthodologiques fiables et évidentes.

Les thèmes principaux de la philosophie grecque englobent trois domaines : la physique (théorie de la nature), l'éthique et la logique. Font partie de la physique non seulement l'explication du fonctionnement de l'univers, des astres et de la Terre, des phénomènes naturels, du temps, de l'espace et du mouvement, mais aussi la théologie, comme un enseignement des dieux découlant de l'observation de la nature. Les historiens de la philosophie de l'Antiquité effectuent par rapport à ces trois domaines un classement chronologique dans lequel les présocratiques sont considérés comme les fondateurs de la physique, Socrate et Platon comme ceux de l'éthique et Aristote comme l'inventeur de la logique.

Les présocratiques

Le passage du mythe au *logos* ne s'est effectué que progressivement. Les représentants de l'orphisme par exemple, dont la dénomination est empruntée à la figure du chanteur mythique Orphée, constituent un groupe de penseurs qui soulèvent des questions philosophiques traitant de l'origine des choses. Conformément à un principe de monde unitaire, et dans un langage qui relève certes encore du mythe, mais en recourant aux noms des dieux de manière métaphorique, ces penseurs effectuent une réinterprétation allégorique des mythes.

Ce sont ces questions qui vont constituer le noyau de la philosophie ionienne de la nature, dont le centre est à Milet; celle-ci va s'efforcer d'élaborer une explication du monde strictement rationnelle en se détournant de manière conséquente du langage mythique. Pour Thalès, c'est l'eau, pour Anaximandre, c'est l'infini éternel, et pour Anaximène, c'est l'air considéré comme divin, dynamique et dispensateur de vie, qui constituent le principe originel, le principe (*archè*) du monde. Tous ces penseurs, par l'intermédiaire desquels la philosophie grecque au sens strict va commencer avec Aristote, ont en commun de vouloir trouver un principe d'explication unique à l'origine du monde. Les pythagoriciens voient dans le nombre le principe du monde, aussi bien sur le plan matériel que sociétal. La nature des choses leur semble reproduire celle des nombres. Ces derniers ordonnent le cosmos en délimitant et donc en déterminant l'indéterminé. Les pythagoriciens établissent aussi le canon des quatre sciences – l'arithmétique, la géométrie, l'astronomie et l'acoustique (la science harmonique rationnelle) – qui constitueront ultérieurement la base des sept

arts libéraux appelée *quadrivium* et *trivium*. Ils vont se consacrer intensément aux problèmes aussi bien éthiques que politiques dans un cadre relevant tant de la théorie que de la pratique, et vont de ce fait leur donner une dimension surtout philosophique qui ne sera reprise de manière totalement explicite que par les sophistes, ainsi que par Socrate et Platon.

Pour Héraclite, qui fit cavalier seul parmi les présocratiques, la base de toute faculté de connaître repose sur l'observation empirique de la multiplicité des choses qui le conduisit à la conviction que l'ensemble du monde est composé de contraires. Tout le déroulement des choses est l'expression du rapport qu'entretiennent entre eux les contraires. Le père de toute chose est la guerre, c'est-à-dire l'affrontement des contraires qui mène toutefois finalement à la raison éternelle du monde (le *logos*) comme unité englobante : « Le tout devient un et l'un devient le tout. »

Xénophane, le fondateur du scepticisme épistémologique, focalisa sa critique sur les questions de mœurs et de traditions, en particulier par rapport aux représentations anthropomorphiques des dieux. Sa thèse de l'unité, de l'immobilité et de l'éternité de l'univers en fait un précurseur de l'école d'Élée dont le fondateur, Parménide, originaire d'Élée, développa (pour se détourner d'Héraclite auquel il s'opposait)

Groupe de philosophes, mosaïque romaine de Pompéi, Ier siècle, Museo Nazionale Archeologico, Naples

Les « sept sages », représentés par beaucoup plus que sept hommes d'État du VIIe et du VIe siècle av. J.-C. – ainsi un groupe de composition variable – étaient considérés dans la tradition grecque comme les fondateurs d'une pensée et d'un mode de comportement – avec ses règles – déterminant une pratique et unifiés en un système philosophique. Ils ont légué un certain nombre de maximes de vie telles que : « Connais-toi toi-même », « Garder la mesure en toute chose », « Rester maître de son désir », « Chaque chose en son temps », « La plupart des hommes sont mauvais ».
Il est en fait douteux, mais pas exclu, que cette mosaïque de Pompéi, qui s'inspire probablement d'un modèle grec, montre les « sept sages »; il existe en effet des représentations antiques de ce motif (par exemple à Cologne). Cette mosaïque est aussi parfois considérée comme une image de l'académie platonicienne. Platon serait alors celui qui est assis sous l'arbre et qui dessine avec un bâton dans le sable, ou qui désigne une boule représentant probablement une carte du ciel comportant la trajectoire des planètes. Quoi qu'il en soit, cette image très vivante et représentative d'un groupe de « sages du monde » en discussion, témoigne de l'intérêt persistant des Romains cultivés pour la philosophie, dont les origines sont grecques.

Socrate, 470-399 av. J.-C. Buste en marbre, Museo Archeologico, Naples

Dans la partie inférieure de ce buste farnésien sont gravés le nom de Socrate et une citation provenant de ses derniers entretiens, transmis par Platon. La sculpture permet d'identifier de nombreux autres exemplaires du portrait dont la commande fut certainement passée par les disciples de ce philosophe critique d'Athènes. La citation se rapporte au pouvoir des arguments raisonnables et à la nécessité morale de s'y tenir. En prenant cette position philosophique, Socrate va à l'encontre des courants de pensée qui l'ont précédé.

Le Discobole de Myron, vers 450 av. J.-C., copie romaine, Museo delle Terme, Rome

Dans le cadre de sa célèbre expérience, toute intellectuelle, où Achille fait une course avec une tortue, Zénon d'Élée attire l'attention sur les difficultés d'appréhender le temps et le mouvement. La tortue part en avance sur Achille à partir du point A. Lorsque Achille atteint A, la tortue se trouve à un point B, et lorsque Achille atteint le point B, elle se trouve à un point C, etc. Dès lors, il est impossible à Achille de rattraper la tortue en dépit du fait que l'écart est de plus en plus faible. Zénon veut montrer que l'expérience de la diversité et du mouvement repose sur l'apparence et qu'elle contredit la logique. La raison conduit à l'intuition que seul ce qui est immuable est vrai. Le lanceur de disque est restitué dans le moment précis où il allonge le bras avant d'effectuer le jet. Mais, pour tout observateur, ce moment-là inclut à la fois le mouvement précédent et le mouvement suivant. Cette conception dynamique du temps et du mouvement dans laquelle un moment ponctuel ne constitue qu'un état transitoire et non un moment réellement isolable va au-delà du paradoxe de Zénon.

un enseignement ontologique statique et moniste sur la base de l'argumentation purement logique et philosophico-linguistique suivante: son fondement épistémologique, selon lequel la pensée et l'être ne font qu'un, dit en substance que l'impossibilité de pensée ne peut exister. Dans la mesure où des assertions sur des changements impliquent toujours la non-existence d'un état (antérieur ou suivant), il ne peut y avoir de changement car la non-existence ne peut être pensée et ne peut pas même être formulée de manière sensée. Dès lors, l'« être » ne peut être pensé que comme unité immuable, dénuée de devenir et inaltérable (monisme). Il en résulte toutefois une contradiction, car on observe tout le temps des changements dans le quotidien. Parménide parvient à résoudre cette contradiction en considérant que la perception n'est qu'une illusion comparée à la pensée, une tromperie et une simple opinion (*doxa*). La pensée et l'expérience empirique doivent donc être strictement séparées.

La théorie des éléments d'Empédocle représente une médiation entre celles d'Héraclite et de Parménide. L'« étant » n'est pas unitaire, car il est constitué en définitive des formes qualitativement différentes que sont le feu, l'eau, la terre et l'air et dont les rapports de mélange variables débouchent sur une multitude d'objets empiriques. Empédocle explique le phénomène des modifications dont on peut notoirement faire l'expérience et sauve ainsi son système philosophique en

considérant ce phénomène comme une séparation et/ou une unification d'éléments qui n'apparaissent pas de manière mécaniste ou par le fait du hasard, mais comme la résultante des forces qui dominent l'ensemble du cosmos, que sont l'Amour (Éros) et la Discorde (Polémos). Anaxagore n'évoque pas seulement quatre mais une infinité de matières fondamentales invisibles dont le mélange et l'action commune sont dirigés par l'« esprit » (*Nôus*) qui domine l'ensemble de l'univers.

Les atomistes Leucippe et Démocrite tentent aussi de dépasser les positions d'Héraclite et de Parménide, mais en renonçant à un principe métaphysique ou spirituel qui dirigerait le cosmos. Ils postulent l'existence d'atomes, les plus petites particules originelles insécables qui se distinguent entre elles par leur forme et leur ordonnancement. Les changements qui interviennent dans leur configuration sont purement mécaniques, de purs produits du hasard et provoquent les variations des états que connaît le monde.

L'apparition des sophistes correspond à une nouvelle époque dans la philosophie grecque: ses centres d'intérêt se déplacent des questions liées à la philosophie de la nature, cosmologiques et ontologiques vers les problèmes éthiques et sociétaux. Les sophistes introduisent la philosophie à Athènes et provoquent, notamment en raison de leur énorme influence, la réaction de la philosophie socrato-platonicienne et aristotélicienne dont l'opposition est motivée principalement par le scepticisme épistémologique et éthique des sophistes. En effet, à partir de l'expérience pragmatique de la relativité et de la subjectivité de la faculté de connaître et d'évaluer, les sophistes parviennent à un consensus selon lequel aucune connaissance sûre n'est possible d'une manière générale; corrélativement, ils abandonnent l'ambition de vérité de la philosophie et remplacent la possibilité de convaincre à l'aide d'arguments par la persuasion sur la base de la rhétorique.

Le développement et l'élargissement de la philosophie liée à la théorie de la communication n'ont pu se faire que grâce à cette position privilégiée dont jouissait la rhétorique. Les sophistes étaient des professeurs nomades qui enseignaient l'art oratoire dans de nombreuses villes grecques, notamment auprès des jeunes qui affichaient certaines ambitions politiques, et se faisaient d'ailleurs parfois payer des honoraires très élevés (qui firent l'objet de sévères critiques de la part de Socrate et de Platon) en soutenant qu'ils pourraient, lors de procès ou de débats politiques, transformer une position de faiblesse en position de force.

Protagoras, le premier et le plus grand des sophistes, mit tout particulièrement en exergue la relativité des choses. Il ne lui était pas difficile de démontrer qu'une affirmation peut être vraie dans une certaine situation et fausse dans une autre. Il en résulta cette fameuse formule qui place le fondement de toute faculté de connaître dans le domaine de la subjectivité humaine: « L'homme est la mesure de toutes choses qui sont, comme étant, et des choses qui ne sont pas, comme n'étant pas. » La sophistique exerça une grande influence sur la période suivante, celle de la philosophie grecque classique (Socrate, Platon, Aristote).

Socrate

Socrate, condamné à mort et contraint à boire la ciguë en 399 av. J.-C., accusé essentiellement de pervertir la jeunesse par le biais de sa philosophie sophiste, oppose à l'art de la controverse (l'éristique) des sophistes, qui n'est destiné qu'à obtenir gain de cause dans un conflit, sa conception de la vraie persuasion, du dialogue philosophique avec interlocution (la possibilité d'interrompre et d'interpeller son interlocuteur). La vraie persuasion ne saurait être ainsi un monologue.

Le fondement de sa dialectique repose sur le questionnement socratique par le truchement duquel l'interlocuteur est d'abord amené, par la mise en évidence de contradictions, à réfléchir et à revoir ses convictions théoriques et pratiques qu'il considérait comme allant de soi, pour ensuite élaborer à partir de lui-même une connaissance raisonnée de soi, ainsi que de la vie morale et politique. Dans le cadre de ces entretiens, Socrate prend le rôle d'un candide qui a besoin d'être enseigné afin que l'interlocuteur accepte de se laisser entraîner sans crainte dans un dialogue. Par le biais de questions ciblées, Socrate parvient à amener graduellement son interlocuteur à une perception critique de la thématique évoquée. Pour Socrate, cette discussion demeure utile même si elle ne permet pas de parvenir à un résultat clair et quand bien même elle ne fait que soulever une problématique et s'approcher d'une solution. Cette manière de dialoguer avait un effet très dissuasif sur de nombreux interlocuteurs, mais certains en reconnaissaient néanmoins la valeur éducative.

Socrate ne considérait pas son activité philosophique comme un enseignement mais comme une aide à l'accouchement (maïeutique) permettant d'effectuer une réflexion critique sur soi-même; il disait d'ailleurs de lui-même, avec beaucoup d'ironie, qu'il ne savait véritablement qu'une chose, à savoir qu'il ne savait rien. Bien qu'il n'ait en définitive rédigé aucune œuvre philosophique (nous ne connaissons sa philosophie qu'à travers Platon et quelques autres contemporains), son influence fut considérable. De nombreux disciples de Socrate fondèrent quelques écoles philosophiques: Platon créa l'Académie, Antisthène fonda l'école des cyniques et Aristippe l'école des cyrénaïques.

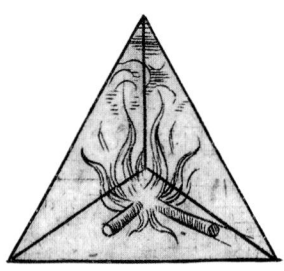

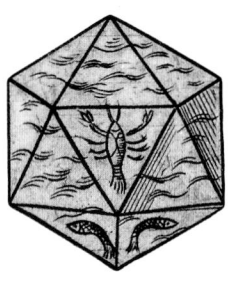

Les corps platoniciens dans leur correspondance avec les éléments antiques, source : Johannes Kepler, *Harmonices Mundi*, libri V, Linz, 1619, Bayrische Akademie der Wissenschaften, Kepler-Kommission

Dans le *Timée*, Platon présente sa conception de l'apparition et de l'essence du cosmos. Dès avant l'existence physique des cinq éléments, le feu, l'air, l'eau, la terre et l'éther, la matière adopte, d'après Platon, la forme de corps géométriques idéaux dont les surfaces sont équilatérales et isogones, et dont les angles se trouvent sur une boule. Mais seuls cinq corps correspondent à ces caractéristiques. Les relations mathématiques de ces corps et les relations des corps entre eux autorisent de nombreuses spéculations de comparaison analogique.

Platon

Les principes fondamentaux de la philosophie platonicienne

Platon élabore souvent ses positions philosophiques par opposition à ses prédécesseurs, en particulier Pythagore, Héraclite et Parménide ainsi que les sophistes. Compte tenu de sa conception maïeutique de la philosophie, il évite largement de présenter des assertions de fond comme un savoir acquis ; en revanche, il considère en général les différents processus de compréhension sur le plan de la méthode (de nature épistémologique, logique et linguistique) comme des connaissances acquises.

Pour ce qui est des éléments de connaissance considérés comme acquis, l'œuvre de Platon recèle des affirmations générales telles que celle de la nécessité des idées, en particulier de celle du bien, qu'il est pire de faire le mal que de le subir, qu'il est incontournable d'accepter la possibilité d'apprendre et de connaître, et qu'une vie vouée à la raison est préférable à une vie déraisonnable. Les nombreux mythes et métaphores, qui ne sont pas pour autant des rechutes dans la pensée mythologique, constituent l'une des caractéristiques les plus frappantes de la philosophie platonicienne ; ils servent à illustrer, à expliciter ou à compléter l'argumentation, sans la remplacer, et sans jamais être en contradiction avec elle.

L'éthique se trouve au centre de la philosophie de Platon, son souci principal étant d'apporter la preuve de la possibilité d'une connaissance certaine. Tandis que les polémiques éthiques de Socrate se focalisaient essentiellement sur le problème de l'éthique individuelle, Platon met au premier plan la question de l'éthique sociale dans sa globalité, celle de l'action politico-sociale où l'éducation et la formation adéquates jouent un rôle considérable.

La théorie platonicienne de l'Idée

La théorie de l'Idée développée par Platon, théorie philosophique opposée au subjectivisme et au relativisme, doit ouvrir la voie à une connaissance objective de la vérité. Le point de départ de ses réflexions à ce sujet réside dans la supposition épistémologique fondamentale selon laquelle seules les choses identiques entre elles peuvent mutuellement s'identifier, ce qui signifie que les objets de la connaissance sont limités, ou correspondent à la seule faculté de connaissance (et inversement) ; autrement dit, l'assurance de connaître dépend de la connaissance des différents objets eux-mêmes, et c'est la raison pour laquelle les objets qui se modifient perpétuellement ne peuvent jamais conduire à un savoir durablement acquis. Afin que ce dernier soit néanmoins possible, Platon postule l'existence d'idées comme objets de connaissance d'une nature particulière qui (à l'instar du concept d'« être » chez Parménide) sont considérés comme immuables, éternels et qui (contrairement à la sphère transformable de l'empirie) ne peuvent pas être appréhendés par la perception mais par la raison. Le fait d'avoir la faculté de connaître ces idées (chose que Platon n'a jamais prétendu pouvoir faire) permet de disposer d'un savoir stable dans le temps, immuable, distinct de la simple opinion (*doxa*) dont se satisfait la communauté des hommes et qui représente l'optimum de la possibilité de connaissance pour l'ensemble du domaine des jugements relatifs à la perception.

Il existe des idées pour les domaines de connaissance les plus variés : pour les objets naturels (les arbres et les animaux...), pour les objets produits artificiellement (les tables...), pour les affaires éthico-politiques (les vertus et les formes d'organisation étatiques...), mais tout autant pour les objets de la géométrie (le cercle et le triangle...). C'est surtout par rapport à cette dernière, qui a manifestement servi de modèle à Platon pour concevoir son enseignement sur la notion d'idée, mais par rapport aux données sociétales, qu'il apparaît judicieux de considérer que les réalisations empiriques ne correspondent jamais à l'idéal, et c'est pourquoi elles suscitent précisément une construction *a priori* d'idées. De cette manière, Platon acquiert, par le truchement de son enseignement sur la notion d'idée, un dispositif critique par rapport aux situations prédominantes en matière de morale, de tradition et d'État.

Afin de rendre plausible la possibilité de connaissance des idées, Platon évoque un mythe d'après lequel les âmes présumées immortelles ont contemplé l'ensemble des idées pendant une période prénatale ; cette connaissance a été troublée par la naissance, mais il lui apparaît possible de la réactiver par un processus de remémoration (*anamnesis*) ; le fait d'apprendre ne correspond pas chez Platon à un remplissage intervenant après une *tabula rasa*, mais à une progression dans un processus consistant à se remémorer. En termes de psychologie de la connaissance, le chemin vers la connaissance des idées commence par des impressions de perception de même nature (par exemple de beaux objets ou de belles personnes), jusqu'à ce que s'établisse finalement l'idée globalisante et unitaire du Beau. Platon décrit

le chemin qui mène à une théorie de la connaissance comme une succession d'étapes passant par cinq niveaux: le nom ou la désignation par le nom; le concept ou la définition; le reflet; la compréhension et la science; l'apparition soudaine, et qu'il n'est pas possible d'imposer, l'idée. La dernière étape, celle de la contemplation du monde des idées, n'est accessible qu'après avoir franchi toutes les autres étapes, et seulement à celui qui, en association avec d'autres personnes, a mis en pratique pendant une longue période un mode de vie philosophique.

L'ontologie, la théorie des différentes formes et domaines de l'« être », découle directement de l'enseignement portant sur les idées: les idées se trouvent au sommet de la hiérarchie de l'« être »; elles sont en fait les seules à être vraiment et authentiquement, au sens propre, des « étants »; elles servent d'image originale et de modèle au monde sensoriel. Selon Platon, le monde empirique des choses sensorielles corporelles, perceptibles et vouées à disparaître, n'est pas autonome; il n'obtient son statut d'« étant » qu'en ayant part aux idées; les choses n'existent que comme des imitations ou des reproductions, des reflets des idées. À cette classification des domaines de l'« être » correspond celle des facultés de connaître

en matière de pensée et de perception. Platon lève ainsi (tout au moins partiellement) la séparation stricte et directe des domaines de l'« être » et de la connaissance, d'une part en introduisant, dans son œuvre ultime du *Timée*, la notion d'espace libre de toute détermination, c'est-à-dire la matière neutre ou les nombres idéaux (empruntés à la tradition pythagoricienne) servent d'instance médiatrice entre les idées et le monde sensoriel et, d'autre part, en ajoutant la notion d'opinion juste et vraie entre la vérité subordonnée aux idées et à la pensée, et la simple opinion qui se rapporte au seul monde empirique.

L'éthique et la philosophie de l'État selon Platon
L'idée directrice de tout comportement individuel et collectif, mais aussi de tout effort théorique, réside dans la notion du bien (Platon affirme ne pouvoir la définir « en soi », en raison de son inaccessible profondeur) qui se trouve au sommet de l'univers des idées et transcende en fait toutes les idées. Il lui revient en tant que méta-idée la mission d'assurer l'existence des autres idées et donc de l'ensemble du monde, de garantir l'utilité des idées dans le domaine des sciences et des actions, d'empêcher les abus dans l'exploitation des connaissances et des capacités, ainsi que de

L'École d'Athènes, fresque de Raphaël, 1508-1511, musée du Vatican, Rome

La fresque de Raphaël semble, de par sa diversité symphonique, ne pas seulement représenter de nombreux philosophes mais la philosophie elle-même, et restituer les espaces abstraits de la pensée dans un volume architectonique. Eu égard à la nonchalance virtuose à laquelle sont liés les caractères et les types de mouvements destinés à en figurer un panorama de thèses, de recherches et de modes de pensée, personne ou presque ne pourrait songer à l'Antiquité dont la connaissance était très parcellaire à la Renaissance. Raphaël savait naturellement que tous ces philosophes ne vécurent pas à la même époque, il ne s'agit donc pas d'une scène historique.
Seules quelques rares personnes sont représentées de manière à être distinguées. Au milieu, on reconnaît Platon avec son *Timée* sous le bras, regardant sereinement vers le « ciel des idées », tandis que son élève Aristote tend sa main à l'horizontale vers l'avant. L'image symbolise ici qu'il ne croyait pas aux idées en soi, le général et le particulier sont pour lui transmis au niveau terrestre. Socrate, tournant le dos aux deux autres, compte sur ses doigts le nombre des arguments. À gauche, on peut voir Pythagore assis, devant lui se trouve un tableau représentant les proportions chiffrées harmonieuses. Diogène, à peine vêtu, prend ses aises sur l'escalier, tandis que Ptolémée, roi couronné, complètement à droite, tient un globe terrestre.

Platon, 427-347 av. J-C, copie romaine d'après un original grec, marbre, musée du Louvre, Paris

De même que son professeur Socrate, Platon pensait que la vérité ne peut se réduire à des formules et ne peut donc être transmissible que concrètement; on ne peut en faire l'expérience qu'isolément, en dépit de la nécessité impérative d'avoir des interlocuteurs, à l'issue d'un processus d'appropriation personnelle. C'est ainsi que ses écrits sont toujours des dialogues dans lesquels deux personnes, ou plus, discutent. Toutefois, ce vers quoi se tournent les opinions justes ne se trouve pas pour Platon dans le domaine du contingent. Le devenir, ce qui est voué à disparaître, appartient au monde sensible. Certes le sensible « participe » à l'intelligible (au monde des idées), mais il en est séparé. L'idée est cette réalité stable, atemporelle. Et donc à toute donnée sensible correspond une idée qui en est la cause et la raison.

L'Allégorie de la caverne de Platon, gravure sur cuivre de Jan Saenredam, d'après Cornelis van Haarlem, Graphische Sammlung Albertina, Vienne

L'allégorie de la caverne est développée dans la *République*: des personnes séquestrées durant des années dans une caverne perçoivent constamment dans la lueur du feu les ombres des choses qu'ils ne peuvent voir et les tiennent pour vraies, comme si elles étaient les choses en tant que telles. Mais elles ne sont en fait que les reflets d'un « être » idéal, dont l'image est elle-même le soleil qui rayonne à l'extérieur. Platon a voulu par cette allégorie décrire le chemin qui mène à la connaissance des idées qui, en tant qu'images originales de la réalité du monde, sont placées au-dessus des choses réelles. Les choses réelles visibles sont des reproductions de ces idées. C'est un humaniste d'Amsterdam qui a commandé cette gravure où se mêlent aux allégories classiques des caractéristiques typiques de son époque.

trouver dans certaines situations concrètes un équilibre approprié entre objectifs et moyens. Les analyses développées dans les premiers dialogues relatifs à différentes vertus sociales (courage, justice, etc.) opposent aux pratiques sociales (totalement perverties aux yeux de Platon) une représentation normative idéale qui sert en même temps de critique des préjugés et de démythification des appréciations communément admises, surtout de l'opinion des sophistes et des hommes politiques. La thèse défendue dans le *Ménon*, sur la possibilité d'enseigner la vertu, repose sur un présupposé selon lequel la vertu est un savoir et que personne ne saurait agir contre un meilleur savoir. Une forme d'argumentation comparable se trouve à la base de sa théorie sur l'éthique et la politique: l'homme ne saurait, en tant qu'être raisonnable confronté au choix de mener une vie raisonnable ou déraisonnable, se décider pour un mode de vie déraisonnable sur la base de son intelligence anthropologique propre, c'est-à-dire en se regardant lui-même comme être humain. C'est pourquoi l'objectif le plus important de toute éducation et de toute formation consiste à éclairer l'homme sur ce qu'il est.

Dans une œuvre considérable, la *République*, Platon esquisse une théorie globale de l'éducation, de la société et de la constitution. Trois classes d'hommes composent et forment l'État:

1. C'est à la classe supérieure des magistrats que revient la direction de l'État: on attend de cet ordre qu'il dispose des plus hautes connaissances dans tous les domaines; Platon évoque longuement l'éducation des magistrats en gymnastique et en musique (poésie, solfège, théorie du rythme) ainsi que dans les quatre sciences pythagoriciennes auxquelles il rajoute la stéréométrie; ce n'est qu'à l'âge de 50 ans qu'est achevée cette formation globale conçue comme préparation à la direction de l'État. 2. La classe des guerriers, combinaison de police et d'armée, a en charge la sécurité intérieure et extérieure. 3. La classe des laboureurs et artisans est responsable de la nourriture, du commerce et de l'artisanat. À chacune de ces trois classes est attribuée une vertu: respectivement l'intelligence, le courage et la modération; la quatrième vertu cardinale, la justice, concerne donc toutes les classes dans la mesure où elle a une fonction de lien social et de régulation des rapports des différentes vertus et des différentes classes entre elles. Pour les deux premières classes, Platon postule une totale communauté des biens, des femmes et des enfants, car seul le renoncement total à la propriété privée et aux revendications liées à la vie privée, permet d'éviter les plus grands maux pour l'État que sont le fait d'en vouloir toujours plus, et les conflits qui en résultent. Sur la base de leur éducation polyvalente qui n'est pas destinée à une simple transmission de connaissances, mais qui a vocation à conduire aux idées, les magistrats acquièrent le droit et le devoir de servir l'État comme rois-philosophes, une charge dont Platon prévoyait d'en ouvrir également l'accès aux femmes.

Dans la présentation de sa théorie de l'éducation, Platon adressa une acerbe critique aux poètes. Il ne veut pas de poètes dans sa cité, d'abord parce qu'ils mentent, c'est-à-dire qu'ils ne connaissent ni ne diffusent la vérité, ensuite parce qu'ils laissent la jeunesse se fourvoyer dans des conceptions erronées et l'empêchent d'atteindre la connaissance des idées, enfin parce qu'ils présentent et imitent

non pas les idées et pas davantage leurs copies, mais seulement des copies de copies (c'est-à-dire des artéfacts).

La philosophie de la nature chez Platon

La causalité et l'explication de l'apparition du monde constituent les thèmes principaux de la philosophie de la nature de Platon. Aux principes des événements du monde, origines qui permettent d'en saisir tout le sens, Platon cite : la matière dont est constitué ce qui existe ; la cause physique qui entraîne un effet ; le but que doit atteindre tout processus ou procédé ; les idées en vertu desquelles tout ce qui survient dans le monde trouve son application concrète. Il s'agit là de la théorie classique des quatre causes (qu'Aristote reprendra plus en détail) : cause matérielle, de l'effet, du but, et de la forme (*causa materialis*, *efficiens*, *finalis* et *formalis*). La cause au sens strict est pour Platon la représentation du mieux, c'est-à-dire l'idée du bien. Pour expliquer l'apparition du monde, il recourt à une présentation mythologique : un démiurge façonna le chaos initial pour en faire un cosmos, soit un ensemble unitaire bien ordonné, et en l'occurrence de manière que, à partir des matériaux présents, sans jamais perdre de vue les idées, il assemble les plus belles et les meilleures provenant de l'ensemble des mondes. Leibniz s'emparera plus tard de cette forme de pensée. Il ne s'agit donc pas ici d'une création *ex nihilo*, qui est complètement étrangère à toute la philosophie grecque, car la matière du monde est, à l'instar des idées, une donnée prédéterminée dont dispose le démiurge. Platon explique la structure du monde par la théorie des quatre éléments d'Empédocle qu'il fait précéder d'une étape antérieure constituée d'ensembles immatériels géométriques, à savoir les cinq polyèdres réguliers (tétraèdre, octoèdre, icosaèdre, hexaèdre, dodécaèdre, qui seront appelés ultérieurement les corps platoniciens), qu'il est possible de réduire à deux triangles originels. Les nombres les précèdent dans la détermination de la construction du monde, et les idées précèdent ces derniers, de telle sorte qu'on obtient la hiérarchie ontologique du cosmos suivante : idées, nombres, corps géométriques, éléments, choses concrètes.

Aristote

Les fondements de la philosophie aristotélicienne

La philosophie d'Aristote est extraordinairement riche sur le plan thématique et relève d'une approche encyclopédique. Elle laisse pour la première fois entrevoir dans l'histoire de la philosophie une différenciation interne qui conduira à l'établissement de branches séparées de la connaissance (la psychologie, la logique, la zoologie...). On retrouve dans tous les domaines une méthode rigoureuse, scrupuleusement appliquée, qui opère à partir d'une terminologie et de définitions introduites par Aristote. On peut le considérer comme le fondateur de l'histoire de la philosophie dans la mesure où il cite, critique et reconstruit de manière approfondie, sur presque tous les sujets, les théories d'autres philosophes ; son œuvre se présente dès lors comme une mine d'or qui permet de redécouvrir les textes, le plus souvent perdus, des présocratiques.

Il reprend de Platon non seulement ses approches théoriques philosophico-linguistiques et logiques, mais aussi l'hypothèse d'une téléologie générale concernant à la fois l'action et les phénomènes naturels. Il rejette catégoriquement la théorie des idées ; il lui reproche d'être vide de sens et de se réduire à une métaphore poétique. Il préfère à la notion de transcendance des idées celle des formes agissant au sein des choses de manière immanente en tant que principes fondamentaux du monde. Une autre différence significative par rapport à Platon réside dans l'intérêt majeur manifesté par Aristote pour l'étude de la nature, en particulier pour tout ce qui est analyse et explication du problème du changement et du devenir, dans le contexte duquel il développe les célèbres distinctions entre matière et forme, ainsi qu'entre actualité et potentialité, c'est-à-dire entre existence en acte et existence en puissance.

Logique et langage philosophique

Les textes relatifs à la logique sont rassemblés sous le concept général d'*Organon* (instrument). L'apport le plus significatif d'Aristote dans le domaine de la

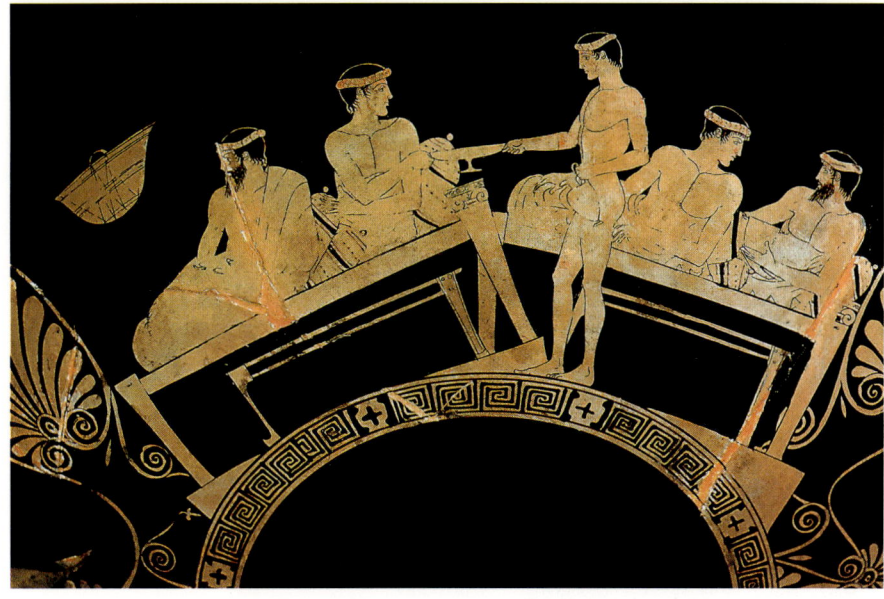

Symposion, peinture de vase grecque, env. 460-450 av. J.-C., image extérieure reproduite sur un bol, musée du Louvre, Paris

Les symposions (ou symposiums) étaient des banquets réunissant exclusivement des hommes. Un « symposiarche » était choisi à cette occasion pour fixer les thèmes de discussion (dont la négociation tournait souvent en disputes) et qui décidait à quel moment, en quelle quantité et en quelle proportion on pouvait boire l'eau et le vin. On y évoquait sans doute souvent les questions d'amour pédophile, mais aussi d'Éros − considéré comme puissance démoniaque, médiatrice entre le divin et l'humain, dans la plus célèbre œuvre du genre littéraire du symposion, le *Banquet*, où Platon relate ce genre de discussions.

À la suite d'une surenchère impressionnante et d'un approfondissement de la force de persuasion d'arguments successifs, Éros apparaît comme le lien qui soutient le cosmos et comme condition de la faculté de découvrir l'idée du Beau qui se fond dans l'idée suprême du bien. Rejetant par principe, pour des raisons philosophiques, une explication mythologique du monde, Platon développe cependant dans le *Banquet* des conceptions, qu'il serait difficile de présenter autrement. Il s'appuie en effet sur une évocation mythique qui lui avait été rapportée par Socrate. Ainsi, la poésie, qui est tout à fait adaptée au thème du dialogue, se voit validée.

La Philosophie (Platon et Aristote), représentée sur un relief de Luca della Robbia, env. 1437-1439

Platon et les sophistes s'efforcèrent de distinguer différentes disciplines de la connaissance, une pratique au cœur de la démarche aristotélicienne. Leur préoccupation principale était de parvenir à un enseignement pratique et judicieux des sciences. Dans la basse Antiquité et au Moyen Âge, on élabora un canon des disciplines des *Artes liberales* (arts libéraux) qui organisait la matière à enseigner dans les écoles puis dans les universités. Ces arts étaient la grammaire, la rhétorique, la dialectique (logique), la géométrie, l'arithmétique, la musique et l'astronomie. Le relief du campanile de la cathédrale de Florence montre, parmi une succession de représentations de ces arts, la philosophie, mais plus spécialement la logique, sous la forme d'une dispute animée entre Platon et Aristote.

logique est la découverte du syllogisme et du fait que certaines conclusions peuvent être validées sur la seule base de leur forme. Un syllogisme est composé de deux propositions et d'une conclusion. Par exemple, première proposition: « tous les hommes sont mortels »; seconde proposition: « tous les rois sont des hommes »; conclusion: « tous les rois sont mortels ». Le concept d'humain étant celui qui disparaît dans la conclusion. La déduction est nécessairement vraie dès lors que les propositions initiales sont exactes. Aristote qualifie les syllogismes d'apodictiques. Si la vérité des propositions initiales ne peut être démontrée, comme ce qui est une règle quasi générale dans le cadre d'une argumentation éthique ou rhétorique, il les appelle syllogismes dialectiques. Concernant le problème de fond du syllogisme, à savoir l'obtention des premières propositions vraies qui ne résultent pas d'une déduction préalable, Aristote en appelle à notre faculté, pour ce qui est des perceptions élémentaires et immédiates, à reconnaître quelque chose pour ce qu'il est, par exemple à pouvoir identifier un objet comme étant l'homme qui s'appelle Kallias, et à pouvoir formuler cette faculté de reconnaissance sous la forme d'un jugement résultant d'une perception.

Au niveau du langage philosophique, Aristote reprend de Platon la définition d'une proposition susceptible d'être vraie comme étant composée d'un sujet et d'un prédicat. En outre, il développe une théorie selon laquelle toutes les formulations possibles sous la forme d'affirmations peuvent être classées dans les dix catégories suivantes: substance, quantité, qualité, relation, lieu, temps, situation, avoir, agir et souffrir. Pour ce qui est de la substance, il fait une distinction entre une première substance qui se rapporte aux choses concrètes, et une seconde substance qui exprime l'être (ou la définition) d'une chose. C'est la première substance qui est la plus importante (contrairement à ce qui se passe dans l'ontologie platonicienne), car c'est son existence qui conditionne l'existence et l'expression de toutes les autres choses.

La théorie de la nature chez Aristote

Aristote définit la nature comme le domaine des choses qui ont en elles-mêmes le principe (l'origine) du mouvement et du repos, parmi lesquelles il ne compte pas seulement les corps physiques mais aussi les quatre éléments; une telle définition implique la capacité à analyser et à expliquer le mouvement (non seulement le changement de lieu, mais tout changement d'une manière générale). Parménide avait affirmé que l'on ne peut pas penser le mouvement. Aristote conteste cette conception en répondant que le mouvement est « l'acte de ce qui est en puissance en tant que tel » et en se fondant sur la puissance qui accueille des attributs successifs de prédicats.

Il obtient ainsi l'analyse suivante du processus du mouvement: il existe quelque chose qui demeure au-delà du processus du mouvement: la matière (la substance). Il y en a en outre deux destinations de la forme, à savoir: l'une qui concerne le début du processus, et l'autre pour la fin de ce processus. Dans la mesure où, selon Aristote, tous les changements naturels sont d'ordre téléologique, c'est-à-dire déterminés par un but, une finalité, la phase initiale constitue en fait un manque, une privation de la destination finale, la phase ultime constituant quant à elle l'atteinte du but (ou du but intermédiaire). En d'autres termes: le début correspond à l'état du possible (*dynamis*, puissance), la fin à celui de la réalité (*energeia*, acte), ou plus exactement de la réalisation (entéléchie). Aristote explicite son propos en se servant de l'exemple de la phrase: « Une personne est éduquée », dont la formulation complète laisse apparaître tous les éléments évoqués: d'une personne (matière) non éduquée (destination de la forme comme privation, possibilité), on fait une personne (matière) éduquée (destination de la forme comme but, réalité).

La métaphysique d'Aristote

Aristote réfute la notion d'entités transcendantes telles que celle de l'idée. Il veut dépasser le dualisme platonicien de l'idée et de l'objet réel. L'« être » des choses réside donc pour lui dans les choses elles-mêmes, même si cet « être » ne réside dans les choses qu'en fonction du possible. Cet « être » acquiert une actualité par une forme concrète, c'est-à-dire que la substance et la forme s'unissent pour former une unité dans l'objet. Il distingue plusieurs types d'« êtres » : l'animé et l'inanimé, et spécifie ce qui est animé en fonction des différentes facultés de l'âme, dans les plantes (facultés d'alimentation et de croissance), chez les animaux (facultés de mouvement et de perception en plus des facultés précédentes) et chez les humains (la faculté de pensée en plus de toutes les facultés précédentes).

La métaphysique, l'enseignement général relatif à la sagesse ou philosophie première, correspond à la théorie des fondements des causes premières et des principes premiers de l'« être », et de la pensée (comme connaissance). Aristote évoque dans le contexte de la question de l'« être » la théorie (d'origine platonicienne) des quatre causes et les propriétés les plus générales de l'« étant », comme l'unité, l'identité, la substantialité, la possibilité, la réalité, la matérialité et la précision de la forme (comme action de préciser la forme). Ces déterminations fondamentales sont en même temps des propriétés des choses et des principes de la pensée.

Lorsqu'on ne cesse de prêter attention à la chaîne causale du déroulement des événements du monde, on s'expose au danger d'une régression à l'infini en amont, méthodologiquement inacceptable. Pour éviter cela, Aristote part de l'hypothèse de l'existence d'un « être » qui est la cause de tous les autres, mais qui lui, en revanche, n'est pas le résultat d'une cause : il est celui qui suscite du mouvement sans être exposé à ce dernier. Il est éternel, immuable, objet vers lequel on tend (et de ce fait initiateur de mouvement), pure actualité (dénuée de toute potentialité), immatérialité, raison. Il s'agit donc d'un principe fondamental d'explication du monde qu'Aristote appelle Dieu, mais qui n'a pas créé

le monde, qui ne le dirige pas non plus, et qui ne prend d'ailleurs pas non plus part à son cours.

L'éthique et la philosophie politique
L'éthique aristotélicienne est une éthique de bonheur et de vertu. Partant du principe que toute action (théorique, pratique et politique) est soustendue par un but qui, en tant qu'idée directrice, détermine telle ou telle activité, il définit le bien comme le but de l'action (et non en tant que grandeur transcendante comme cela est le cas chez Platon). La question relative à un bien général qui engloberait l'ensemble des actions poursuivant un but le conduit à envisager une classification des actions où il distingue les actes que nous effectuons pour poursuivre des objectifs supplémentaires de ceux que nous accomplissons pour eux-mêmes. Seuls ces derniers méritent d'être considérés comme des buts d'actions généraux et seul le bonheur, la félicité (*eudaimonia*), correspond à un objectif supérieur auquel on aspire sans rechercher simultanément un autre bien.

Aristote parvient à trouver une définition du contenu de ce qu'est le bonheur en posant la question de ce qui fait la spécificité des activités et des facultés humaines ; elle se trouve dans les aptitudes particulières de l'âme qui dépassent celles du règne animal. Il parvient ainsi à la définition suivante de la félicité : il s'agit d'une activité de l'âme humaine qui repose sur une aptitude spécifiquement humaine, celle de la raison. Aristote n'oublie d'ailleurs pas qu'un minimum de biens extérieurs (comme la propriété et la santé) est indispensable à l'atteinte du bonheur parfait.

L'activité de raison peut s'exercer dans le domaine de l'action pratique comme dans celui de la théorie. Il en résulte une distinction entre vertus

Aristote, 384-322 av. J-C., marbre, Kunsthistorisches Museum, Vienne
Aristote fut membre de l'Académie de Platon pendant vingt ans avant de devenir le professeur d'Alexandre le Grand et de fonder par la suite à Athènes sa propre école de philosophes. Il s'opposa aux conceptions platoniciennes relatives au fossé infranchissable censé séparer le monde des idées, de l'« être », et celui de l'expérience, de la chose réelle. À ses yeux, l'essence des choses se trouvent en elles-mêmes et non dans une idée transcendante de ces choses. La théorie platonicienne de la contemplation des idées est pour lui la connaissance du général qui représente un complément de l'expérience en tant que connaissance du particulier. Aristote est considéré comme le grand systématicien de la philosophie. Son école accordait beaucoup d'importance à la classification de la diversité des phénomènes.

L'École d'Aristote, fresque de Gustav Adolph Spangenberg, 1883-1888, université de Halle

Attalos-Stoa, édifiée entre 159 et 132 av. J.-C. Reconstruite entre 1952 et 1956, Athènes

La Stoa est un promenoir public que l'on trouvait dans l'Antiquité sur les lieux de culte et les grandes places. La plus connue jadis à Athènes était la *Stoa Poikile* (la galerie colorée) qui était décorée de nombreuses œuvres de peintres célèbres et qui devint le lieu de réunion de l'école stoïcienne dont le nom servit à désigner l'endroit. Les fondateurs de l'école stoïcienne, n'ayant pas suffisamment d'argent pour acquérir des terrains, utilisaient ce bâtiment public pour y enseigner.
Pour les stoïciens, la nature tout entière est pénétrée par le principe divin de la raison. Seul celui qui vit en harmonie avec ce principe peut parvenir à la félicité. L'homme connaît une vie en harmonie avec la nature et avec lui-même dès lors qu'il se libère des affects (peur, envie) qui perturbent le calme de l'humeur vers lequel il s'agit de tendre. L'état de liberté par rapport à ces affects – l'apathie (l'absence de passion) – fait partie des idéaux les plus élevés des stoïciens.

éthiques et vertus dianoétiques. Les vertus éthiques (Aristote analyse, parallèlement aux quatre vertus cardinales, toute une série d'autres conduites pratiques) consistent à observer le juste milieu entre les extrêmes, par exemple le courage qui se situe entre la lâcheté et la témérité. Il définit comme vertus dianoétiques, qui sont les vertus de l'entendement, les cinq sortes d'activité scientifique, et c'est la raison pour laquelle il en parle dans son *Éthique à Nicomaque*; elles ne sont pas définies par une valeur médiane, mais par l'optimum qu'il est possible d'atteindre pour chacune d'entre elles.

Sa philosophie politique est conçue de manière pratique, à l'opposé de la vision platonicienne de l'État dont il réfute catégoriquement la communauté des biens et des femmes. Il aborde lui aussi les questions liées à l'éducation, en particulier dans le domaine musical, mais consacre l'essentiel de sa *Politica* aux questions de l'économie, des droits civiques, ainsi que de l'organisation administrative. Anticipant sur la conception contemporaine de la répartition des pouvoirs, il distingue les différents éléments de la puissance publique que sont les pouvoirs législatif, exécutif et judiciaire. Il définit l'État à partir de ses objectifs éthiques comme une communauté autarcique et autonome composée de personnes égales poursuivant l'objectif de la meilleure vie possible, c'est-à-dire tendant vers la réalisation de l'*eudaimonia* des citoyens. La meilleure forme étatique et constitutionnelle, c'est-à-dire la plus supportable par la plupart des personnes et la moins susceptible de s'exposer au danger de l'abus de pouvoir à des fins égoïstes, est à chercher d'après Aristote dans une forme mixte mêlant démocratie et oligarchie, conformément au principe du juste milieu, d'où seraient exclues misère et richesse extrêmes, et où la classe moyenne bénéficierait de la plupart des droits.

La philosophie de l'hellénisme

En plus de l'Académie fondée par Platon et le Peripatos fondé par Aristote, le jardin d'Épicure et la Stoa constituent les quatre grandes écoles antiques de philosophie. Il existe en outre quelques autres écoles, comme les cyniques qui s'appuient sur l'élève de Socrate, Antisthène, ou sur le pythagoricien Diodoros d'Aspendos. On donna à Diodoros le surnom de « kyon » (chien), qui servit à baptiser son école philosophique, et ce en raison de son comportement provocant et cynique. Mais ce n'est qu'avec Diogène de Sinope que s'établit cette école qui se maintiendra jusqu'au Ve siècle apr. J.-C.

Le cynisme comme philosophie se caractérise par une critique mordante et cynique des mœurs, des institutions et des opinions religieuses, par un retrait dans la sphère privée libérée des contraintes que fait peser sur elle la société, ainsi que par une forme de vie libre en harmonie avec ses propres convictions. L'objectif essentiel de l'existence est le bonheur qu'il convient d'atteindre en évitant le malheur, et une vie consacrée à la réalisation de soi-même entendue comme un retour à la nature pour vivre de manière autonome par rapport aux représentations dominantes du bonheur que sont la considération, la fortune et la santé. Cette position face à la vie est rendue possible par le développement de la faculté de raison, la réduction des besoins par l'ascèse, et consiste d'une manière générale à épargner les principales causes du malheur, en l'occurrence l'ignorance, l'aspiration au luxe et l'assouvissement irréfléchi de toutes les envies.

Épicure fonde son école aux alentours de 307 av. J.-C. à Athènes, comme alternative à l'académie platonicienne et au Peripatos, l'école d'Aristote. L'épicurisme est aussi une philosophie individuelle orientée vers la recherche de la félicité (*eudaimonia*). Le bonheur consiste en une vie de joie et de désir et en l'absence de douleur et de troubles. La condition indispensable pour ce faire est l'ataraxie, le repos imperturbable de l'âme que l'on peut atteindre grâce à la compréhension philosophique des choses et une vie retirée; le reproche d'un mode de vie sans retenue si souvent adressé à l'épicurisme est en réalité injustifié. La compréhension des rapports de cause à effet et des processus propres à la nature ne permet pas seulement l'accès à des connaissances théoriques, mais aussi à une reconnaissance pratique libérée de la peur des dieux et de la mort.

D'après la théorie de la connaissance d'Épicure, qui renvoie à l'atomisme et à la théorie de la perception de Démocrite, les impressions sensorielles résultent d'une émanation issue des objets qui sont constitués d'atomes. L'âme humaine aussi, qui disparaît au moment de la mort, est composée d'atomes. Les dieux sont considérés comme des constellations d'atomes impérissables.

Zénon de Kition crée en 300 av. J.-C. environ, dans la *Stoa Poikile* qui est un promenoir décoré de représentations colorées, l'école des stoïciens qui va perdurer jusqu'au IIIe siècle apr. J.-C. La Stoa des débuts affiche de fortes affinités avec l'école des cyniques et se situe en stricte opposition, de manière parfois polémique, avec l'Académie et le Peripatos.

Zénon tente, à l'instar de Socrate, dans un monde où règne une insécurité de la théorie de la connaissance et une instabilité socio-politique causées par le scepticisme des sophistes, d'élaborer un dispositif intellectuel qui permette de disposer d'une sécurité théorique et d'une fiabilité pratique. Ses préoccupations centrales s'orientent vers l'esquisse d'un système philosophique visant à offrir une aide individuelle pour faire face à la vie et, contrairement aux épicuriens et aux cyniques, susceptible également d'assurer la stabilité politique. Le bonheur, qui constitue le but de l'homme, consiste à mener une vie en harmonie avec soi-même et avec la nature, et on peut y parvenir en étudiant les lois de la nature et en s'orientant de manière conséquente vers la connaissance de la raison, en dépassant les préjugés et les mauvais penchants ainsi que les aspirations aux signes extérieurs de bonheur, et en ne tolérant que la vertu comme règle de conduite de sa vie. Le fondement de la connaissance est la perception qui livre invariablement des représentations vraies de la réalité et à partir desquelles il est possible, grâce

Épicure, 341-270 av. J.-C., buste hellénistique, musée du Louvre, Paris

Au centre de la philosophie d'Épicure se trouve l'enseignement de la félicité. Le principe du désir qui fonde le bonheur renvoie chez cet auteur à l'absence de douleurs physiques et psychiques. L'idéal de la philosophie épicurienne réside dans une vie simple qui permette à l'homme de satisfaire ses besoins fondamentaux et d'accueillir les lourdes épreuves de la vie avec calme. L'assouvissement des désirs préconisés par Épicure n'a en réalité rien à voir avec la débauche et la sensualité. L'homme doit en effet se garder de vivre des choses qui lui apportent certes un bonheur momentané, mais qui se soldent *in fine* par le malheur et la douleur.

Diogène dans son tonneau recevant la visite d'Alexandre le Grand, gravure au trait d'après un relief romain

Diogène de Sinope – à ne pas confondre avec Diogène Laertios qui vécut un demi-siècle plus tard et qui écrivit l'unique histoire de la philosophie antique qui ait été conservée – est représenté ici dans sa demeure, un fût aux dimensions respectables, ou plus exactement un tonneau en argile. Le message de l'homme de Sinope, qui vécut longtemps à Athènes, résidait dans son mode de vie ainsi que dans ses reparties et ses sentences qu'il exprimait de manière très démonstrative. Il confrontait l'élite athénienne à une existence dépourvue de biens matériels et à une absence de besoins orientée vers l'équilibre et censée renvoyer à une humanité naturelle, mettant en lumière de manière provocante la vanité des conventions. Muni d'une bougie allumée en plein jour, il déambulait d'un pas hésitant sur un marché en déclarant chercher un homme (c'est-à-dire quelqu'un qui ne soit pas une carapace vide prise dans les contraintes sociales et ayant perdu son identité). Il ne demanda qu'une chose à Alexandre le Grand venu, d'après la légende, exaucer un souhait qu'il lui avait demandé d'exprimer: « Ôte-toi de mon soleil. » On l'appelait ironiquement « chien » (kyon), ce qu'il acceptait tout à fait; lui et certains de ses contemporains qui suivaient son attitude furent ainsi appelés « cyniques ».

Chrysippe, statue de marbre, IIIe siècle av. J.-C., musée du Louvre, Paris

Chrysippe fut le troisième directeur de l'école stoïcienne à Athènes. Comme les autres stoïciens, il divisait la science en physique, éthique et logique et considérait toute nature comme issue d'un principe de raison. Il systématisa dans de nombreux textes les thèses de ses prédécesseurs. La statue montre de manière très impressionnante le réalisme individualisant de l'art hellénistique. Elle restitue un moment de concentration suggérée en particulier par le regard et la main « parlante » sans que l'aspect supra-individuel caractéristique de l'attitude qui est, d'une certaine manière, celle de toute personne en train de réfléchir, ait été négligé. Cette posture, qui renvoie aussi à la situation d'un enseignant face à des auditeurs, avait acquis droit de cité pour toutes les représentations de philosophes ; lorsque ultérieurement certains empereurs romains se firent représenter ainsi, ils voulaient souligner par là leur ambition d'apparaître comme des empereurs-philosophes.

à la logique, de tirer d'autres conclusions sûres. Le monde, le cosmos sont appréhendés comme un organisme uni et vivant gouverné par le feu comme principe général du monde, et par la *pneuma* (souffle, respiration) divine. Cet organisme est complètement déterminé dans son développement par la Providence. Dans la mesure où le *logos* général du monde détermine aussi la vie politique, il en résulte au niveau de la théorie de l'État la nécessité du dépassement de la pensée en termes de *polis* grecque et d'envisager son élargissement en faveur du cosmopolitisme.

Chrysippe est considéré comme le second fondateur de la Stoa, car il reformula et systématisa la position philosophique. Son centre d'intérêt majeur est la dialectique, considérée comme la science fondamentale de la logique et de la théorie de l'argumentation, et qui englobe, parallèlement à la logique formelle, la linguistique et la sémantique, la théorie de la définition, la théorie de la connaissance et la rhétorique. Il relie dans la théorie de la connaissance l'empirisme et le rationalisme : partant d'une impression sensorielle (éventuellement trompeuse), à partir de laquelle la partie de l'âme dotée de raison élabore une image (*phantasia*), apparaissent la vérité et la connaissance, mais seulement après que la raison eut examiné cette image. Grâce à la mémoire, à la faculté de comparaison et d'abstraction, nous élaborons une connaissance de l'expérience à partir des images une fois qu'elles ont été vérifiées, et ces informations issues de l'expérience conduisent ensuite à la conception de définitions et de concepts. Chrysippe ramène directement la maxime fondamentale des stoïciens sur l'harmonie avec la nature à la raison innée chez l'homme. Bien que l'homme soit fondamentalement soumis au *logos* du monde qui détermine tout, il a toujours la possibilité de se ménager un espace d'autodétermination grâce à son libre arbitre.

Panaitos est à l'origine d'une phase intermédiaire de la Stoa. Il initie l'orientation de la philosophie grecque vers une pensée romaine qui s'élabore en termes d'empire. Il se consacre moins à la dialectique et à la physique, les centres d'intérêt de ses prédécesseurs, qu'à l'éthique, et en particulier sous ses aspects pragmatiques et politiques. Il rejette le rigorisme éthique de la Stoa avec son ascèse et son refoulement des pulsions, et valorise le désir ainsi que la possession de biens matériels extérieurement visibles. Contrairement à l'idéal du sage étranger aux réalités du monde qui prédominait jusque-là, il élabore une théorie du devoir politique orientée vers la pratique, sur la base de laquelle il rencontra un écho très favorable parmi l'élite intellectuelle romaine (Cicéron, Scipion).

LA PHILOSOPHIE ROMAINE

Préservation de l'héritage grec

La philosophie de l'Antiquité romaine s'inspire pour une large part, sans apport original significatif, de la philosophie grecque et ne prend pas l'aspect d'une éducation reposant sur la pérennité d'écoles philosophiques. Son principal mérite du point de vue de son importance historique est d'avoir procuré à l'Empire romain une pensée philosophique et d'avoir élaboré un langage en latin spécifique à la philosophie, qui devint le fondement de la diffusion de la philosophie au Moyen Âge.

Lucrèce écrit un poème didactique sur la nature des choses dans lequel il associe l'enseignement d'Épicure à l'atomisme de Démocrite. L'espoir de trouver une explication toujours rationnelle aux processus naturels pour libérer ainsi l'homme de la peur de la mort, de la crainte face aux dieux et aux prêtres traverse l'ensemble de son œuvre. Cicéron rassemble dans son œuvre différents courants philosophiques de l'Antiquité. En matière de théorie de la connaissance, il se rallie à la variante sceptique de l'Académie ; sur le plan de l'éthique, de l'anthropologie et de la théologie, il est favorable à la Stoa. La philosophie grecque lui doit la reconnaissance qu'elle obtint auprès des Romains, très réticents à l'égard de la pensée philosophique. Mais il apparaît surtout comme le traducteur qui introduisit la philosophie grecque dans l'Empire romain, et c'est à ce titre qu'il mérite respect et considération. Il transpose dans l'Empire romain les théories grecques relatives à l'éthique et à la philosophie politique. Homme politique réfléchi et pragmatique en même temps, il voit un idéal de vie dans la synthèse entre philosophie et rhétorique, en l'occurrence pour servir l'État qu'il définit comme une association qui se construit sur la base d'une convention régie par le droit et comme communauté d'intérêts. Pour éviter les abus en matière de rhétorique, il exige de l'orateur non seulement une capacité rhétorique, mais aussi et surtout de la dignité morale.

En matière de théorie de la connaissance, il nie la possibilité de parvenir à une certitude et prend position contre toute forme de dogmatisme, mais exige toujours de toute personne l'examen attentif de son propre jugement qui passe par l'évaluation scrupuleuse de tous les contre-arguments possibles.

Sénèque, qui participait activement à la vie politique de Rome, professeur et éducateur de Néron, et sur l'ordre duquel il fut amené à se suicider, rejette catégoriquement l'atomisme et s'inspire surtout de l'ancienne Stoa, du cynisme et de l'épicurisme. Son souci majeur concerne l'éthique se rapportant à la vie pratique, exposée parfois d'une manière très populaire, et reposant sur la théorie stoïcienne des biens. Il propage comme but de l'existence l'idéal du sage stoïque inébranlable qui s'illustre notamment par la maîtrise des passions et par sa tranquillité face à la mort. Comme Lucrèce, il souhaite mettre l'étude de la nature au service de l'éthique et du rationalisme.

Marc Aurèle, le « philosophe sur le trône d'empereur », s'en tient pour l'essentiel à l'éthique et à la philosophie politique stoïcienne. L'assemblage qu'il opère entre éthique et religion le conduit à la thèse selon laquelle toute attitude non raisonnable s'assimile à de la désobéissance à Dieu. Il déduit de l'identité de raison propre à tous les hommes un idéal d'État cosmopolite qui constitue en même temps un élément de légitimation des visées impériales romaines.

La basse Antiquité

Le néoplatonisme (IIIe-VIe siècle), qui va devenir la principale force intellectuelle jusqu'à la redécouverte des textes aristotéliciens au Moyen Âge et va empêcher presque totalement l'émergence des autres écoles et courants philosophiques, correspond à un renouvellement fondamental de la philosophie de l'Antiquité. Plotin, son fondateur, élabore dans sa théorie de l'hypostase (substance de l'« être ») un modèle unifié d'explication englobant tous les domaines de l'« être » et de la pensée qui, dans la continuité de l'ontologie platonicienne qu'il modifie toutefois significativement, ordonne le monde en degrés de l'« être » hiérarchisés : l'« un », l'esprit et l'âme.

Le degré inférieur constitue chaque fois une émanation du degré supérieur, sans que pour autant le degré supérieur doive en supporter une perte de son « être » : la cause et l'origine de tout « étant » est l'« un », l'« un » originel, désigné aussi sous le vocable de bien ou de divin ; il existe au-delà de tout « être » et de toute pensée, il est incorporel et il est dépourvu de toute qualité ; la raison appartenant au monde ou l'esprit (*nus*) constitue le lieu de la multiplicité et des idées et donc de l'« étant » authentique ; l'âme est conçue en partie comme une âme générale du monde, et en partie comme celle d'une personne individuelle, d'un animal ou d'une plante ; dans la mesure où elle agit au sein de l'ensemble du monde, elle façonne le cosmos pour en faire un organisme unitaire. Viennent ensuite les hypostases imparfaites du monde corporel, des choses concrètes, que Plotin dévalorise, ontologiquement parlant, en assimilant la matière au mal et installant ainsi la base d'une longue tradition d'hostilité au corps. Le but éthique et spirituel suprême de l'homme réside dans le processus suprarationnel de ne plus faire qu'un avec l'« un » originel, une sorte d'*unio mystica* dont la condition de réalisation se trouve dans un détachement de toute corporalité accessible à travers une ascèse rigoureuse. Boèce considère, à l'instar de nombreux platoniciens, la philosophie de Platon et d'Aristote comme formant une unité et pense que sa mission est de traduire et de commenter leurs œuvres en latin. Ses écrits sur l'*Organon* d'Aristote en font un « médiateur » de la logique de l'Antiquité à laquelle la philosophie du Moyen Âge aura ainsi accès. Après sa condamnation par Théodoric pour haute trahison, il rédigea en prison sa *Consolation de la philosophie*, œuvre dans laquelle il stigmatise de façon véhémente les biens terrestres considérés comme dénués de toute valeur, reconnaissant en Dieu le seul bien précieux.

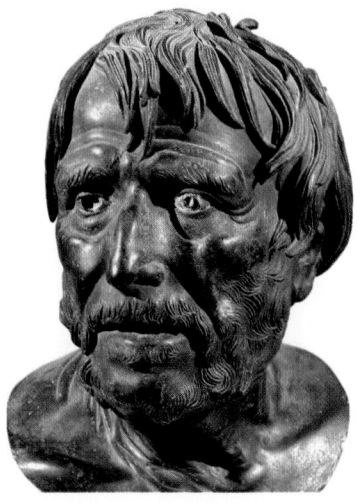

Pseudo-Sénèque, copie romaine d'après un original grec, bronze, Museo Nazionale Archeologico, Naples

On découvrit au début du XIXe siècle le seul portrait authentifié de Sénèque comportant une inscription correspondant à son nom. Il ressemble très peu à la tête en bronze reproduite ici, qui existe aussi dans de nombreuses versions en marbre et que l'on considérait depuis la fin du XVIe siècle comme le portrait de Sénèque. Dans la mesure où il y eut aux XVIIe et XVIIIe siècles une sorte de renaissance de Sénèque, des copies en plâtre ou des peintures reproduisant cette tête se trouvaient dans de nombreuses collections d'art de cette époque. Ce philosophe et poète romain ne fut pas seulement admiré pour son attitude éthique, comme modèle de vertu, mais aussi comme un dramaturge important dont les tragédies eurent une certaine influence sur la poésie baroque en France et en Allemagne.

Philosophie et théologie

Le Moyen Âge

De la basse Antiquité au Moyen Âge

Au IVe siècle, la culture antique fut soumise à de profonds bouleversements. Suite à la pression croissante des invasions germaniques venues du nord et à un processus de décomposition intérieure, l'Empire romain se divise à la fin du IVe siècle en deux ensembles : une partie orientale et une partie occidentale. Quelque temps après, Rome, capitale de la partie occidentale de l'Empire romain, fut mise à sac lors des invasions barbares et, en l'an 476, c'est tout l'Empire qui s'effondre. L'Empire romain d'Orient, ou Empire byzantin, dont la capitale était Constantinople, put en revanche se maintenir après la division et ce jusqu'en 1453, date à laquelle les Turcs en firent la conquête. Cette période de près de mille ans, qui va de la chute de la partie occidentale de l'Empire romain jusqu'à celle de l'Empire byzantin, correspond à peu près à la délimitation chronologique de ce qu'il est convenu d'appeler le Moyen Âge.

La fermeture par l'empereur Justinien de l'académie platonicienne en 529 constitue une date symbolique qui correspond à la transition de la philosophie antique à la philosophie médiévale et chrétienne. La même année est fondé le premier ordre monastique, celui des Bénédictins ; c'est à partir de cette date que les monastères vont jouer un rôle culturel essentiel en devenant des institutions d'enseignement et des centres intellectuels.

Le début du Moyen Âge est aussi le point de départ de la diffusion du christianisme en Europe. Il y avait déjà des communautés chrétiennes dans les grandes villes antiques, mais elles ne jouaient aucun rôle significatif. La situation évolua sensiblement au début du IVe siècle lorsque la religion chrétienne obtint un statut d'égalité avec les religions païennes. Environ un siècle plus tard, le christianisme devint la seule religion officielle. L'Europe entière avait été christianisée en l'espace de quatre siècles.

La diffusion du christianisme en Europe marque un tournant dans l'évolution de la philosophie. La philosophie du Moyen Âge opère en effet une synthèse entre philosophie et théologie. Ses interrogations fondamentales se focalisent sur le rapport entre foi et savoir. L'enseignement en constituait le fondement qu'il s'agissait de défendre (apologétique). Mais il est également tout à fait clair que la philosophie du Moyen Âge n'a pas accompli de rupture totale avec la philosophie antique. De nombreux érudits cherchèrent à établir un lien avec les théories des philosophes antiques et à relier leurs théories avec l'enseignement chrétien.

L'un de ces savants était Aurelius Augustinus (saint Augustin), le plus important philosophe de cette époque de transition de la basse Antiquité au Moyen Âge. Sa pensée est surtout influencée par Platon et le néoplatonisme. Saint Augustin reprend l'idée platonicienne selon laquelle l'ensemble de l'« être » est d'origine divine. Il partage la conception platonicienne des idées, mais

LE MOYEN ÂGE

La philosophie du Moyen Âge consiste essentiellement **à concilier philosophie et théologie,** car son fondement est constitué par l'enseignement chrétien qu'il s'agissait de défendre et de justifier rationnellement.

Aussi l'un des sujets principaux de la philosophie du Moyen Âge repose-t-il sur la question du **rapport entre foi et savoir** et de la tentative qui y est liée de dépasser l'opposition apparemment irréductible entre vérité révélée et connaissance philosophique.

La **première période (env. 200-700)** coïncide encore partiellement avec l'Antiquité. **Saint Augustin (Aurelius Augustinus)** est son principal représentant. Il posa les bases essentielles de l'ensemble de la philosophie du Moyen Âge.

L'enseignement théologico-philosophique du Moyen Âge européen est appelé **scolastique** (du latin *scola* : école). On désigne par là une façon de procéder particulière (la méthode scolastique) pour justifier les vérités révélées, méthode qui était enseignée dans les écoles monastiques.

Le développement de la scolastique s'effectua en trois étapes. La première phase, celle de **première Scolastique (env. 800-1200)**, correspond à l'élaboration de la méthode scolastique pendant laquelle on fut confronté pour la première fois avec les textes d'Aristote, redécouverts à cette époque.

La terre plate entourée par l'océan, peinture de manuscrit française, XVe siècle, Bibliothèque nationale de France, Paris

La phase suivante, la **haute Scolastique (env. 1150-1300)** est considérée comme la période de l'apogée de la scolastique. Elle se caractérise par la découverte des autres textes d'Aristote et par la tentative de faire le lien entre

philosophie aristotélicienne et conceptions chrétiennes (Thomas d'Aquin). Par ailleurs, c'est à l'époque, dite de la **Scolastique tardive (env. 1300-1400)** et qui correspond en fait au déclin de la scolastique, qu'eut lieu la confrontation avec la philosophie arabe.

L'un des problèmes essentiels de la philosophie du Moyen Âge fut au centre de la **Querelle des Universaux** qui s'interrogeait sur le fait de savoir si les concepts généraux ont une réalité propre ou s'ils ne font que découler de la pensée et du langage.

La **fondation d'universités** (XIIe siècle), qui devinrent rapidement des centres de la vie intellectuelle, contribua de manière significative au développement de la scolastique.

il la replace dans le contexte de la création divine. Dieu créa les choses en fonction des idées déjà existantes dans son esprit. Comme pour Platon, les idées sont aussi pour saint Augustin des images originales, mais il s'agit d'images originales pensées par Dieu et à partir desquelles ce dernier créa les choses. De cette manière, saint Augustin parvient à concilier la conception platonicienne des idées avec l'Écriture sainte. La conception augustinienne du mal correspond pour l'essentiel à celle du néoplatonisme. Dans la mesure où le mal n'est que la négation du bien, il ne possède aucune existence propre.

L'ensemble de la pensée augustinienne est orientée vers Dieu. La source de toute vérité trouve son origine dans le christianisme. Toutefois, il reste à répondre à une ultime question : il s'agit de savoir si ces vérités ne deviennent évidentes qu'à travers la foi ou si elles doivent être justifiées par la raison. Raison et foi sont, pour saint Augustin, indissociablement liées. La raison se trouve dans la foi et la foi dans la raison. La connaissance et la foi empruntent le même chemin qui conduit vers Dieu. D'après saint Augustin, ce chemin passe par ce qu'il y a de plus profond dans l'âme. Le fondement du savoir, de la connaissance et de la vérité se trouve dans la certitude de sa propre existence, certitude obtenue par soi-même. On peut en effet douter de l'authenticité de l'existence de toutes les choses extérieures qui ne sont perceptibles que par les sens. Or, à partir du moment où l'homme doute, il prend conscience de lui comme « être doutant ». Mais en quoi consiste donc cette certitude de et par soi-même ?

Il s'agit d'une perception qui va au-delà de la perception sensorielle et du savoir acquis dont elle rend l'appropriation possible. Plus l'homme descend au plus profond de lui-même, plus il se rapproche de la vérité qui, selon saint Augustin, « habite au cœur de l'homme ». Cette certitude est, chez saint Augustin, d'emblée en relation avec Dieu. La certitude de l'existence de Dieu réside en fait dans la certitude de soi, de sa propre existence, car Dieu a créé l'homme à son image.

L'ÉMERGENCE DE LA SCOLASTIQUE

La méthode scolastique

Au IXe siècle, il ne s'agissait plus de distinguer enseignement antique et enseignement chrétien,

ou de concilier l'un et l'autre, mais plutôt d'élaborer une représentation globale systématique et une justification rationnelle des vérités révélées. Ce sont les écoles de latin, c'est pourquoi l'on parle de scolastique (du latin scola : école), qui vont assumer la réalisation de cette vaste entreprise. Il incomba dès lors à la philosophie qui était subordonnée à la théologie, ou qui, plus exactement, dut intégrer cette dernière, d'aplanir les contradictions, apparemment insolubles, entre vérité révélée et connaissance philosophique. On devait ainsi pouvoir écarter les objections émises à l'encontre de la foi issue d'une révélation, et ne plus seulement défendre le dogme chrétien comme on l'avait fait jusqu'ici, mais être aussi en mesure de le justifier rationnellement.

Pour ce faire, on eut recours à la méthode scolastique, élaborée par de nombreux savants et mise en pratique dans les écoles monastiques. La confrontation à un texte suppose, d'après cette méthode, de commencer par le commentaire de ce texte qui renvoie aux grandes références des autorités cléricales (Bible, Pères de l'Église), puis d'initier une discussion destinée à clarifier des questions non élucidées et conduite avec les instruments et les méthodes de la logique. Les avis divergents font l'objet d'une présentation où les oppositions sont mises en évidence, mais leur résolution se veut conforme à l'opinion de l'autorité cléricale. Cette manière de procéder se situe ainsi pour l'essentiel à

La Vocation de saint Augustin, fresque de Guariento, XIVe siècle, Chiesa degli Eremitani, Padoue

Aurelius Augustinus (354-430), qui devint l'autorité théologique de l'Église par excellence jusqu'au XVIIe siècle, est considéré comme le philosophe le plus important de la période de transition entre Antiquité et Moyen Âge. Il fut d'abord professeur de rhétorique avant de se convertir au christianisme à l'issue d'une période de troubles intérieurs. Dans ses célèbres *Confessions*, il évoqua ultérieurement que c'est la grâce divine qui le conduisit à la vraie foi et qui mit fin à cette période de recherche et d'irrésolution. Il renonça alors à son poste d'enseignant, se retira dans une propriété à la campagne et se consacra ensuite exclusivement à des sujets de foi chrétienne et de philosophie. Le néoplatonisme, dont il reprit entre autres la théorie des idées et la conception de l'origine divine de tout « être », eut une influence décisive sur sa pensée. En établissant le lien entre pensée néoplatonicienne et enseignement chrétien, il posa les bases de l'ensemble de la philosophie chrétienne du Moyen Âge.

Albert le Grand à son pupitre, fresque de Tommaso da Modena, 1352, Capitolo dei Domenicani, Trévise

Transmis par des philosophes arabes, les textes d'Aristote furent connus en Europe au XIIe siècle. Le monde des savants chrétiens fut ainsi confronté à de nouvelles découvertes en matière de logique, de métaphysique et de philosophie de la nature. Toutefois, beaucoup d'entre eux voyaient une contradiction entre la théorie aristotélicienne et la foi chrétienne, et c'est pourquoi ces écrits furent interdits dans certaines universités. C'est à Albert le Grand que revient le mérite d'avoir contribué à la percée de la philosophie aristotélicienne. Il pensait que l'étude de la nature sous un angle aristotélicien conduirait à la vraie philosophie. Mais c'est Thomas d'Aquin qui réussit à rattacher la philosophie systématico-scientifique à la tradition théologique.

Les sept arts libéraux, *Hortus deliciarum*, dessin au trait de Herrad von Landsperg exécuté d'après les manuscrits brûlés dans la bibliothèque de Strasbourg, vers 1170, coloration réalisée ultérieurement

L'éducation générale et l'enseignement scolaire reposaient au Moyen Âge sur un système issu de l'Antiquité, appelé les sept arts libéraux (*septem artes liberales*). Dans l'Antiquité, ils étaient considérés comme une sorte de propédeutique (introduction) à la philosophie, tandis qu'au Moyen Âge, ils eurent le statut d'une culture générale qui comprenait l'ensemble des matières non théologiques. On distinguait deux cycles : le cycle inférieur, appelé *trivium*, qui comprenait les arts oratoires (grammaire, rhétorique, dialectique) et le cycle supérieur, le *quadrivium*, qui comprenait les arts du « calcul » (musique, arithmétique, géométrie et astronomie). Au Moyen Âge, les sept arts libéraux constituaient un enseignement général dans toutes les universités.

l'intérieur du cadre d'interprétation implicitement incontournable des Pères de l'Église (saint Augustin) qui avaient déjà créé les fondements de la foi.

Le rôle important de la logique dans le cadre de cette méthode n'est pas très étonnant : elle fait en effet partie des sept arts libérau qui constituèrent l'ensemble de la matière non théologique enseignée au Moyen Âge et qui structurèrent les cursus universitaires. Le premier cycle de l'étude des sept arts libéraux, le *trivium*, englobe les domaines de la rhétorique, de la grammaire, de la dialectique qui comprend elle-même la logique. Le second, le *quadrivium* comprend l'arithmétique, la géométrie, l'astronomie et la musique.

L'évolution de la scolastique connut trois phases. Pendant la première période, appelée première Scolastique (de 800 à 1200 environ), on assista à l'élaboration de la méthode scolastique confrontée pour la première fois aux textes aristotéliciens. La haute Scolastique (1150 à 1300 environ) correspond à la période d'apogée de la scolastique. Elle se caractérise par la découverte d'autres textes d'Aristote et par la tentative d'établir une corrélation étroite entre philosophie aristotélicienne et conceptions chrétiennes (Thomas d'Aquin). Par ailleurs, c'est à cette époque qu'eut lieu la confrontation enrichissante à la philosophie arabe. La Scolastique tardive (1300 à 1400 environ) correspond à sa période de déclin.

La Querelle des Universaux

La méthode scolastique fut essentiellement mise au point par Pierre Abélard qui acquit une

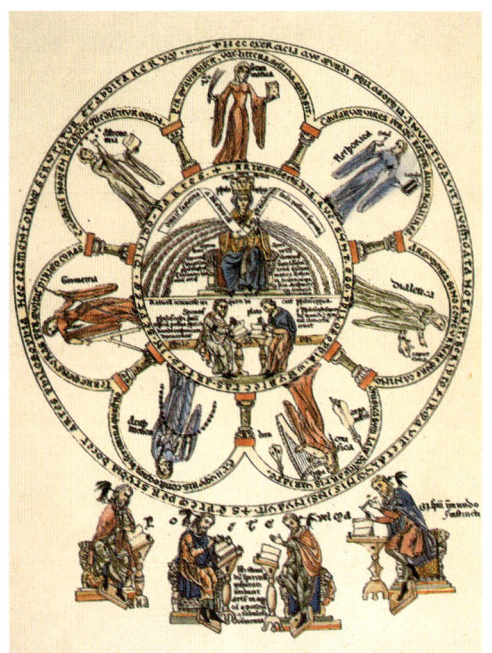

certaine importance en apportant une solution au problème de la Querelle des Universaux. Le problème des universaux correspond à la clé de voûte de la problématique de la philosophie du Moyen Âge ; la question étant de savoir si les concepts généraux ont une réalité propre ou non. Si l'on recourt, par exemple, aux notions d'« homme » ou d'« animal » comme concepts d'espèce (à l'image de la phrase « Tous les hommes sont mortels »), il n'y a en fait aucun humain concret qui y corresponde dans la réalité, car on devrait alors dire cet homme ou cet animal. Néanmoins, ces concepts renvoient bel et bien à un « objet » et sont porteurs de sens. L'interrogation a pour but de déterminer la part de cette généralité dans la réalité : existe-t-il dans la réalité quelque chose comme « être humain » ou « animalité », de la même manière qu'il existe des personnes spécifiques et des animaux particuliers différents les uns des autres, ou, en d'autres termes, existe-t-il des entités générales auxquelles correspond une réalité propre, et ce indépendamment de l'existence spécifique des choses particulières ?

L'histoire de la Querelle des Universaux remonte en fait à la critique et à la réinterprétation de la théorie platonicienne des idées. Pour Platon, les idées étaient l'authentiquement vrai, tandis qu'Aristote considérait cette sorte de transcendance comme une construction superflue.

Deux réponses sont apportées pour résoudre la Querelle des Universaux, au-delà des nombreuses variantes. La première part du principe que le général est, en tant que simple nom, subordonné au particulier, qu'il existe postérieurement à lui (*universalia sunt nomina post rem*). Cette conception s'appelle le nominalisme (du latin *nomen* : nom). Si en revanche on part du principe que les concepts universaux sont des choses concrètes, ou des images originales, on défend une position réaliste. Pour les représentants du réalisme (ou réalisme conceptuel), le général est considéré comme une réalité vraie qui existe antérieurement à l'individuel (*universalia sunt realia ante rem*).

Le principal représentant du nominalisme est Roscelin de Compiègne. Il considère les universaux comme des sons articulés auxquels en réalité rien ne correspond. Les universaux ne sont en définitive que des produits du langage. Pour les représentants du réalisme, il s'agit d'une position indéfendable. Guillaume de Champeaux, un représentant du courant réaliste, part du principe de l'existence d'une entité commune aux choses, qui existe indépendamment de la réalité des différentes choses. Une substance bien réelle, qui est identique à l'« être », correspond au concept général. Les différences entre les individus spécifiques résident pour Guillaume dans les multiples propriétés et circonstances réunies chez cet individu. Il existe, en plus des conceptions réalistes et nominalistes, d'autres points de vue qui tentent de répondre à la Querelle des Universaux. La réponse apportée par Abélard constitue une optique intéressante. Il connaît les divergences d'orientation des avis présentés par Roscelin et Guillaume et les soumet tous deux à sa critique. Pour Abélard, Roscelin a sous-estimé l'utilité des universaux comme supports de sens, car ces concepts généraux renvoient bel et bien à quelque chose, et c'est pourquoi ils ne sauraient être que de simples sons arbitraires. Mais Abélard s'en prend également à la position de Guillaume. Ce à quoi renvoient les universaux ne peut en fait être une substance réelle, car un concept général réellement existant devrait nécessairement afficher différentes propriétés contradictoires entre elles. Si quelque chose comme un « être vivant », par exemple, existe effectivement, il serait alors simultanément doué de raison et non doué de raison, ce qui constitue une contradiction.

Le général n'est pas, pour Abélard, une chose réellement existante, mais une abstraction introduite par l'homme. Les universaux ne sont généraux que dans le domaine de la pensée subjective. Mais les concepts abstraits n'en sont pas pour autant élaborés de manière arbitraire. Il s'agit d'une abstraction issue des choses spécifiques, que l'entendement produit en partant des choses, dont il détermine les similitudes et les résume par le concept. Abélard renvoie ainsi à la part créative et active de l'homme dans l'expérience qu'il fait du monde, ce qui, eu égard à la conception qui prédominait au Moyen Âge d'un homme comme réceptacle passif, donne une connotation extrêmement moderne à sa philosophie.

La réception des textes d'Aristote pendant la période de la première et de la haute Scolastique

Au VIIIe siècle, les Arabes pénétrèrent en Espagne, ce qui ne contribua pas seulement à la diffusion de la culture et de la science de l'Orient, mais conduisit aussi à la découverte par les Européens des écrits les plus importants d'Aristote. La réception de ces textes aristotéliciens apporta des changements considérables

à l'intérieur de la scolastique au milieu du XIIe siècle. Par l'intermédiaire de la Syrie, le monde arabe avait fait sienne la culture grecque. Les œuvres des savants grecs furent traduits en arabe, et c'est sur cette base que se constitua une philosophie islamique. Ce sont surtout les textes d'Aristote qui furent étudiés et commentés. Le philosophe Al-Farabi fut par exemple le premier à appliquer la logique d'Aristote à la religion révélée. Ibn Ruchd (plus connu sous le nom d'Averroès), qui travailla à une systématisation de l'enseignement islamique et grâce auquel la *Métaphysique* d'Aristote devint célèbre, apporta une contribution significative dans le commentaire de ces textes. Averroès partit du principe, à l'instar des scolastiques, que les vérités éternelles contenues dans les religions peuvent être justifiées rationnellement, par la raison.

Les écrits d'Aristote, de même que les commentaires des savants arabes (et juifs également) s'appuyant sur ces derniers, furent finalement traduits du grec et de l'arabe en latin. La diffusion de ces textes déboucha sur des perspectives philosophiques novatrices au sein de la

Triomphe de saint Thomas d'Aquin, tableau de Francesco Traini, S. Caterina, Pise

Avec Thomas d'Aquin (1225-1274), la réception des écrits d'Aristote au Moyen Âge atteignit son apogée. Thomas d'Aquin essaya d'associer l'enseignement chrétien à la conception qu'Aristote se faisait de la science. Il parvint à établir la synthèse entre théologie et philosophie, à laquelle avait aspiré avant lui son professeur Albert le Grand, tout en reconnaissant la différence entre les deux types d'enseignement au niveau de leurs méthodes. La foi est le socle de la théologie, celui de la philosophie réside dans la raison. Thomas pensait que certaines vérités peuvent se fonder aussi bien sur la raison que sur la révélation, c'est-à-dire que les deux peuvent tout à fait atteindre le même but par des approches différentes. Toutefois, il concédait que certaines vérités ne sont finalement accessibles que par la foi et la révélation.

La carte d'Ebstorf, vers 1283, ancien monastère d'Ebstorf près d'Uelzen

Alors que la théorie de la Terre sphérique était déjà courante chez les Grecs, on considéra au Moyen Âge qu'elle était incompatible avec les Écritures saintes et on lui opposa celle de la Terre plate. La Terre fut donc représentée comme l'indique cette célèbre carte du XIIIe siècle sous la forme d'une surface circulaire entourée par l'océan et divisée en trois parties : l'Europe, l'Afrique et l'Asie qui représentait la plus grande aire géographique. Jérusalem, que l'on considérait comme le centre du monde, est au milieu. Ce disque est porté par la figure du Christ dont la tête, les mains et les pieds indiquent les quatre points cardinaux, la tête étant toutefois dirigée vers l'est.

Il est évident que cette représentation du monde est très simplifiée et ne restitue aucune proportion réelle. Cela tient au fait que, d'une part, les moyens de calcul de la position d'un lieu étaient beaucoup trop limités et que, d'autre part, la précision géographique ne constituait pas une priorité. Les cartes du Moyen Âge avaient en effet une vocation plutôt narrative, racontant l'histoire du monde, en partant de la création, et des miracles, conformément aux traditions.

philosophie chrétienne et sur de nouvelles méthodes de travail en philosophie.

Les savants chrétiens furent confrontés à de nouvelles connaissances dans le domaine de la logique, de la métaphysique et de la philosophie de la nature dont la compatibilité avec l'enseignement fondé sur la révélation n'allait pas de soi. Par ailleurs, la réception de l'œuvre d'Aristote conduisit à une valorisation des sciences telles que l'astronomie, la physique, les mathématiques et la médecine. Ces domaines avaient été jusqu'à présent systématiquement subordonnés à la théologie. Il devint alors de plus en plus clair que chaque discipline (et donc la théologie aussi) possédait en propre ses contenus et ses méthodes, considération tout aussi valable pour la philosophie, qui était au service de la théologie. On constata que chez les philosophes islamistes étudiant les sujets philosophiques, on ne s'appuyait pas en permanence sur les références religieuses faisant autorité. Dès lors, la question du rapport entre théologie et philosophie revint au premier plan.

Ce fut Thomas d'Aquin qui, de tous les penseurs de son temps, aspirait le plus à parachever une synthèse entre théologie et philosophie, tout en reconnaissant les particularités irréductibles des deux disciplines, notamment en matière de méthode. La théologie repose sur la foi, la philo-

sophie sur la raison. Thomas d'Aquin pense cependant que certaines vérités peuvent se fonder aussi bien sur la révélation chrétienne que sur la raison. La théologie et la philosophie tracent en fait deux chemins différents qui poursuivent le même but, à savoir la recherche de la vérité. Ces deux méthodes de connaissance n'existent toutefois pas en parallèle, elles agissent mutuellement l'une sur l'autre et contribuent ainsi à une meilleure compréhension l'autre discipline. L'une des préoccupation majeures de Thomas d'Aquin consiste à défendre les contenus théologiques avec des arguments philosophiques. D'après lui, la raison est toutefois confrontée à certaines limites. Toutes les questions ne peuvent être élucidées par la raison. Il y a aussi des vérités auxquelles on accède seulement par le biais de la révélation, par exemple celles de la Trinité ou de l'Incarnation. Thomas d'Aquin parvient à une synthèse de la philosophie et de la théologie sur la base de son interprétation d'Aristote qui atteindra avec lui son point culminant. Prenant l'exemple de l'enseignement relatif à la création, Thomas d'Aquin entend démontrer la compatibilité de l'enseignement chrétien avec la conception aristotélicienne de la science.

Thomas d'Aquin soutient la thèse néoplatonicienne selon laquelle tout être est né de Dieu à partir du néant. Ce présupposé constitue la base de son approche de la science aristotélicienne. D'après Aristote, il est nécessaire de partir du particulier pour être en mesure de se prononcer sur la nature des choses. L'« être » des choses réside en elles-mêmes. À partir de la distinction qu'il opère entre substance et forme, il développe une théorie du devenir. D'après Aristote, l'« être » n'est contenu qu'en puissance dans la matière. C'est la forme qui permet à la potentialité de s'actualiser en réalité. Mouvement et apparition sont des transformations permanentes dans la relation qui existe entre matière et forme. Il en résulte une construction par degrés de tout « étant » qui va de la matière primaire, comme simple possibilité, jusqu'à Dieu comme réalité pure.

Contrairement à Aristote, Thomas d'Aquin assimile ce principe au Dieu créateur. En tant que premier initiateur de mouvement, Dieu a installé dans le monde le rapport existant entre potentialité et réalité (actualisation), et initié de la sorte le processus de tout devenir et de tout dépérissement. Ce principe n'est en fait rien d'autre que l'expression de la raison divine. La raison humaine, elle, ne peut répondre à la question de savoir pourquoi et comment Dieu a créé le monde, puisqu'il s'agit en définitive d'un acte de liberté pure.

La Scolastique tardive

La période finale du Moyen Âge (à partir du XIVe siècle environ) est une période de crise, non seulement en raison de l'évolution économique et sociale, mais aussi au niveau du rapport entre théologie et philosophie. L'opposition entre les deux disciplines devient de plus en plus nette, et la possibilité d'une synthèse de moins en moins probable. Ce qui caractérise les projets philosophiques de cette époque, c'est la recherche systématique de la certitude, la question des fondements de toute connaissance humaine passant au premier plan.

La philosophie de Guillaume d'Ockham est exemplaire des nouvelles tendances de questionnement et des tentatives de trouver des solutions de cette fin du Moyen Âge. Deux principes constituent le fondement de sa pensée : l'omnipotence et le principe d'économie. Le premier affirme que Dieu a créé les choses en toute liberté, c'est-à-dire qu'il aurait pu les créer différemment. Il faut alors considérer le monde non plus comme nécessaire, mais comme un monde parmi d'autres mondes possibles. En dehors de Dieu (auquel seul incombe l'« être »), il n'y a que des choses issues du hasard, contingentes ou possibles, et donc aucune chose nécessaire.

La raison peut donc appréhender le monde de manière rationnelle, mais pas de manière nécessaire, et elle ne peut corrélativement pas avoir une compréhension complète de l'« être » et de la liberté créatrice de Dieu. Alors que saint Augustin avait envisagé un accès possible aux idées de Dieu par l'illumination de la raison humaine, Ockham reconnaît quant à lui la limite de la faculté humaine de connaître. Dès lors, la tendance à séparer philosophie et théologie était appelée à s'accentuer.

Le principe d'économie, ce que l'on a appelé le « couteau à raser » de Guillaume d'Ockham, dit qu'une multiplicité ne peut se fonder sans nécessité, ou, en d'autres termes, que toutes les explications superflues des faits et des choses sont absurdes et qu'il faut en faire l'économie. Il ressort de cette thèse une inadéquation de valeur entre concepts et objets, car les concepts sont trompeurs et toute description ne correspond pas forcément à un objet réellement existant. Il y a par exemple des choses auxquelles différents concepts sont rattachés. Avec son « rasoir », Ockham signifie qu'il est tout à fait possible que de fausses assertions (relatives à l'existence réelle de l'objet décrit) renvoient à des déclarations ou à des concepts superflus. Il élabore ainsi une sorte de maxime scientifique.

Par rapport à la Querelle des Universaux, Ockham défend un point de vue nominaliste. D'après lui, les concepts généraux sont des noms, compris comme signes, des signifiants dont se sert la pensée humaine pour désigner les choses. Mais pour Ockham, seules les choses particulières existent, et c'est pourquoi la connaissance doit aussi s'occuper des choses particulières.

Ockham distingue la connaissance intuitive de la connaissance abstraite. La première se rapporte aux objets et aux faits immédiatement présents et directement perceptibles, ainsi qu'à l'expérience de son moi intérieur. La seconde mène à des assertions sur la base de concepts sans la présence véritable d'un objet. Dans le premier cas, on se tourne donc directement vers les réalités, dans l'autre, les résultats ne sont que déduits.

La connaissance intuitive conditionne pour Guillaume d'Ockham la connaissance abstraite. La connaissance du particulier et l'expérience empirique deviennent ainsi un principe fondamental de la science. La preuve de l'existence de Dieu devient, de ce fait, impossible, car le concept « Dieu » est le fruit d'une supposition et ne possède aucun fondement empirique. Aussi ne peut-on que croire en Dieu, ne cesse de dire Guillaume. Ce qu'il y a de révélateur dans les conceptions d'Ockham, c'est le fait que la différence entre la connaissance intuitive et la connaissance abstraite ne se fonde pas dans les différents objets, mais dans le mode même de la connaissance, c'est-à-dire dans le processus qui y conduit et non dans l'objet même de cette connaissance.

Le nominalisme de la fin du Moyen Âge ouvre la voie aux tendances intellectuelles sceptiques et critiques qui vont caractériser la philosophie de la Renaissance. Ockham et certains de ses contemporains défendaient l'idée d'un « nouveau chemin » (via moderna) qui va peu à peu reléguer dans le passé les écoles plus anciennes issues de Thomas d'Aquin et d'Albert le Grand. Il y eut encore pendant longtemps des conflits entre ces deux orientations, mais dans les universités, c'est la voie moderne qui s'imposa.

Duns Scot, tableau de Pedro Berruguete, Palazzo Ducale, Urbino

À la fin du XIIIe siècle, la philosophie théologique, telle qu'elle fut envisagée par Thomas d'Aquin, fut perçue comme une menace contre la théologie de la révélation. Dans le contexte d'un retour à saint Augustin préconisé notamment par Duns Scot, on tendit à accentuer la séparation entre théologie et philosophie.

Le Maître d'école pendant le cours, enluminure, Zurich, vers 1310-1340, livre de chants de Heidelberg (Codex Manesse)

Le but du système éducatif du Moyen Âge consiste à faire de tout individu un membre de la communauté chrétienne et de l'élever dans la foi. Les enseignants et les éducateurs étaient tous des religieux jusqu'à la fin du Moyen Âge. Le système scolaire commence dans les écoles monastiques qui connurent leur apogée sous Charlemagne. Parallèlement aux écoles monastiques, les écoles collégiales se développèrent au VIIIe siècle. De ces dernières dont sont issues les universités qui accompagnèrent le développement des sciences aux XIIe et XIIIe siècles.

Une période de transition

La Renaissance

LE DÉBUT DE L'ÉPOQUE MODERNE

Renaissance et humanisme

Moyen Âge, Renaissance, époque moderne – on a l'habitude de structurer un continuum historique en utilisant des concepts chronologiques familiers pour distinguer différentes civilisations en les délimitant dans le temps. On ressentit dès le XVe siècle, c'est-à-dire au début de l'époque moderne, période que l'on a qualifiée de Renaissance, qu'il devenait possible d'introduire ce type de délimitation alors que le Moyen Âge avait procédé à des classifications différentes de l'histoire, qui s'articulaient autour de repères bibliques, et que l'on croyait ancrées dans un plan de la création achevé. Au XVIIIe siècle, il fut communément admis que l'on vivait dans une nouvelle époque depuis environ trois siècles (la notion d'époque émergea d'ailleurs précisément à ce moment-là). De nombreuses évolutions se firent en effet tout particulièrement sentir à l'époque de la Renaissance. Le système politique post-féodal s'était bien établi, les valeurs chrétiennes et traditionnelles du Moyen Âge commencèrent à être radicalement remises en cause par les penseurs des Lumières, les institutions culturelles et l'appréhension du monde se sécularisèrent.

Les sciences, dont le rôle fut décisif, poursuivirent leurs propres fins ; ce qui perdurait des systèmes conceptuels scolastiques fut éliminé. Les états de la nature et les peuples firent l'objet de comparaisons et furent classifiés. La bourgeoisie d'inspiration cosmopolite prit conscience d'elle-même comme vaste classe sociale porteuse notamment d'un potentiel révolutionnaire, et l'individu découvrit de nouvelles formes d'expression du moi.

La modernité du XVIIIe siècle prend racine en particulier dans ces innovations pratiques décisives datant des siècles précédents (XVe et XVIe siècles), évoquées dans un livre paru en 1620 par Francis Bacon : « l'imprimerie, la poudre à canon et le compas. Ces trois découvertes ont en effet changé la forme et l'éclat des choses sur terre, d'innombrables transformations en ont résulté, et il semble qu'aucun empire, aucune secte, aucune étoile n'ait eu une plus grande influence et un impact aussi important sur les affaires humaines que ces trois instruments mécaniques. »

Ces trois inventions sont effectivement en relation étroite avec les événements historiques qui caractérisent la Renaissance : l'imprimerie avec l'érudition humaniste et les écrits de la Réforme protestante, l'introduction des armes à feu avec la disparition de la chevalerie et l'apparition consécutive de nouvelles formes étatiques, et le compas (boussole fixée sur un cardan) avec la conquête de nouvelles terres (Christophe Colomb, Vasco de Gama).

Au milieu du XVIe siècle, le peintre et architecte Giorgio Vasari publia des biographies d'artistes célèbres, évoquant dans ses premières *Vies* les

Les Trois Philosophes, tableau de Giorgione, vers 1508, Kunsthistorisches Museum, Vienne

Le titre sous lequel cette œuvre est aujourd'hui célèbre n'émane pas du peintre lui-même. Il est difficile d'identifier les trois hommes comme des philosophes dans le sens moderne de ce mot. En effet, sous la Renaissance, les philosophes n'étaient pas seulement les théoriciens de la métaphysique, de la morale et de la théologie, mais également ceux qui s'occupaient de l'étude de la nature. Les recherches astronomiques aussi, auxquelles renvoient les figures représentées sur le parchemin du vieil homme dans la partie droite de l'image, s'intégraient à la philosophie. Giorgione reproduit trois âges, trois relations au monde. Une contemplation ingénue, une résolution maîtrisée à l'action, une sagesse sceptique associée éventuellement à des facultés magiques – il s'agit là de postures typiques telles qu'on avait l'habitude de les distinguer dans les définitions philosophiques traditionnelles de l'existence humaine. Giorgione relie le général à une vivante individualité. La mise en situation des trois hommes dans le paysage est réalisée de façon naturelle et donne une touche intime de réalité à la signification intellectuelle générale de l'image.

« dépasseurs » de ce que Vasari appelle le style barbare de l'art gothique. Le Moyen Âge y est décrit comme une période sombre se démarquant de l'Antiquité et de sa renaissance dans l'art italien du XIVe siècle (Giotto), mais surtout du XVe et du début du XVIe siècle (Léonard de Vinci, Michel-Ange, Raphaël). La Renaissance devint ainsi au XIXe siècle le concept désignant tout un pan de civilisation allant de 1400 à 1530 ou 1600 et qui se limitait pour l'essentiel à l'Italie, ou qui y trouvait en tout cas sa source.

En réalité, le concept de Renaissance est beaucoup mieux adapté pour délimiter les évolutions en matière d'histoire de l'art; dans les autres domaines, la césure par rapport au Moyen Âge et au baroque est nettement plus complexe. On ne perçoit plus aujourd'hui la Renaissance comme un ensemble culturel unitaire, mais davantage comme un seuil à partir duquel ce qui est radicalement nouveau est étroitement mêlé à la tradition médiévale.

Bien des innovations qui ont produit cette époque appartiennent en fait au domaine des arts plastiques. Des peintres et des architectes découvrirent au début du XVe siècle la perspective centrale qui procure une impression de profondeur picturale et permet de reproduire dans l'espace les hommes et les objets en respectant les proportions. Par rapport au procédé de la peinture du Moyen Âge consistant à stimuler l'imagination et structuré par des symboles et des formes picturales, le procédé de restitution de l'image en perspective repose sur le rapport déterminé respectivement par l'objet de l'image, la surface de l'image et le point de vue de l'observateur ; il transforme l'image en une véritable fonction de ces éléments. L'image est définie scientifiquement et rationnellement comme une reproduction exacte de la réalité

La Ville idéale, XVe siècle, Palazzo Ducale, Urbino

L'aspiration à l'harmonie et à la beauté parfaites caractérise l'art et l'architecture de la Renaissance. On croyait en effet que ces idéaux esthétiques avaient déjà été atteints sous l'Antiquité. La redécouverte du savoir antique se manifeste surtout dans la peinture et l'architecture. On accordait une valeur toute particulière aux proportions harmonieuses et équilibrées, et on se mit à étudier les règles engendrant des rapports de symétrie. La création des espaces de la ville idéale selon une conception de perspective centrale correspond pleinement à cette aspiration à l'harmonie.

LA RENAISSANCE

L'historien français J. Michelet résuma parfaitement par la formule « Telle est la patrie, tel est l'homme » les innovations des XVe et XVIe siècles lorsqu'il employa pour la première fois la notion de Renaissance dans un ouvrage sur l'histoire de France pour définir cette époque.

Une tentative de rétablissement des formes républicaines antiques avait été à l'origine d'un soulèvement romain sous Cola di Rienzi en 1347. Le théoricien politique Machiavel parla à ce sujet, au début du XVIe siècle, de Renaissance.

C'est également au XVIe siècle que la notion de « renaissance de l'Antiquité » pour qualifier l'art de cette époque fut entérinée par le langage courant.

Les horizons géographiques, astronomiques et des sciences de la nature s'élargirent de manière spectaculaire.

En 1543 furent publiées les thèses de Copernic en matière d'astronomie, où ce dernier considérait que le **Soleil était au centre de notre système planétaire**. Le philosophe Giordano Bruno apporta son soutien à ces thèses et alla même plus loin en soutenant que l'univers est infini.

L'invention de l'**imprimerie** par Johannes Gutenberg aux alentours de 1440 révolutionna le système éducatif et de transmission de l'information dans le contexte de l'émergence d'États-cités et d'une bourgeoisie qui constituait un public toujours plus nombreux.

La **Réforme**, issue de la publication des thèses de Luther en 1517, correspondit à une aspiration à la renaissance de convictions originelles et de

pratiques de la foi chrétienne reposant sur la révélation.

La Contre-Réforme, associée à une réorganisation de l'Inquisition, fut initiée par le concile de Trente (1545-1563).

L'**humanisme**, qui se développa, à l'instar de la Renaissance, surtout en Italie, entreprend avec Pétrarque d'établir une conduite de vie associant une langue cultivée et une philosophie morale sur la base de connaissances philologiques de l'Antiquité.

La **philosophie** de cette époque de transition entre le Moyen Âge et l'époque moderne est de plus en plus **consacrée à l'homme, à l'histoire et à la nature**.

Pétrarque, peinture de Justus von Gent, postérieure à 1476, Palazzo Ducale, Urbino

Francesco Patrizi considère l'histoire comme une remémoration, une compréhension du monde réel et une transmission de l'objectif et du subjectif.

Nicolas de Cues, 1401-1464, détail d'un tableau de crucifixion dans la chapelle de l'hôpital Saint-Nicolas à Bernkastel-Kues, vers 1463-1480

En conformité avec la conception de l'homme qui prévalait sous la Renaissance, Nicolas de Cues souligne l'aspect créateur de la faculté humaine de connaître qui manifeste pour lui une certaine similitude avec la création divine. De même que Dieu a créé les formes naturelles, l'homme engendre des formes artificielles, l'« étant » conceptuel.

de la même manière qu'elle se donne à la vision. Une rationalité moderne avec sa conception mathématique de l'espace et de la nature, et une compréhension du monde partant du sujet (observateur) comme processus pensant de production du monde se mettent ici en place.

De même que l'image en perspective, par l'angle d'approche qu'elle délivre nécessairement, est centrée sur l'individu en train de voir, le nouveau genre de la peinture de portrait choisit comme thème le vis-à-vis individuel. La dignité et la particularité de la personne sont d'ailleurs, d'une manière générale, particulièrement mises en valeur sous la Renaissance ; ici aussi s'affirme la rupture avec le Moyen Âge qui était beaucoup plus imprégné de la communauté de foi, dans le sens d'un ordre monastique. Ce qui est nouveau, c'est surtout qu'on célèbre et couronne les poètes et les « artisans » comme Giotto, et plus seulement les princes.

Pétrarque, le premier grand humaniste, fut aussi le premier poète de la Renaissance à être couronné de lauriers dans la grande tradition antique, à Rome sur le Capitole. L'humanisme comme mouvement littéraire et philosophique et comme attitude signifie à la Renaissance érudition dans les arts et les sciences qui développent l'humanité de l'homme. Les professeurs qui enseignaient la grammaire, la rhétorique, l'histoire, la poésie et la philosophie morale en s'appuyant sur des sources de l'Antiquité, s'appelaient au XVe siècle *Humanitae*.

Les humanistes étaient des philologues de la littérature latine, puis de plus en plus fréquemment de la littérature grecque, tout en étant eux-mêmes aussi des stylistes et des rhéteurs très brillants. Pétrarque voulait, ainsi que ses successeurs, la renaissance de l'homme sur la base de l'esprit de l'Antiquité et affirmait l'impossibilité de séparer la pensée rationnelle de la langue cultivée. La république romaine était son modèle politique ; il en allait à peu près de même pour l'humaniste florentin, Leonardo Bruni, dont les convictions républicaines le conduisirent à assumer une haute fonction au sein du gouvernement. Le lien entre théorie et pratique était d'ailleurs une exigence humaniste qui engendra cet idéal de la Renaissance de l'*uomo universale*, une personne moralement sûre, disposant d'une culture universelle et d'un savoir-vivre parfait.

L'humanisme ne s'est pas limité à l'Italie. Érasme de Rotterdam fut en effet probablement le meilleur connaisseur à son époque de la littérature antique et chrétienne ; il correspondit abondamment avec l'Europe entière. Son esprit tolérant recherchait l'équilibre dans les questions des passions humaines, des conflits religieux et de l'opposition entre Antiquité et chrétienté. Des humanistes œuvrèrent aussi en

Groupe de réformateurs (entre autres : Martin Luther, Johannes Bugenhagen, Érasme de Rotterdam, Philipp Melanchthon et Johannes Forster), copie de l'épitaphe de Meienburg de Lucas Cranach, Lutherhalle, Wittenberg

La Réforme protestante initiée par la publication des thèses de Luther était dirigée contre la théologie scolastique éloignée de la Bible et contre les pratiques financières de l'Église. Elle avait pour but la rénovation de l'Église dans l'esprit de l'Évangile. Pour Luther, toute personne se trouve dans un rapport direct et personnel à Dieu, faisant ainsi disparaître la fonction médiatrice de l'Église catholique. Luther reprend la thèse de la prédestination de saint Augustin d'après laquelle le salut et la damnation sont prédéterminés par la volonté de Dieu. Cette limitation du libre arbitre humain fut à l'origine d'un conflit avec quelques humanistes comme Érasme de Rotterdam, pour lequel l'autodétermination de l'être humain constitue la base d'une civilisation humaine. Philipp Melanchthon, un étroit collaborateur de Luther, souligne lui aussi la nécessité de partir du principe de l'existence du libre arbitre humain et tente de concilier la pensée chrétienne avec l'approche humaniste.

Angleterre et en France, ainsi en Allemagne, Ulrich von Hutten pouvait s'exclamer malgré tous les troubles de l'époque : « Ô siècle, ô science, c'est un vrai plaisir de vivre ! Les sciences s'épanouissent, les esprits s'excitent. »

LA PHILOSOPHIE DE LA RENAISSANCE

Nicolas de Cues

La non-connaissance savante de l'infini

L'intérêt déjà manifesté par l'époque moderne pour la réalité linguistique et historique du monde humain − qui avait son pendant dans le réalisme des artistes de la Renaissance − conduisit les humanistes à poursuivre leur critique de la scolastique avec sa métaphysique de la connaissance éloignée de la nature et élaborée par la logique, ainsi que ses commentaires sans fin sur Aristote. Pétrarque s'opposa à Aristote, qui, selon lui, permet certes de devenir plus intelligent mais pas meilleur, en s'appuyant sur l'enseignement platonicien qui accorde une grande place à l'éthique, et il initia ainsi une dynamique qui conduisit à la création de l'académie platonicienne de Florence.

D'après Pétrarque, dans son œuvre *De sui ipsius et multorum ignorantia* (sur sa propre ignorance et celle des autres, 1371), la philosophie platonicienne, en particulier dans son idée du bien, se rapproche de la vérité divine. L'ignorance se rapporte en l'occurrence au fait d'ignorer le Christ auquel les vérités ultimes ne sont accessibles que par la foi. Ce point-là devient un programme chez le diplomate de l'Église, cardinal, humaniste et philosophe, Nicolas de Cues (ou de Cusa). Dans son livre *De docta ignorantia* (*De la docte ignorance* ou « du non-savoir conscient », 1440), il accepte le caractère insaisissable de l'infinité de Dieu et prend cette approche négative comme point de départ pour définir positivement ce caractère insaisissable.

Si l'infini est le « tout autre » du monde créé et des choses, l'absolu par opposition au relatif, il ne saurait se soumettre à l'appareil logique de la scolastique. Ce dernier repose en effet sur l'opposition, l'exclusion, la correspondance ou l'inclusion. Dans l'absolu, ces rapports d'ordre relatif ne peuvent se présenter ; il faut, d'après Nicolas de Cues, que l'absolu soit conçu comme l'entité dans laquelle les contraires coïncident. Il illustre sa démonstration par un

exemple géométrique : la tangente d'un cercle touche le cercle à un certain point. Mais si l'on agrandit la taille du cercle à l'infini, il va coïncider avec la tangente. C'est logique mais difficilement imaginable. Pour Nicolas de Cues, il s'agit précisément de saisir cette frontière du concevable pour pouvoir observer sa propre ignorance, et de la saisir dans son essence. Il entreprend en outre d'étudier la nature de notre faculté de connaître et parvient à une définition du rapport de l'activité de l'esprit humain et de l'esprit divin.

L'entendement compare et différencie les choses, établit des rapports quantifiables, mesure et calcule. Mais la connaissance des choses ainsi acquise demeure relative et imparfaite dans la mesure où il y a toujours un excédent de relations à découvrir entre les choses infinies du monde. Le particulier ne pourrait être mesuré définitivement qu'avec un étalon, une mesure absolue, et ce n'est que sur la base de l'unité absolue des contraires qu'il serait possible d'accomplir et de lever la différenciation infinie du monde.

La Mélancolie, gravure sur cuivre d'Albrecht Dürer, 1514

Le discours sur les quatre tempéraments, leur mélange et leurs relations cosmiques qui relient le caractère humain à l'ordre des choses, était un thème récurrent dans la philosophie de la Renaissance. On considérait que le tempérament mélancolique, dominé par Saturne, correspondait d'une part à un penchant pour une paresse triste, voire pour l'aliénation mentale, mais il était aussi considéré, d'autre part, comme une condition indispensable au génie.

L'allégorie de Dürer ne montre certainement pas qu'un type de constitution psychique en fonction des données de l'époque ; il s'agit d'une autoreprésentation de l'art relié à la science et à la philosophie comme médium de significations inépuisables.

D'après Dürer, « un bon peintre possède à l'intérieur de lui de nombreuses figures, et même s'il vivait éternellement, il continuerait toujours à avoir à travers son œuvre quelque chose de neuf à répandre provenant des idées intérieures dont parle Platon ».

Représentation symbolique de l'image brisée du monde au Moyen Âge, gravure sur bois colorée dans le style du XVIᵉ siècle, Camille Flammarion : *L'Atmosphère. Météorologie populaire*, Paris, 1888

Les reproductions de cette illustration issue d'une œuvre de vulgarisation scientifique à succès parue au XIXᵉ siècle furent longtemps considérées à tort comme les copies d'une gravure sur bois datant de la Renaissance : un cosmos tel qu'on le voyait au Moyen Âge sous une forme stylisée correspond à une conception du monde (sa forme plate, sa sphère étoilée bien délimitée, et son au-delà) qui n'est plus ici prise au sérieux. Un chercheur curieux brise, ici, le vieil édifice vide de la scolastique et découvre au-delà de l'horizon (tenu pour la frontière du monde), un nouveau monde, étranger. Cette frontière disparut au XVIᵉ siècle avec Giordano Bruno. Contrairement à Copernic où se trouve encore, parallèlement à sa conception révolutionnaire d'un système héliocentrique, une sphère extérieure en forme de boule où sont contenues des étoiles fixes, Bruno partit du principe que les étoiles étaient des soleils formant le centre de systèmes planétaires s'étendant à l'infini dans un univers sans fin.

D'après Nicolas de Cues, la raison empiète sur l'entendement et elle ne saisit pas l'absolu, mais elle le « touche ». Grâce à ce contact, la raison peut ainsi en prendre la « mesure ». Nicolas de Cues déduit le terme latin *mens* de *mensurare* (mesurer) et cette capacité de penser constitue le fondement de l'activité de compréhension qui, sans elle, ne serait qu'un discernement sans objet. Cette mise en contexte de la raison et de l'entendement montre à l'esprit humain comment il rend lui-même son savoir possible au lieu de se conformer complètement à la réalité préétablie des choses. L'esprit pose de lui-même l'unité comme base des mathématiques et de l'arithmétique, de même que toutes les unités de mesure que Nicolas de Cues appelle des hypothèses. L'homme peut à l'aide d'hypothèses appréhender le contexte des choses qui demeure en fait impénétrable. Il s'agit là d'une activité créatrice analogue à celle de l'activité de Dieu : « car de même Dieu est le Créateur de l'"étant effectif" et des formes naturelles, de même l'homme est créateur de l'"étant conceptuel" et des formes artistiques ; celles-ci n'existent que dans la ressemblance avec son esprit humain, de même que les créatures ressemblent à l'esprit divin.»

Le platonisme de la Renaissance

À travers l'hypothèse d'un principe absolu (Dieu), source de toute connaissance, Nicolas de Cues reprend les idées (néo)-platoniciennes. Il n'était pas le seul dans la mesure où l'on assista à une véritable renaissance de Platon au XVᵉ siècle. Les chasseurs de textes originaux avaient découvert l'ensemble des écrits platoniciens en langue originale à l'époque de Pétrarque ; Marsile Ficin les traduisit en entier pour la première fois en latin et les rendit ainsi accessibles à l'ensemble des savants européens. Ficin et les humanistes acquis à sa cause disposaient en la personne de Cosme de Médicis d'un grand banquier, mécène, d'un bailleur de fonds, souverain officieux de la très officielle République de Florence. Ils se rencontraient de temps à autre sur une propriété à la campagne, à la fin des années 1450, dans le cadre d'un cercle qui depuis lors fut connu sous le nom d'académie platonicienne de Florence.

Ficin voyait dans la philosophie de Platon un enseignement susceptible de réunir l'ensemble des tendances contraires de l'époque. D'après lui, elle était en mesure de réconcilier entre elles la religion et la philosophie, la métaphysique et la science qui, de toutes parts, tendaient à s'éloigner les unes des autres. La pensée de Platon ne contenait pas seulement une anticipation de l'enseignement chrétien, mais elle assurait aussi la transmission d'anciennes sagesses dans lesquelles le fondement de la révélation divine était exprimé de la manière la plus pure qui soit. La *Théologie platonicienne* écrite par Ficin (1474) veut montrer la force d'intégration d'une

« philosophie religieuse » en présentant l'esprit et la nature et tous les niveaux de l'« être » sous la forme d'un continuum unique. Dans une tradition néoplatonicienne (plotinienne) modifiée, Ficin désigne ces niveaux comme : être divin ; sphère de l'intelligence pure ou idées (monde angélique) ; âme ; propriétés corporelles (couleur, chaleur, etc.) ; corps (substance informe, quantité matérielle pure). Le centre de l'« être » est l'âme du monde. Elle a sa correspondance et sa représentation dans l'âme (l'esprit) de l'homme qui est placé à présent au centre de l'univers. La faculté humaine de connaître peut relier les extrêmes, Dieu et les corps, et reflète (et crée dans un certain sens à partir de ce moment) l'unité générale de l'« être ».

Percevoir et reconnaître ne constituent pas pour Ficin un accueil et un traitement passifs, il s'agit bien davantage d'un processus de métamorphose et d'adaptation de l'âme à ce qu'elle perçoit, qui n'est possible que dans la mesure où l'âme prend part à tous les niveaux de l'« être ». Goethe a exprimé ces conceptions plotiniennes de la correspondance entre ce qui (re)connaît et ce qui est (re)connu de la manière suivante : « Si l'œil n'était pas solaire, il ne pourrait jamais voir le soleil ; s'il n'y avait pas déjà en nous la force même de Dieu, comment le divin pourrait-il nous ravir ? » L'idée de la possibilité pour l'âme de prendre un essor qui la mette au niveau de Dieu, et une vision esthétique du monde dont nous ressentons la claire harmonie dans l'harmonie de notre âme, ont souvent fait apparaître l'enseignement de Ficin comme une sorte de correspondance philosophique avec l'art de la Renaissance.

Comme Ficin, son élève Pic de la Mirandole souligne la place libre et centrale de l'homme. Dans un discours resté célèbre, *Oratio de hominis dignitate* (*Sur la dignité de l'homme*, 1486), il fait dire par Dieu le Père à Adam : « Tu n'es gêné par aucune sorte de freins, mais c'est à toi selon ton propre libre arbitre [...] de déterminer ta nature. Je t'ai créé moyen terme du monde afin que de cette place tu puisses observer autour de toi tout ce qui se trouve au monde. [...] Nous avons fait de toi un être ni céleste ni terrestre, ni mortel ni immortel afin que tu deviennes ton propre sculpteur et poète complètement libre et créant pour l'honneur, et que tu choisisses toi-même la forme dans laquelle tu souhaites vivre. »

L'homme comme centre du monde : il ne s'agit manifestement pas ici de partir du principe que l'homme est d'emblée l'image de Dieu et la mesure de toute chose. Le milieu désigne ici plutôt un lieu indéterminé par opposition au lieu déterminé où se trouvent les autres créatures. Le milieu est bien davantage une absence d'orientation *a priori* qui ouvre sur un potentiel de liberté.

La philosophie de l'esprit platonicienne de la Renaissance ne fut pas sans rencontrer des avis contraires. C'est ainsi que, par exemple, Cristoforo Landino considérait l'homme comme une unité d'esprit et de corps et comme un être social. La priorité devait revenir à la *vita activa* et non à la *vita contemplativa* valorisée par les platoniciens : « La nature, mère parfaite, nous a enjoint d'être activement en relation avec nos semblables et de préserver la société humaine. » Pietro Pomponazzi, formé à l'école de l'aristotélisme, souligna tout particulièrement le caractère indissoluble de l'union entre le corps et l'esprit. Il rejeta même la possibilité de l'immortalité de l'âme, une prise de position exceptionnellement courageuse pour l'époque.

Entendement et
expérience

Le XVIIe siècle

UNE NOUVELLE APPROCHE DE LA SCIENCE

L'émergence d'une conscience de soi philosophique

Un regard porté sur la nature et au-delà de l'univers fini, conscience de soi et estime de l'individualité humaine – sont les traits marquants qui, sous la Renaissance, commencent à façonner une nouvelle image du monde et surtout à lui donner de nouveaux fondements qui seront développés et complétés pendant la période baroque. La nature fait l'objet d'études fructueuses sur la base de méthodes de mesure et d'expériences relevant d'hypothèses mathématiques. L'ancien modèle cosmique d'une Terre au centre du système planétaire n'est désormais plus défendable et la nouvelle conception héliocentrique devient peu à peu une évidence pour tous ceux qui ont le privilège d'être éduqués.

Les penseurs objectifs et rationalistes cessent de privilégier une conception de l'homme d'un point de vue créationniste, comme occupant une place particulière dans l'univers, et adoptent une conception selon laquelle l'homme est le représentant d'une espèce dotée de réactions d'ordre affectif et qui manifeste une propension à élaborer des formes de vie en société. La conscience de soi devient un concept philosophique, un lieu de la pensée pure qui fait face au monde des choses et recherche en lui-même des principes de connaissance afin d'introduire une unité systématique dans la masse de ce qui doit faire l'objet de recherches.

La question des principes de la connaissance susceptibles d'être assumés raisonnablement se pose d'une manière toujours plus cruciale à l'heure de l'essor des sciences naturelles. D'une part, en effet, les thèses philosophiques doivent, au même titre que les hypothèses et les explications de la physique, être vérifiables et démontrées expérimentalement. La découverte puis l'application d'une méthode assure la transparence constructive de ces thèses. Il devient courant de parler de systèmes philosophiques. Il s'agit en fait de problèmes formulés et résolus par une méthodologie cohérente, et dont le sens peut être évalué grâce à ses hypothèses de départ et à sa pertinence explicative (du monde).

D'autre part, la notion de philosophie demeure un concept générique qualifiant la science d'une manière générale. L'œuvre de Newton parue en 1687 est intitulée les *Principes mathématiques de la philosophie naturelle*. Mais la physique a déjà conquis son indépendance. Aussi, la philosophie se concentre-t-elle en particulier sur les hypothèses fondamentales qui sont des présupposés conscients ou inconscients des autres sciences, mais qui ne constituent pas un sujet à part entière.

Qu'est-ce qui « est » en définitive, qu'est-ce que la « substance » qui perdure au-delà des phénomènes contingents et qui sous-tend la manifestation d'un phénomène ? Ou ne peut-on finalement rien dire sur ce qu'est la substance, et les différentes perceptions sont-elles réelles ? Quelle est la portée des réponses à cette question pour la

LE XVIIe SIÈCLE

Après les guerres de Religion de la première moitié du XVIIe siècle, **l'Europe des États modernes** se consolide. La papauté perd son importance politique internationale. En 1625 paraît *Du droit de la guerre et de la paix* de Hugo Grotius, qui donne de nouvelles bases au droit international et reçoit un accueil très favorable.

La France de Richelieu et de Louis XIV, sur le point de devenir une puissance dominante, édifie un **absolutisme centralisé** qui sert de référence à de nombreux États et qui trouve une justification philosophique dans l'œuvre de Thomas Hobbes.

La bourgeoisie gagne en importance en Hollande et en Angleterre, mais aussi en France. Et ce n'est pas un hasard si la raison humaine dans son sens le plus large devient un principe central de la philosophie.

Les réflexions sur le droit naturel prennent de l'ampleur, souvent associées à des thèses sur l'anthropologie et sur les processus d'émergence de collectivités étatiques et de formation du contrat social. Les fondements de ce droit se situent dans l'ordre rationnel du monde. Les lois d'un pays, indépendamment de son mode de gouvernement, sont alors censées ne pas y déroger.

Les nouvelles méthodes de la recherche mathématique destinée à l'étude de la nature et leur insertion dans la métaphysique posent les jalons du développement du monde occidental.

Louis XIV, peinture de Hyacinthe Rigaud, 1701, musée du Louvre, Paris

René Descartes contribue, entre autres grâce à la découverte de la géométrie analytique, à l'émergence de la science moderne et en livre en même temps les fondements philosophiques.

S'appuyant sur Descartes, **la conception d'un monde dualiste et mécaniciste** tend à se répandre. Le monde physique fonctionnant comme une machine est, dans son essence, séparé du monde de l'esprit, de la raison. Leibniz opposera à ces conceptions sa « monadologie ».

Le rationalisme philosophique (Descartes, Spinoza, Leibniz, entre autres) fonde la connaissance de la réalité dans la pensée, qui n'englobe pas que les données de l'expérience mais aussi les causes ultimes de la structure du monde.

L'empirisme (Locke, Hume, Berkeley) se montre résolument sceptique par rapport à ce type de prétention et renvoie la raison dans les strictes limites de l'expérience.

compréhension de la vérité et par rapport à des assertions qui revendiquent une validité générale ? Ces problèmes sont bien sûr aux origines de la philosophie. Il s'agit de problèmes de métaphysique qui reçoivent à présent une coloration épistémologique spécifiquement moderne. En d'autres termes : la pensée et l'« être » de ce qui est pensé sont différents dans la pensée même. Cette confrontation existe dans la philosophie depuis l'Antiquité. Et c'est aussi depuis cette époque qu'il y a des règles pour certaines opérations intellectuelles (logique) et aussi des théories sur le rapport entre la pensée et l'« être », sur le processus qui conduit à de vraies assertions sur Dieu et le monde.

La pensée moderne va se tourner vers elle-même et s'isoler du monde extérieur pour n'avoir à produire ce dernier qu'en cas de nécessité philosophique absolue à partir d'un moi abstrait. Mais cette nécessité absolue ne se présente pas encore au XVIIe siècle.

Le philosophe John Locke rédige une vaste œuvre sur la connaissance humaine qui n'a d'équivalent ni dans l'Antiquité ni au Moyen Âge. Il s'agit d'une enquête détaillée sur le fonctionnement de la pensée. David Hume limitera ensuite la conscience et le savoir à des impressions sensorielles, des reproductions et des associations, et il abandonnera toutes les assertions concernant la substance et la réalité indépendante de la connaissance.

La phrase de Descartes « Je pense donc je suis » se démarque de cette conception et se veut le point de départ d'une connaissance objective de la réalité. Mais il s'agit aussi du mot d'ordre de la nouvelle position de la pensée et de l'« être » : la réalité n'existe pour nous que par l'assemblage de constructions mentales. Les mathématiques deviennent l'idéal méthodologique de la philosophie : « Ceux qui cherchent le vrai chemin vers la vérité ne peuvent étudier un objet sur lequel ils ne sont pas en mesure d'obtenir une certitude comparable à celle des preuves arithmétiques et géométriques. »

La nature correspond à ce type d'objet dès lors qu'on la considère comme de la matière déterminée causalement en fonction de lois. L'unité immédiate de l'homme et de la nature ou du cosmos, telle qu'on avait pu l'éprouver à l'époque de la Renaissance, disparaît alors. Les philosophes distinguent entre ce qui peut être dit avec certitude conformément aux conditions de la connaissance, et les choses en soi, indépendamment de toute relation heuristique. Découvrir

des beautés harmonieuses associées à des proportions géométriques et leurs correspondances dans la nature signifiait sous la Renaissance découvrir des fondements toujours vrais et nécessaires dans le projet de construction du monde. La rationalité moderne au contraire va s'employer à couper à de nombreux endroits le lien mystique des significations qui assemblait les choses, l'entendement humain et l'ordre divin.

Il devient alors compréhensible que Hegel par exemple, qui donna en 1820 un cours sur l'histoire de la philosophie, voyait certes dans la civilisation de la Renaissance et de la Réforme les débuts d'un nouvel âge, mais situait le renouveau de la philosophie au XVIIe siècle seulement, avec Descartes. Même si cela correspondait à une sous-estimation des penseurs de la Renaissance, il n'en demeure pas moins qu'au XVIIIe siècle, et jusqu'à Hegel, les grandes références de la tradition philosophique – si l'on fait abstraction des grandes figures de l'Antiquité – sont à chercher du côté de Descartes, Locke, Leibniz et leurs contemporains, et remontent rarement jusqu'à un Ficin ou à un Giordano Bruno.

Les Ménines, tableau de Diego Velázquez, 1656, Prado, Madrid

Dans son livre, *Les Mots et les Choses* (1966), le philosophe français Michel Foucault se livre à une reconstruction des systèmes de pensée modernes, c'est-à-dire des convictions fondamentales qui organisent et structurent le savoir et la science d'une époque. Il s'agit d'abord de délimiter les frontières entre les XVIIe et XVIIIe siècles, c'est-à-dire l'époque dite classique, et la modernité qui débute au XIXe siècle. Foucault, dans son introduction, caractérise la pensée de l'époque classique en analysant le célèbre tableau de Velázquez. La représentation est pour lui un concept fondamental de cette époque. Les représentations correspondent aux choses, les ordonnent dans un tableau global de signes et peuvent, conformément à la subjectivité moderne, se représenter aussi elles-mêmes en tant que telles, comme le peintre se représente lui-même en train de peindre. Mais contrairement à ce qui se passera avec l'arrivée de la modernité, la subjectivité qui se rapporte à elle-même a encore des limites. Ce que le jeu de la représentation courtisane conditionne, en l'occurrence le couple royal d'Espagne, n'est pas charnellement représenté et n'apparaît que sous la forme d'un reflet dans le miroir qui se trouve au fond, sur le mur de la pièce représentée sur le tableau.

Illustration de la perspective,
Abraham Bosse, *Manière universelle
de M. Desargues*, Paris, 1648

La perspective comme expression de la
rationalité se rapportant au sujet et de la
mathématisation de l'espace correspond,
encore plus au XVIIe siècle que sous la
Renaissance, à l'attitude fondamentale
de l'époque sur le plan scientifique et
philosophique. Cette illustration provient
d'un livre d'enseignement sur la perspective. Le graveur sur cuivre, Abraham Bosse, qui enseigna ultérieurement la perspective à l'académie parisienne des arts,
explicite un procédé de construction découvert par le mathématicien Girard
Desargues. Le procédé était pratique
sans pour autant constituer une innovation mathématique. Mais Desargues
ajouta une description des points de fuite
en perspective comme points d'intersection de plans qui laisse entrevoir une
nouvelle approche. Il s'était agi à la Renaissance de résoudre le problème de la
restitution raccourcie et correcte d'objets
en perspective. Au XVIIe siècle, les règles
de la perspective deviennent de simples
exceptions à des lois générales de
projection.

Francis Bacon, 1561-1626,
gravure sur cuivre de William
Marshall, 1640, Bibliothèque
nationale de France, Paris

Le but de la philosophie est la
maîtrise de la nature, car « le savoir
est un pouvoir ». La mission de la
philosophie est par conséquent la
systématisation des sciences. Pour
parvenir à l'authentique vérité des
choses, il faut d'abord se libérer
des préjugés et des idées fausses.
Dans son œuvre majeure, *Novum
Organum*, Bacon explicite la
manière d'éviter ces illusions (idoles).
C'est la méthode inductive qui, selon
lui, permet de prétendre à la vraie
connaissance. Elle permet en effet la
collecte et la comparaison des
observations, ainsi que la réalisation
d'expériences dont on peut déduire
les formes générales de la nature.

Francis Bacon

La méthode inductive

L'Anglais Francis Bacon entreprit au début de
cette époque « un voyage autour du savoir »
allant tout à fait dans le sens de l'objectivation
technique du monde. Ce qui lui importe, c'est surtout ce qui se rapporte à l'expérience d'une part,
et à l'usage de la philosophie d'autre part.
Instauratio magna (le grand renouveau) est le titre
de son œuvre qui devait compter six volumes et
qui ne fut réalisée que partiellement, où les
sciences, tout d'abord, sont classées en fonction
des facultés psychiques, la mémoire, l'imagination
et l'entendement, dans le domaine de l'histoire,
de la poésie et de la philosophie avant d'être sub-
divisées ensuite séparément. Une « philosophie
première » supérieure traite des fondements qui
valent pour tous les domaines de la connaissance. Le *Novum Organon* (nouvel instrument),
désigné de manière très ambitieuse d'après
l'*Organon* d'Aristote, critiqué par Bacon, présente
le programme d'une méthode inductive. Elle est
censée permettre d'obtenir des assertions universellement valables sur la base de l'étude d'une
multitude de cas concrets, au lieu de déduire de
principes de base préétablis des catégories pour
la nature, comme le fait la scolastique déductive,
et de passer ainsi éventuellement à côté des faits.
Un optimisme missionnaire, à la mesure du titre
de l'ouvrage, sous-tend le style de lord Bacon qui
parvint à devenir président de la Chambre des
lords – il était issu de la bourgeoisie – avant
d'être contraint à la démission pour corruption
passive (pourtant inhérente à cette fonction).
Il amorce son entreprise philosophique sous un
angle critico-rationnel par cette théorie devenue
célèbre des quatre sortes d'idoles, c'est-à-dire des
illusions et préjugés qu'il est nécessaire de dévoiler
et de réfuter dans l'intérêt de l'objectivité. Il y a
d'abord les « illusions de l'espèce (humaine) »
(*idola tribus*), parce que l'entendement et nos sens
saisissent la réalité seulement d'après la mesure
humaine. Les connaissances préalables, les circonstances de la vie, les opinions qui pénalisent le
jugement (*idola specus*) sont en revanche déterminées à un niveau individuel. Pour ce qui est des
illusions de la place publique (*idola fori*), il s'agit
des effets spécifiques aux phénomènes d'uniformi-
sation du mode de communication entre les
personnes ainsi que des habitudes, des conventions humaines et du langage qui déterminent les
choses réelles. Pour atteindre à la vérité des
choses, il faut surtout se débarrasser des filets
conceptuels qui ne sont tendus qu'à l'intérieur de
l'esprit par les écoles philosophiques (*idola theatri*).
Une fois cette tâche accomplie, la vérité n'en est
pas pour autant à la portée immédiate des sens.
Bacon donne certes à l'expérience sensorielle
beaucoup de poids, mais dans le seul cadre de
l'expérience et du savoir conjointement, c'est-à-
dire dans le cadre d'une chaîne de relations dont
la possibilité nécessite autant l'intervention de
l'entendement que de la perception. Car la
connaissance, et donc l'orientation dans le
monde, résulte d'une méthode qui passe par des
questions ciblées, par la collecte d'observations
correspondantes et par des conclusions finales
sur la véracité ou la fausseté d'hypothèses.
La manière qu'a Bacon de soumettre d'abord la
connaissance aux faits rappelle la recherche
d'indices en criminologie. Pour s'assurer de la certitude d'un phénomène, la chaleur par exemple, il
commence par dresser un tableau du plus grand
nombre possible d'occurrences du phénomène
en question. Les circonstances d'apparition du
phénomène sont naturellement très différentes
dans la plupart des cas : la chaleur survient sous
l'effet de la lumière, de corps animés, de l'ébullition, du frottement, etc. Ainsi, le tableau indique de
nombreuses caractéristiques dont un certain
nombre, ou une seule, appartient au phénomène
et dont l'abstraction permet de tirer une conclusion sur son essence. Les cas pour lesquels
manque une propriété tenue d'abord pour caractéristique, et qu'il faut donc en définitive séparer de
l'essence de la chose, sont également importants.
On peut trouver avec la même méthode des lois
qui constituent les règles d'occurrence cohérente
de différents phénomènes. Pour Bacon, tout
dépend des processus et des lois qui les déter-

minent, car c'est moins au niveau de leur essence statique des choses particulières qu'à celui de leur devenir qu'il veut pouvoir les appréhender. Dès lors, expliquer quelque chose, c'est faire advenir quelque chose à partir de ce qui le conditionne, c'est le reproduire en pensée. Bacon tolère jusqu'à un certain degré, dans les explications, des hypothèses contenant des éléments qui vont au-delà de l'expérience, à condition que ne demeure vérifiable que ce qui résulte des hypothèses. Il explique ainsi de manière convaincante la chaleur comme le produit d'un mouvement de particules, en dépit du fait qu'elles ne soient pas observables.

« Savoir, c'est pouvoir »

Le but de toute recherche est le traitement des connaissances sous forme de découvertes, l'utilisation et l'exploitation de la nature dans tout ce qui peut contribuer au progrès de la civilisation. « Le savoir et le pouvoir humains sont une seule et même chose, car l'ignorance de la cause nous ôte le succès. On ne se rend en effet maître de la nature qu'en lui cédant, et ce qui au niveau de l'observation semble être une cause, doit servir de règle dans la pratique. » Cette formulation d'objectifs techniques comme possibilités d'« appliquer » des lois naturelles n'allait jadis nullement de soi. Le mathématicien italien G. U. del Monte fit « de tout ce que les charpentiers, les architectes, etc. réussissent à faire en dépit des lois naturelles récalcitrantes » le sujet de son traité de mécanique qui remporta un grand succès.

Le caractère pratique, tourné vers le monde, de cette philosophie sous-tendue par une science expérimentale, ne saurait être mieux exprimé que dans cette assimilation du savoir au pouvoir.

Bacon devint une sorte de père pour de nombreux chercheurs empiriques. Sa conception de l'« essence » ou des « formes », qui, en tant qu'unités individuelles, substantielles et quasi organiques, ou engendrant la structure d'un objet en fonction de lois physiques, est certes largement aristotélicienne et médiévale. Mais tant sa méthode du tableau que sa tentative d'expliquer les choses dans leur devenir, à partir des conditions d'apparition des phénomènes, constituent un pas important vers le remplacement des essences substantielles par des descriptions de structures fonctionnelles.

« Savoir, c'est pouvoir » – cette déclaration attribuée à Bacon, et qui reflète l'ensemble de son enseignement, aurait pu être formulée, de cette manière ou presque, plus tôt, mais c'est à l'époque baroque qu'elle va prendre toute sa dimension.

Francis Bacon, *Instauratio Magna*, couverture de l'édition de Londres, 1620, avec, comme illustration, une gravure sur cuivre de Simon de Passe

« Beaucoup traverseront et la science s'enrichira », dit la citation qui se rapporte à l'image du bateau s'approchant de la porte formée par deux puissantes colonnes : les colonnes d'Hercule. C'est ainsi que l'on désignait, dans l'Antiquité, différents repères qui marquaient les limites du monde habité et habitable et qui dans le mythe ont été posées par Hercule. Il était courant en fait de désigner par ces limites le détroit de Gibraltar, c'est-à-dire la « fin » de la Méditerranée. L'image de couverture du livre de Bacon est ainsi une métaphore de la transgression scientifique de toutes les frontières traditionnelles. C'est aussi une allusion à la pensée de Bacon dans l'esprit duquel la navigation joua un rôle décisif dans la conquête de la planète et dans la perception nouvelle que les Européens eurent d'eux-mêmes et du monde. Très loin au large se trouvait une île-État utopique où l'on s'employait à réaliser les objectifs contenus dans *Instauratio Magna*, et que Bacon décrit dans son roman *La Nouvelle Atlantide*.

Les possibilités de la connaissance paraissent illimitées et l'on place beaucoup d'espoir dans la technique. Leibniz par exemple qui, comme Pascal quelque temps auparavant, construit une machine à calculer, part du principe que de nombreux problèmes pratiques ou relevant du calcul, peuvent être résolus par des machines, et il semble presque annoncer l'ère de l'industrie et des ordinateurs. La transparence croissante de la plus grande de toutes les machines, l'univers, n'est d'ailleurs pas la dernière des raisons qui expliquent l'émergence de ce type d'attente.

Ciel et terre

« Plutôt que de changer quoi que ce soit dans le ciel d'Aristote, ils préfèrent nier effrontément ce qu'ils aperçoivent dans le ciel de la nature », disait Galileo Galilei de ses collègues universitaires philosophes de la nature, fidèles à la tradition. Il y avait en effet réellement de nouvelles choses à voir, en l'occurrence à travers la longue vue. Galilée avait entendu parler de cette invention hollandaise faite par hasard en manipulant des lentilles optiques ; il en avait immédiatement construit une qui avait fait grande impression en Italie. Il rapporta en 1610 ses descriptions de la Lune et des étoiles dans un petit livre qui fit le tour du monde. À quoi peut bien ressembler le « ciel d'Aristote » après avoir subi un pareil dommage ? Il est composé d'une boule incroyablement mais pas infiniment grande, dont la couche extérieure, la sphère des étoiles fixes, entoure une multitude

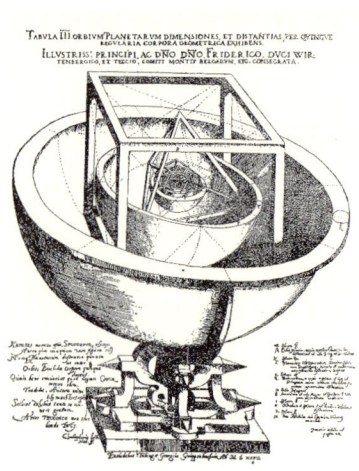

Représentation des rapports de distance entre les planètes et le Soleil
par Johannes Kepler

Au cours de son activité professorale en mathématiques à Graz, Johannes Kepler commença à s'intéresser intensément à l'astronomie, notamment en réfléchissant sur la taille, la distance et la vitesse des planètes. La physique platonicienne, développée dans le *Timée*, constituait une base importante de ses recherches. D'après Platon, le monde représente une harmonie naturelle créée par Dieu d'après le monde des idées. Les formes et les nombres sont l'expression la plus parfaite de l'harmonie divine. Cela se manifeste notamment par la régularité géométrique des corps que sont le tétraèdre, l'hexaèdre, l'octaèdre, le dodécaèdre et l'icosaèdre qui sont en même temps les symboles des cinq éléments, feu, terre, air, ciel et eau. Kepler s'efforce de transposer cette harmonie mathématique sur les planètes en établissant une relation entre les sphères des planètes et les cinq corps platoniciens.

Dialogue sur les deux grands systèmes du monde, de Galileo Galilei, gravure sur cuivre de Joseph Mulder, 1700

Le titre original du livre publié en Italie en 1632 était: « Dialogue dans lequel en quatre jours furent défendus les deux principaux systèmes cosmiques, le système ptoléméen et le système copernicien, les raisons philosophiques et scientifiques des deux parties y étant exposées sans que l'on tranche en faveur de l'une d'elles. » La réserve finale était une simple précaution, car Galilée était convaincu de la pertinence du modèle héliocentrique copernicien rejeté par l'Église. Ptolémée, qui vécut au IIe siècle, est représenté au milieu de la page de couverture à côté d'Aristote (dont il reprenait partiellement les thèses sur les mouvements cosmiques) avec un globe céleste géocentrique. Son système demeura incontesté pendant presque mille cinq cents ans.

d'écorces sphériques imbriquées les unes dans les autres, d'une consistance cristalline, liquide ou vaporeuse. Les seuls éléments visibles de cette substance sont les planètes et les éléments qui se trouvent dans leurs mouvements orbitaux prolongeant, à des degrés divers, le mouvement de la sphère étoilée extérieure, et qui restent éternellement immuables, contrairement au monde immobile au centre de la boule, la région terrestre, située en dessous de la Lune, et qui est soumise aux processus d'apparition et de disparition. La forme sphérique et l'orbite sont considérées comme les formes originelles et la quintessence d'une perfection qui trouve sa source en elle-même; c'est pourquoi la Lune et les étoiles doivent incarner ces formes à la perfection. Au travers de sa longue vue, Galilée voyait dans les cratères de la Lune des irrégularités de terrain qui ressemblaient à celles de la Terre. Ce à quoi s'ajoutait l'observation, très commentée à l'époque, d'une comète se trouvant derrière la Lune, qui apportait un démenti à la théorie de l'inviolabilité du ciel. Ces découvertes vinrent ébranler la vision aristotélicienne que l'on se faisait du cosmos. Galilée alla plus loin en faisant prendre conscience à une opinion publique qui n'existait pas auparavant, de l'importance de la description du monde héliocentrique par Copernic qu'il paracheva sur la base de ses propres arguments.

C'étaient en effet des arguments, et non des preuves, que Copernic avait avancés en 1543. Le point de départ de ses conceptions résidait dans sa foi en une création qui soit accessible par l'entendement, dont les principes sont porteurs de sens et sont à sa mesure, et ce quel que soit son emplacement physique dans l'univers. Mais à présent, un système cosmique géocentrique faisait beaucoup plus problème eu égard à son accessibilité intellectuelle que le modèle aristotélicien ne le laissait supposer. Comme l'avaient déjà montré certaines observations dans l'Antiquité, les étoiles fixes décrivent des mouvements d'une régularité exemplaire autour de la Terre – dès lors qu'elle est elle-même immobile – or les planètes effectuent des mouvements irréguliers et changent de distance par rapport à elle, de vitesse et même de direction. Copernic sait que ces mouvements complexes résultent des mouvements « simples » du système solaire. Si l'on part de l'hypothèse de base de son modèle, d'après lequel la Terre et les planètes se meuvent sur des trajectoires orbitales dont le centre est le Soleil, cela signifie que, vu de la Terre, les planètes

tournent premièrement autour du Soleil et deuxièmement (apparemment) avec le Soleil autour de la Terre, c'est-à-dire qu'elles décrivent une orbite épicycloïdale. Un épicycle est un petit cercle qu'un astre décrit et dont le centre décrit lui-même un autre cercle, selon la forme géométrique appelée une épicycloïde. Lorsque les deux cercles tournent, un point de l'épicycloïde ne décrit pas une orbite, sa trajectoire est celle, par exemple, d'un anneau comportant des boucles. Le point peut aussi se mouvoir, en fonction de la direction et de la vitesse du mouvement rotatif du premier cercle et de l'épicycloïde, sur des trajectoires elliptiques « bosselées », ou même carrées. C'est ainsi que Ptolémée put, au IIe siècle, construire les trajectoires des planètes sous la forme de figures épicycloïdales.

Il supposait la Terre immobile, et conçut les trajectoires indépendamment les unes des autres en se préoccupant le moins du monde d'une démonstration de physique sur les caprices des planètes. Il s'agissait exclusivement et explicitement d'une simple reconstitution mathématique destinée à prédire les dates des mouvements astraux. Le fait que les trajectoires de ses planètes soient incompatibles avec les sphères rotatoires d'Aristote – qui s'était pourtant bien efforcé de son côté de mettre en place une physique du cosmos – fut alors, ainsi qu'ultérieurement, passé sous silence, en partie pour des raisons religieuses.

À l'époque de Galilée, il était encore possible de faire coexister le ciel symétrique aristotélicien et des constructions épicycloïdales très excentriques, et de se référer à l'un et à l'autre, indifféremment, pour répondre aux diverses interrogations qui se

posaient alors. Aussi Ptolémée n'avait-il pas hésité à imaginer des constructions théoriques toujours plus nombreuses, dépourvues d'unité et se superposant, de manière à trouver un cadre explicatif aux différentes irrégularités des mouvements planétaires. Il conservait toutefois une condition homogène, convaincu en l'occurrence que tout mouvement cosmique doit nécessairement avoir l'aspect d'un cercle uniforme, ce qui ne s'appliquait simplement plus qu'aux éléments de ses trajectoires assemblées, c'est-à-dire aux cercles de base et aux épicycloïdes. Et encore ne pouvait-il conserver cette homogénéité des formes que par des moyens artificiels, car, au sens strict, elle disparaissait. Or c'est précisément ce que Copernic voulait éviter à tout prix, désireux de faire prévaloir ses convictions aristotéliciennes en revenant à la clarté et à la vraisemblance physique ou, tout au moins, à la possibilité de se représenter clairement les choses. Il chercha donc à transformer les constructions ptoléméennes en constructions cohérentes et clairement intelligibles. Lors de ce travail fastidieux, il s'aperçut que le Soleil pourrait être le milieu de tous les épicycloïdes, et que ces derniers étaient par conséquent superflus dès lors que la Terre, vue du Soleil, parcourait rigoureusement la même orbite que toutes les autres planètes.

Le système héliocentrique devait pouvoir s'accommoder d'une forme orbitale, le cercle, et ce fut cette simplification inouïe que Copernic mit en avant. Lorsqu'il y avait deux possibilités d'explication, l'une compliquée et inesthétique, l'autre claire et simple, il fallait que ce fût la seconde qui reflétât la réalité. Dieu ne pouvait pas avoir créé quelque chose d'inesthétique et de compliqué. La nouvelle théorie perdit toutefois sa simplicité lors de sa vérification empirique. Faire coïncider les résultats de l'observation avec les formes supposées du cercle impliquait d'introduire de nouveaux épicycloïdes.

Il fallut attendre Johannes Kepler, l'un des rares adeptes de Copernic, pour parvenir enfin à une explication irrécusable des observations grâce à l'hypothèse d'orbites elliptiques et de mouvements hétérogènes (*Astronomia nova*, 1609). Abandonner la forme idéale du cercle philosophiquement sanctifiée, qui faisait subsister chez Copernic le vieux modèle de sphères pourvues d'un centre interchangeable, demeurait une étape supplémentaire que même Kepler ne parvenait pas à franchir. Il y parvint à l'issue de la phase, longue et passionnante, d'exploitation des mesures astronomiques extrêmement précises du Danois Tycho Brahe dont il fut l'assistant pendant quelque temps. Brahe avait lui-même élaboré un système planétaire au centre duquel se trouvait la Terre, mais dans lequel les planètes tournaient autour du Soleil en mouvement. C'était

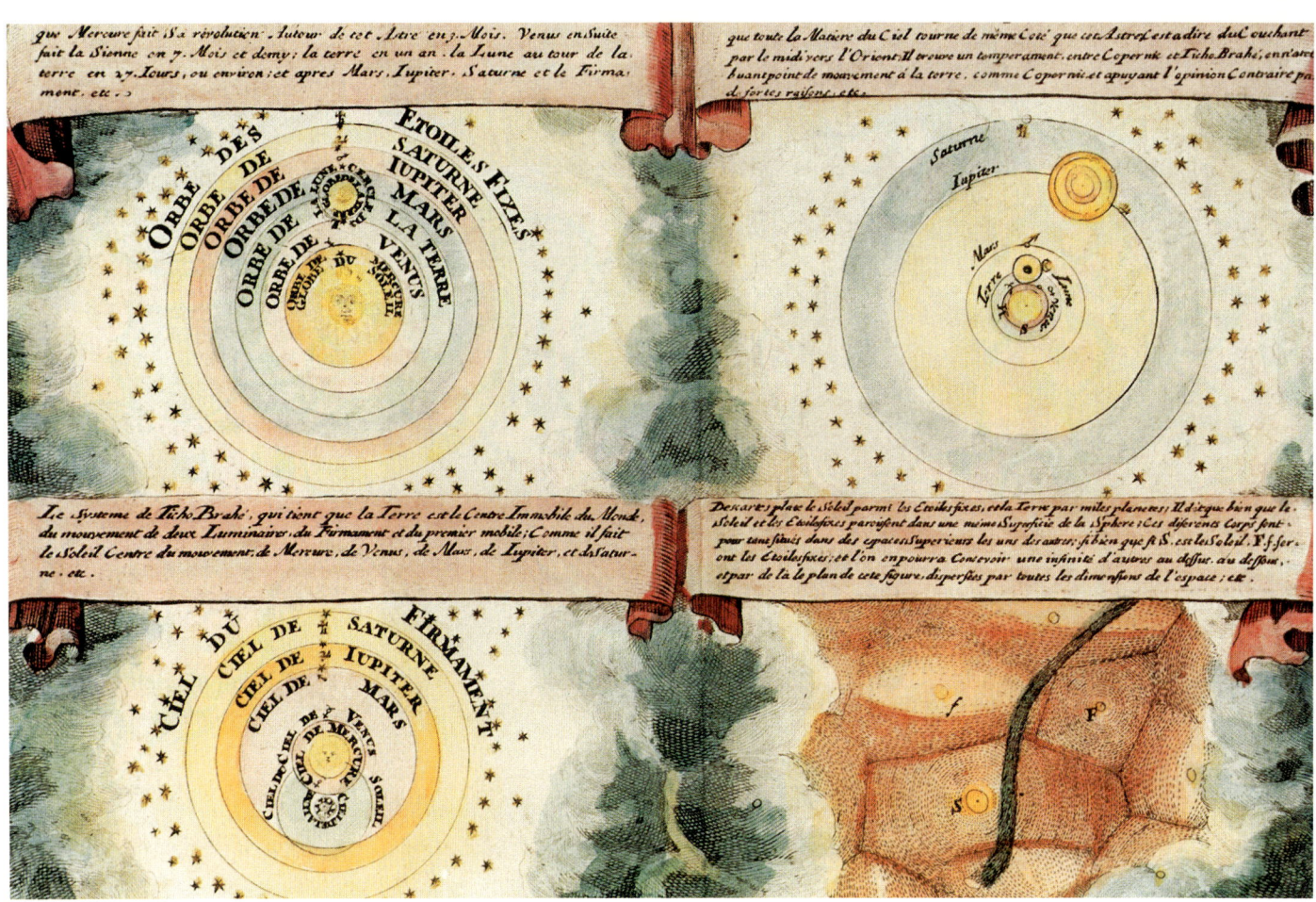

Représentation comparative des trois systèmes cosmiques d'après Nicolas Copernic, Tycho Brahe et René Descartes, gravure sur cuivre, colorée, XVIIᵉ siècle, collection privée, Paris

En haut à gauche, on distingue le système solaire esquissé par Copernic, en dessous, le modèle de Tycho Brahe, dans lequel la Terre se trouve certes au milieu, mais où les planètes tournent autour du Soleil comme chez Copernic. La représentation en bas à droite fait un peu digression dans la mesure où aucun système concret n'y est représenté. Il s'agit d'une image provenant des *Principes de la philosophie* de Descartes (1644). Dans cette œuvre, il développe certaines idées fondamentales à propos de métaphysique et de théorie de la connaissance dont les conséquences méthodologiques, qui renvoient à des thèses globales sur la physique et la cosmologie, sont démontrées dans la suite de l'ouvrage. L'illustration montre le Soleil et quelques étoiles fixes, entourées des compartiments d'une matière céleste (représentée par des points) que Descartes se représentait sous la forme d'un fin liquide. Il pouvait ainsi non seulement décrire les mouvements cosmiques, mais aussi les expliquer causalement, par analogie avec les observations hydrodynamiques, comme des mouvements tourbillonnants dans lesquels tout repose en définitive sur des phénomènes immédiats de pression et de poussée entre des particules infiniment petites.

moins rigoureux que le modèle copernicien, mais il était pour l'époque tout aussi pertinent, et représentait un progrès par rapport à Ptolémée. Kepler parla d'ailleurs d'un petit pain réchauffé.

Le modèle de Tycho Brahe reçut un accueil très favorable auprès des philosophes de la nature, plutôt conservateurs, du XVIIᵉ siècle, et il était de surcroît théologiquement acceptable. À l'inverse, Galilée fut contraint par l'Inquisition, en 1633, à se rétracter et à passer le reste de sa vie en résidence surveillée. Une sanction surprenante lorsqu'on sait que le livre de Copernic ne fut ni interdit ni même combattu en son temps. Mais la situation change avec l'arrivée de Galilée. Il avait en effet des admirateurs et des gens qui le soutenaient financièrement, y compris dans les plus hautes instances cléricales à Rome. Dès lors, ce que la tradition chrétienne rejetait menaçait de se propager, et c'est de nouveau en recourant à la force qu'elle put continuer à s'imposer.

En 1616, le livre de Copernic fut mis à l'Index (*Index librorum prohibitorum*) liste dans laquelle on trouvait les œuvres interdites par l'Église catholique, établie en 1559 pour la première fois, en 1948 pour la dernière fois. L'Index avait été institué dans la foulée de la Contre-Réforme après que l'Inquisition, missionnée pour la première fois au XIIIᵉ siècle, puis institutionnalisée dans l'Espagne du

XVIᵉ siècle, et devenue entre-temps une entité puissante, fut de nouveau appelée à intervenir en Italie. À l'époque de Galilée, qui correspond à une longue période de guerres de Religion, l'activisme contre-réformateur était à son apogée. Les jésuites, parmi lesquels Galilée se fit de nombreux ennemis, étaient presque les seuls qui avaient voix au chapitre. Dans le contexte de l'interdiction de l'œuvre de Copernic, on lui adressa un avertissement, et pendant des années il ne se prononça plus sur ces questions sensibles. Mais encouragé par de nombreux interlocuteurs, il publia en 1632 son *Dialogue sur les deux grands systèmes du monde, le système ptoléméen et le système copernicien*, qui le conduisit bientôt à un procès et à sa condamnation.

La science mathématique de la nature

Il faudrait en fait concevoir la « machine céleste » non pas comme une sorte d'être vivant, mais comme une sorte de pendule, dit Kepler, illustrant ainsi les tendances mécanicistes de son époque. Dans le langage contemporain, les notions de machine et d'être vivant s'excluent automatiquement si elles se rapportent à la même chose. Mais dans l'Antiquité, la séparation de l'animé et de l'inanimé n'était pas aussi nette, et bien que cela change avec le christianisme, les représentations animistes ne disparurent pas complètement. Par exemple, dans les explications des causes du mouvement − c'est-à-dire aussi des mouvements d'ordre mécanique − on trouve au Moyen Âge et à la Renaissance, comme chez Aristote, des analogies plus ou moins camouflées avec le mouvement de la volonté humaine.

Kepler conçoit d'abord la réduction à son minimum de la vitesse d'une planète au moment où elle se trouve au point le plus éloigné du Soleil comme l'affaiblissement de la force de l'« âme » d'une planète. Kepler tient à son hypothèse sur l'âme des planètes, même s'il change également d'opinion sur la cause du mouvement pour adopter celle d'un scientifique moderne, après avoir trouvé une correspondance entre deux phénomènes différents indiquant une loi quantitativement saisissable : « Lorsque j'évoquais le fait que la cause du mouvement des planètes diminue en fonction de leur distance du Soleil, et ce dans une proportion égale à la diminution de la lumière résultant de l'éloignement du Soleil, je dus en conclure que cette cause était nécessairement quelque chose d'ordre physique. » Il s'agit là de l'origine de l'explication mathématico-physique du système solaire que parachèvera Newton. Kepler établit trois lois concernant les planètes. Les deux premières sont relatives à la forme de leur orbite (les orbites des planètes sont des ellipses dont le Soleil occupe l'un des foyers) et à leurs variations de vitesse ; la troisième établit un rapport entre la distance moyenne du Soleil et la durée de révolution d'une planète.

Galilée, qui ne sait pas encore reconnaître les mérites des découvertes de Kepler, de sept ans son cadet, s'essaie à repérer des lois physiques. L'astronomie n'est certes pas son domaine de prédilection, mais lui non plus ne perd jamais de vue un objectif précis : étayer la thèse copernicienne et unifier la physique terrestre et la physique astrale. Pour ce qui est des lois naturelles quantitatives, ce qui lui importe, au-delà de la formulation concrète, c'est l'idée encore nouvelle de pareilles lois. Dans ses textes relativement accessibles et lus par beaucoup de gens, il part en guerre contre l'ancienne philosophie de la nature. De quelles différences s'agit-il ?

La quantité − la taille, le nombre, ce qui est décomposable, mesurable, comptabilisable − avait été appréhendée par Aristote grâce à des modèles géométriques, des chiffres, du temps et de l'espace. Les mathématiques opèrent quantitativement, elles établissent des équivalences chiffrées. L'astronomie peut se servir de ce type de méthode, elle a affaire à des objets qui se comportent comme des ensembles géométriquement idéaux. Mais la transposition des mathématiques sur la nature a de ce fait déjà ses limites. La physique terrestre est confrontée à des processus en devenir et voués au dépérissement, déterminés par des causes et des qualités internes. Les qualités sont des propriétés qui ont chacune une essence propre et irréductible. Les qualités telles que les couleurs, les odeurs, les sensations peuvent revêtir différents degrés d'intensité et donc être appréhendées sous un angle quantitatif, mais elles ne sont pas comparables entre elles ou mesurables avec n'importe quel étalon qui leur serait commun. En principe, les processus naturels sont aussi peu saisissables mathématiquement que l'est un destin humain. Mais Galilée nous livre une assertion qui s'inscrit en faux contre cette vision des choses : « La philosophie est inscrite dans le grand livre qui se trouve sous nos yeux, l'univers. Mais nous ne pouvons pas le déchiffrer si nous n'en connaissons pas l'alphabet et si nous n'en connaissons pas la langue. Le livre de la nature est écrit en langage mathématique, et les lettres sont des triangles, des cercles et d'autres figures géométriques ; sans ces dernières, il est impossible à l'homme de comprendre un seul mot. »

Galilée, Descartes et leurs contemporains cherchent à projeter plus ou moins de qualités, telles la chaleur ou la pression atmosphérique, sur des trajets ou sur des grandeurs spatiales mesurables. Tout ce qui n'est pas quantifiable ou « mathématisable » est pour l'essentiel exclu de leur physique, de même que la notion de finalité. Ils

Astrolabe de Galilée, Museo delle Scienze, Florence

Au XIVe siècle, les astronomes et les navigateurs européens firent la découverte de l'astrolabe, déjà utilisé dans l'Antiquité et qui fut l'objet de continuelles améliorations par les astronomes islamiques. L'astrolabe est en quelque sorte le précurseur des cartes marines actuelles pour l'astronavigation. Il permet la représentation d'une partie visible du ciel à une date et à une heure données.

Constatation de la pression atmosphérique grâce à un baromètre par Blaise Pascal, copie réalisée à partir d'un dessin d'August Dressel, vers 1890, coloration ultérieure

Blaise Pascal, célèbre par ses *Pensées* philosophiques, s'est également fait un nom comme physicien et mathématicien. Il fut ainsi en mesure de vérifier et de compléter les thèses sur la pression atmosphérique que Torricelli avait établies à l'aide d'un instrument qui annonçait le baromètre. Le fait que le niveau d'une colonne de mercure ou d'eau d'un tube fermé en haut et reposant sur sa base dans une cuve, diminue à une certaine altitude qui détermine une pression atmosphérique et engendre du vide dans sa partie haute, suscita de vifs débats philosophiques. Si l'on refusait, comme Descartes, qu'il puisse y avoir un espace vide, il fallait alors hypostasier l'existence d'une matière fine pouvant pénétrer toutes les autres substances.

Léviathan, de Thomas Hobbes,
couverture de la première édition,
Londres, 1651

Homo homini lupus (L'homme est un loup pour l'homme) est certainement la phrase la plus célèbre de Hobbes. Dans le *Léviathan*, sa principale œuvre de théorie politique, il montre que l'intérêt individuel est appelé à dégénérer en lutte de tous contre tous. Mais dans la mesure où personne n'est en fait disposé à voir son existence constamment menacée, le pouvoir individuel est abandonné au profit de la loi et d'un souverain (État). La page de couverture est une restitution précise de ce concept. Le corps de l'État-géant, le Léviathan, est composé de l'ensemble des citoyens. On voit de dos ces individus qui donnent sa forme à l'État, ils sont tous tournés vers la tête du souverain. Ils ont constitué cette tête, elle doit son existence à leur volonté. Il en résulte qu'ils doivent obéir aux stimuli qui animent le corps qu'ils forment. Le pouvoir de la plus haute autorité est illimité et non partageable. Le souverain qui règne sur une collectivité pacifique est un souverain à la fois spirituel et laïque, c'est pourquoi il tient dans les mains une épée et un bâton de berger.

Représentation d'un condottiere
(considéré jadis comme le portrait de César Borgia), tableau d'Altobello Melone, vers 1520, Academia Carrara, Bergame

« Et celui qui veut en tout et partout se montrer homme de bien ne peut manquer de périr au milieu de tant de méchants », écrit Machiavel dans son œuvre *Le Prince*, fondant ainsi un nouveau courant de la philosophie politique de l'époque. Le fondement d'un système étatique correctement régulé réside pour lui dans la volonté politique du souverain. S'il s'agit de se maintenir au pouvoir, le souverain ne doit pas se limiter à faire le bien, s'il veut se donner l'apparence d'un homme juste et être respecté du peuple. César Borgia était pour lui le modèle de ce type de souverain que les uns considéraient comme un aventurier désinvolte dépourvu de morale, tandis que d'autres le percevaient comme un homme politique déchiré.

réagissent d'ailleurs avec la plus grande hostilité contre la notion de finalité. Ils y voient, à l'instar de Francis Bacon, une idole animiste, une confusion de l'esprit qui engendre des préjugés et qu'il faut remplacer par une pensée en termes de causalité.

Les conceptions dans le domaine de l'État et de la société

En 1576, Jean Bodin fit paraître un ouvrage, *La République*, dans lequel il livrait des arguments aux visées absolutistes et façonnait sa conception de la souveraineté de la manière suivante : la plus haute autorité existant par rapport aux citoyens et aux sujets, détachée des entraves de la légalité. Il s'agit non pas de la description d'un gouvernement existant mais de la simple évocation d'un idéal. Pourquoi le souverain doit-il être « détaché des lois » ? Cela ne semble pas être en effet un état enviable ; Bodin se trouve là pourtant en accord avec la plupart de ses contemporains. Machiavel, l'un des plus célèbres conseillers politiques de la Renaissance, avait déjà exigé, dans son œuvre *Le Prince* (1513), une liberté suffisante pour que le prince puisse agir sans entrave et n'ait de considération que pour ce qui sert la capacité du gouvernement et de l'État à s'imposer. Il fallait alors remédier à la situation politique en Italie, déchirée par des luttes intestines permanentes. Machiavel se démarquait de toute légitimation morale de l'action politique dans le but de voir un État unifié s'installer, dans lequel il serait alors possible de faire régner la justice.

Contrairement à Machiavel, d'autres auteurs ne renoncent pas à l'ancrage moral traditionnel de la théorie politique. Il y a en effet des normes juridiques constantes propres au droit naturel. Disons simplement à propos de la notion de droit naturel – d'ailleurs diversement interprétée – qu'elle s'oppose à l'autorité de droit divin du souverain et qu'elle laisse donc poindre une certaine tendance au rationalisme. Le « contrat social », qui fonde la communauté étatique, constitue un autre aspect récurrent de la théorie politique jusqu'au XVIIIe siècle.

Chez Thomas Hobbes, cette théorie du contrat social est un élément d'un système philosophique plus vaste. S'appuyant sur Bacon et Galilée, Hobbes conçoit une philosophie scientifique. Sa méthode est : « La philosophie est la connaissance, acquise par un raisonnement correct (*per rectam ratiocinationem*), des effets ou phénomènes d'après les causes ou les générations que l'on conçoit et, inversement, de leurs générations possibles d'après les effets connus. » Allant au-delà de Bacon, il développe la notion de « définition génétique » qui correspond à une analyse des concepts sur la base de leur définition déterminée et de leur enchaînement.

Corrélativement, Hobbes, dans sa principale œuvre de théorie politique, le *Léviathan* (1651), fait remonter l'émergence du contrat social à deux forces relevant quasiment de la physique : d'une part l'intérêt égoïste et dénué de scrupules, qui se justifie par la nature humaine et qui conduit à la guerre de tous contre tous (« L'homme est un loup pour l'homme »), d'autre part la volonté de mettre un terme à cet état de guerre. Il n'existe donc aucun instinct social qui unirait les humains entre eux ; un peuple dépourvu d'État et de lois aurait pour conséquence de susciter en son sein, de la part de tous et chacun, la revendication de disposer de tout aux dépens des intérêts et de la vie d'autrui. Tout un chacun disposant du pouvoir, mais ne pouvant pas simultanément vouloir l'insécurité et la menace qui pèseraient en permanence sur son pouvoir et sa vie. Aussi renonce-t-on au pouvoir individuel et, par le truchement de ce contrat que chacun conclut avec chacun, le pouvoir est transféré à un individu ou à une assemblée de personnes. Il s'agit alors du souverain ou de l'État, désigné par Hobbes, pour des raisons mystérieuses, comme le Léviathan, un monstre marin biblique. Sa constitution est irrémédiable, tous lui sont soumis à jamais. Le seul droit intangible est celui du droit de se défendre en cas d'attaque effective. Bien entendu subsiste aussi un ordre juridique qui lui n'est pas immuable et qui dépend de la volonté du souverain.

Dans le modèle de Hobbes, il n'y a que des atomes ou des points également libres dans un espace géométrique qui se constituent en une molécule – Léviathan – ou en une figure étatique. La collectivité s'enracine dans la volonté d'individus libres qui doivent s'affirmer, se battre pour maintenir leur mouvement vital.

LE RATIONALISME

Scepticisme et certitude

Les *Essais* de Michel de Montaigne parus en 1580 correspondirent à l'apparition d'un genre littéraire nouveau de présentation des idées. Montaigne était notamment très marqué par les troubles confessionnels de son époque. Eu égard aux conséquences violentes de certaines positions rigides en matière de religion, il chercha à adopter un point de vue subjectif qui gagna en tranquillité d'âme grâce à une auto-ironie consciente de la fugacité des choses et par la réserve affichée par rapport aux constructions rationnelles prétendument objectives. L'essai était la forme la plus appropriée à cette attitude. « Finalement, il n'y a aucune constante existence, ni de notre être, ni de celui des objets. Et nous, et notre jugement, et toutes choses mortelles, vont coulant et roulant sans cesse. »

Montaigne se référait aux sceptiques de l'Antiquité, Pyrrhon par exemple, et cela ne fut pas sans conséquence au moment de la Contre-Réforme. La posture de recul sceptique fut alors tout particulièrement perçue comme une opportunité de se rendre disponible en toute humilité pour la foi en la

révélation chrétienne. Le scepticisme fondé sur la foi s'opposait ainsi à la raison constructive, à la *ratio*. Cette raison était dangereusement menacée car les sceptiques savaient exactement comment en saper les fondements. On découvre chez Descartes cette aspiration à dépasser en lui le scepticisme. Pour pouvoir s'assurer de la pertinence de la connaissance par soi-même, il convient de trouver des vérités sûres dans lesquelles on puisse décrire « justement » la réalité.

Dès les XVIe et XVIIe siècles, on eut parfois recours à la notion de rationalisme pour désigner cette démarche. Le concept opposé n'est d'ailleurs pas le scepticisme, mais l'empirisme qui se rapporte quant à lui à une philosophie partant de l'expérience sensorielle (*empeiria* signifiant expérience). Mais l'empirisme et le scepticisme se sont souvent ligués contre le rationalisme, par exemple lorsqu'ils font valoir exclusivement des « phénomènes » – ce qui nous apparaît –, sans pour autant conclure à l'existence d'un « être » objectif. Bien que l'adjectif « empirique » soit ancien, on ne commença à parler d'empirisme comme courant philosophique qu'à la fin du XVIIIe siècle.

La philosophie de l'époque baroque et de celle des Lumières est souvent présentée par l'opposition entre les courants rationaliste et empiriste, bien que cela ne restitue qu'une partie de la réalité de cette époque. Le rationalisme peut être simultanément un concept qui se rapporte à l'époque moderne et qui est limité à cette époque. Mais il faut faire ici la remarque qu'il existe aussi un concept de rationalisme auquel Platon n'est pas étranger. C'est ainsi que dans les paragraphes qui vont suivre nous évoquerons aussi des aspects du rationalisme qui se

Vanitas, Nature morte, tableau de Pieter Claesz, 1630, Mauritshuis, La Haye

Dans les *Essais* de Montaigne, il est toujours question de vanité et de fugacité de toute existence terrestre. « Philosopher c'est apprendre à mourir » dit, en se référant à une vieille formule, le titre de l'un des 107 chapitres de cette vaste œuvre. La forme des « essais » reflète aussi cette thématique : coq-à-l'âne, insertions autobiographiques d'auto-ironie, et une juxtaposition apparemment sans distinction de chapitres presque dépourvus de cohérence interne suscitent associations d'idées et pensées à propos de la vanité des choses et de leur vocation à disparaître. On trouve aussi un semblable égocentrisme et même une autodissolution virtuelle du créé similaire dans la littérature et dans les arts plastiques de l'époque baroque. Il n'est pas toujours possible de démontrer sa présence dans des natures mortes qui évoquent de manière allégorique la fugacité des choses, comme sur l'illustration ci-dessus. Toutefois, une ironie certaine, qui fait inévitablement penser à Montaigne, est visible dans la somptuosité sensuelle et dans l'intelligence brillante avec laquelle sont restituées par la matérialité, les choses tout de même vouées à disparaître.

René Descartes, 1596-1650, détail d'un tableau de Frans Hals, vers 1640, musée du Louvre, Paris

Voulant apporter des fondements sûrs à la philosophie, Descartes développe une méthode qui s'articule autour du doute radical, base de sa philosophie. Il suggère de revoir tout de ce qui jusqu'à présent a été considéré comme certain. Il résulte de cette démarche que l'existence des choses, sa propre existence physique et même des principes mathématiques (comme deux et deux font quatre) reposent éventuellement sur une illusion. Ce qui signifie qu'aucune certitude n'est jamais acquise. Descartes découvre cependant un fait qui ne peut pas être mis en doute, à savoir le fait qu'il doute. Mais s'il doute, c'est qu'il pense, donc qu'il existe, c'est-à-dire qu'il est un « être » pensant : « Je pense donc je suis » (*cogito ergo sum*). Cette conclusion, qui constitue une issue permettant de sortir du doute total, est devenue l'une des phrases les plus célèbres de la philosophie. La définition du sujet connaissant comme lieu originel de la certitude fit de Descartes le précurseur de toute la pensée moderne.

rapportent en partie à des philosophes de l'Antiquité et du Moyen Âge.

En 1607, Bacon esquissa l'image suivante : « Les philosophes empiriques ressemblent à des fourmis, ils ne font que collecter et remplir leur réserve. Les rationalistes ressemblent pour leur part à des araignées qui tissent tout à partir de l'intérieur de leur corps. Que l'on me montre un philosophe qui, à l'instar de l'abeille, possède une disposition médiane, qui collecte des choses venant de loin, mais qui digère ce qu'il a absorbé de ses propres forces et le retraite ensuite. »

En fait, tous les philosophes qui méritent ce nom (et dont font partie tous les philosophes évoqués dans ce livre) sont des « abeilles » au sens où Bacon l'entend. La comparaison entre fourmis et araignées (dont Bacon s'est certainement servi pour désigner les intellectuels bornés de son temps) ne correspond pas tout à fait à l'idée que l'on se fait aujourd'hui des notions de rationalisme et d'empirisme du point de vue de l'histoire de la philosophie. Descartes et Leibniz, Locke et Hume ne « tissent » pas et ne « collectent » pas (ou tout au moins ne s'en contentent-ils pas) ; ils dénoncent des théories « sur » le tissage et la collecte (c'est-à-dire sur la connaissance), qui rendent compte des avis contraires, qui ne s'excluent d'ailleurs pas toujours, de quelque point où l'on se place.

Toute la vérité

Dans la mesure où les empiristes n'argumentent nullement de manière irrationnelle, le recours à la raison ne saurait d'aucune façon constituer une caractéristique spécifique du rationalisme. En revanche, c'est bel et bien le cas pour ce qui est de la façon de voir et d'ancrer la raison dans l'ensemble que constitue le monde. C'est ainsi que la philosophie de Spinoza, par exemple, peut être considérée comme un rationalisme « absolutiste », car elle part de l'intelligibilité générale et de la structure s'apparentant à la raison du monde dans son ensemble. Cette conviction ne se borne pas à déterminer le contenu mais aussi la forme de présentation de l'enseignement de Spinoza. Ce dernier propose en effet une philosophie qui revêt un aspect géométrique (*more geometrico*). De même que Euclide avec ses *Éléments*, le livre qui fonde la géométrie de l'Antiquité, Spinoza donne au départ des définitions et pose des axiomes dont est ensuite déduite et démontrée toute la série de théorèmes s'emboîtant les uns dans les autres. Descartes aussi donne des définitions des concepts fondamentaux de sa métaphysique susceptibles de permettre ce type de construction.

Quelque chose d'originellement propre qui appartient à la raison pure, la logique démonstrative euclidienne, ne semble pas seulement adapté aux constructions idéales (résultant de l'entendement) de la géométrie, mais aussi à la réalité. Forçant un peu le trait, on pourrait dire que le monde est déductible (en matière de logique formelle) de principes premiers. Cela ne va quand même pas jusqu'à partir, par exemple, de la définition de Dieu pour aller jusqu'aux choses particulières et jusqu'à pouvoir expliquer toute chose. Mais cette aspiration à l'explication complète apparaît bel et bien comme l'idéal des rationalistes de l'époque baroque.

D'après la conception qui consiste à présenter les choses dans le cadre géométrique énoncé ci-dessus, il faut qu'il y ait des concepts fondamentaux originels et simples qui ne proviennent pas seulement de la seule expérience subjective, mais qui concernent et, pour ainsi dire, reflètent l'« être » vrai. C'est pourquoi la connaissance peut mener à des assertions qui précèdent l'expérience et qui doivent néanmoins s'avérer vraies au niveau de l'expérience. On parle alors d'expérience *a priori*. Mais pour les empiristes, cela n'existe pas à proprement parler.

Dans le rationalisme, la connaissance *a priori* renvoie en général à la conviction qu'il existe des « idées innées » qui ne désignent en fait non pas des images finies que nous porterions en nous depuis la naissance, mais une faculté potentielle à développer certaines idées qui ne peuvent trouver d'explication par le seul fait de l'expérience.

Les rationalistes ne conçoivent pas les idées (c'est-à-dire les concepts et les représentations dans le langage de l'époque) comme des images qui résulteraient directement ou indirectement d'impressions sensorielles. Les idées sont des concepts de l'esprit, quelle que soit l'idée que l'on se fasse en détail de ce type de notion.

En définitive, notre savoir n'est donc pas une somme d'expériences. Les rationalistes de l'époque baroque supposent l'existence d'un ensemble ordonné à partir duquel on peut ensuite comprendre le particulier. Dès lors, ils s'efforcent d'élaborer leurs constructions théoriques comme des ensembles, comme des systèmes globaux et ordonnés.

René Descartes

Un arbre de la connaissance

Le premier livre de Descartes est une petite bibliographie intellectuelle, une description brève et stylisée du devenir des opinions, objectifs spirituels et recherches d'un homme de quarante ans.

Il s'agit en même temps de *Règles pour la direction de l'esprit* (1629). Ce traité, à l'origine modeste, finit par être porteur inopinément d'une ambition : l'obligation d'objectivité. Descartes ne désire pas adopter le point de vue du philosophe appartenant à une école, mais celui du gentleman qui ne perd pas de vue son implication dans la vie, faisant ainsi une sorte de récit d'un point de vue strictement personnel. Son *Discours*, ses *Méditations* – œuvres qui ont profondément marqué son époque – sont écrits dans un style conciliant, peu avares de concessions souveraines aux autorités théologiques mais aussi au lecteur, à qui l'on donne à suivre une argumentation vivante. Descartes ne perd nullement le contact avec la globalité des objectifs de la connaissance humaine. En tant que mathématicien innovateur et doué, ses découvertes participent des mathématiques et des sciences de la nature et s'inscrivent dans le contexte d'une justification philosophique sur la « possibilité » des sciences de la nature. Ces dernières renvoient déjà à l'application des mathématiques dans le monde. Mais en dépit de la spécialisation des sciences, celles-ci n'en sont pas pour autant séparées du monde. « Toutes les sciences ne sont rien d'autre que la sagesse humaine qui demeure une seule et même chose quels que soient les objets auxquels elle se rapporte. » Il ne va cependant plus de soi que la philosophie constitue la voûte de tout le savoir du monde, elle doit elle-même devenir scientifique. Descartes restitue par l'allégorie de l'arbre, à l'instar de ce qu'avait d'ailleurs déjà fait Bacon, sa conception d'une justification judicieuse sur le plan philosophico-scientifique : la « philosophie première » où la métaphysique est la racine, la physique est le tronc, les branches

sont la médecine, la mécanique et – au niveau de la cime des arbres – l'éthique. Les applications pratiques de ces sciences sont les fruits de cet arbre. Il serait certainement exagéré de vouloir projeter cette image-là sur l'œuvre de Descartes comme racine de la philosophie moderne, mais il inaugure en tout état de cause un nouveau mode de pensée. Cet arbre-là de la connaissance émerge en effet d'une méthode consistant à s'assurer de ce qui peut être énoncé sans présuppositions percées à jour. Il s'agit ici d'un procédé visant à obtenir une certitude par soi-même : la théorie de la connaissance et la théorie de l'expérience part du moi, de la pensée et de sa forme même, le sujet et l'objet se dissocient et le sujet est alors défini comme le lieu originel de la certitude. Cela va permettre de préparer le terrain pour une grande partie de la philosophie à venir, qui au moins un siècle et demi plus tard, à l'aube d'une nouvelle ère, va faire, de manière encore plus conséquente, du rapport de la conscience à elle-même son fondement absolu.

Le doute méthodique

À l'image de nombreux philosophes de la Renaissance, la connaissance érudite de la tradition théologique ne paraît plus suffisante à Descartes pour fonder un savoir sûr. L'enrichissement permanent de la tradition, grâce à de nouvelles expériences et même par des expérimentations modernes, ne permet pas de sortir selon lui du labyrinthe des disputes et des incertitudes scolastiques. Il désire un nouveau départ, il veut « construire sur un sol qui m'appartienne totalement ».
Cela correspond à une exigence plus grande que le fait d'éliminer des sources d'erreur qui ne permettrait en définitive d'atteindre qu'une

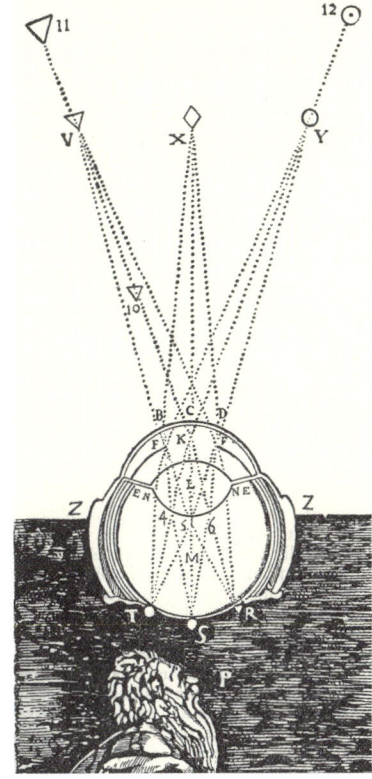

Illustration des essais de *Dioptrique*, de René Descartes, Amsterdam, 1644

Les écrits de Descartes sur l'optique intitulés *Dioptrique* parurent, de même que sa *Géométrie* (dans laquelle il introduit la géométrie analytique qui devait révolutionner la physique entre autres) et sa *Météorologie*, dans le même volume que celui contenant le *Discours de la méthode*. Ce dernier explique les principes méthodologiques qui doivent sous-tendre toute démarche de recherche. Les trois autres ouvrages donnent des exemples de l'utilisation de ces principes de la théorie scientifique. L'illustration montre la réfraction aussi bien au niveau de la cornée que du cristallin. Descartes souligne le fait que des points dont sont issus des faisceaux de rayons lumineux qui parviennent à l'œil, doivent être de nouveau reproduits sous forme de points sur la rétine afin qu'une image nette soit possible.

Éliézer et Rébecca, tableau de Nicolas Poussin, 1648, musée du Louvre, Paris

Dans les représentations de l'histoire culturelle du baroque en France, la peinture de Poussin est souvent considérée comme le pendant artistique de la philosophie de Descartes. Il y règne dans les deux cas clarté, netteté et rationalité. Comme s'il s'agissait d'un plan mathématico-géométrique, chaque détail mène à un autre, d'où une grande clarté de la représentation. La contribution subjective de l'observateur est aussi restituée : sur la peinture reproduite ci-contre, le piédestal surmonté d'une boule à droite et le haut bâtiment à gauche ont été associés ensemble par la symétrie, la similitude de la forme et la taille. L'effet de profondeur de l'espace fictif est amenuisé. La profondeur est créée de manière sensible dans la perception de l'observateur, elle peut être actualisée, mais aussi « passer inaperçue » au profit d'un effet de surface.

« relative » amélioration de la connaissance. Par conséquent, il ne s'agit plus seulement d'identifier les principes premiers respectifs (et donc relatifs) des différentes sciences. Un commencement « inconditionnel » s'impose, un point d'Archimède, ou d'une certaine manière, le rêve de tout philosophe : « Archimède demandait un point qui soit stable et immobile pour être en mesure de bouger la Terre de l'endroit où elle se trouve. Et c'est ainsi que moi aussi je me permets d'espérer quelque chose de grand si je trouve la moindre chose qui soit d'une certitude inébranlable. » Pour parvenir à ce point de départ qui permet de conquérir la certitude, tout ce qui est incertain doit être écarté. Le philosophe de ce nouveau départ « utilise sa liberté propre et part du principe que rien n'existe dès lors que le moindre doute subsiste quant à la réalité de cette existence ». La poursuite conséquente de cet objectif met en évidence qu'il ne s'agit pas là d'un doute existentiel ni d'un doute de désespoir. Ce n'est pas non plus une forme radicale de scepticisme comme il a pu y en avoir sous l'Antiquité, que ce soit pour des raisons de conviction ou de propension aux jeux de l'esprit sophistes. Le scepticisme radical dit de manière courageuse (et éventuellement désespérée) : rien n'existe, et si jamais quelque chose devait exister, on ne pourrait pas en parler.

Descartes se trouve dans une tout autre situation : son scepticisme suppose que la vérité et les assertions vraies existent en tout état de cause. Le doute est justement la méthode d'expérimentation permettant de découvrir le fondement des assertions vraies. L'ensemble des jugements concernant la réalité (ou supposée telle) des choses perceptibles sensoriellement est tout d'abord remis en question. Il y a en effet des illusions sensorielles qui, d'expérience, nous rendent méfiants. C'est ainsi que nous rêvons souvent en couleurs bien qu'aucun être indépendant ne corresponde aux visions oniriques. Nous devons partir du principe que, même si nous avons la conviction d'être réveillé et objectif, rien ne correspond véritablement à nos représentations.

Il n'est donc pas possible d'émettre avec certitude un jugement sur l'existence du monde extérieur, ce dernier est condamné à succomber au doute. Si l'on y regarde de plus près, il faut d'ailleurs remarquer que notre propre corps fait lui aussi partie de ce monde extérieur qui, *a priori*, n'a aucune réalité tangible.

Mais il existe aussi des réalités qui, jugées du pur point de vue de l'esprit, sont manifestement toujours reconnues telles qu'elles sont réellement : les rapports et les démonstrations mathématiques, entre autres. Le fait qu'un rectangle traversé par une diagonale soit divisé en deux triangles égaux réside dans la chose elle-même. Cela est – dans ce cas simple – immédiatement évident, et démontrable, tout doute apparaît en l'occurrence absurde. Mais selon Descartes, une réalité « idéale » est quand même saisie dans de telles assertions géométrico-logiques. Et un « dieu prestidigitateur » tout-puissant ou un esprit malin pourraient parfaitement transformer cette sorte de rapport à la réalité en une simple illusion ou, tout au moins, tromper notre mémoire sur ce qui est déjà prouvé. L'ensemble de notre mémoire, et donc celle qui porte sur notre existence antérieure, n'est d'ailleurs peut-être dès lors qu'une fiction suggérée.

« Cogito ergo sum »

Nous mettons donc définitivement en doute l'objectivité de nos jugements et nous pensons que la réalité en laquelle nous croyions auparavant d'une manière ou d'une autre, n'existe pas. « Mais », et c'est là qu'intervient le point décisif, « Je pris garde que, pendant que je voulais ainsi penser que tout était faux, il fallait nécessairement que moi qui le pensais, fusse quelque chose. Et remarquant que cette vérité : "Je pense, donc je suis" (*cogito ergo sum*) était si ferme et si assurée que [...] je jugeai que je pouvais la recevoir, sans scrupule, pour le premier principe de la philosophie que je cherchais. »

On voit que le « Je pense donc je suis », l'une des phrases les plus célèbres de la philosophie, ne peut être sortie de son contexte. On lit inévitablement la phrase isolée comme une conclusion logique dans laquelle le « donc » remplit une

Les Quatre Philosophes, tableau de Peter Paul Rubens, vers 1611, Palazzo Pitti, Florence

Rubens pose ici avec son frère Philipp, le spécialiste de l'Antiquité Justus Lipsius et Jan Van der Wouvere. Lipsius était considéré comme le plus grand théoricien de l'absolutisme et comme le plus important chercheur et éditeur des œuvres du stoïcien Sénèque. Au XVIe siècle apparut le néostoïcisme qui voulait propager les vertus de courage, de fidélité aux devoirs et de sérénité. Cette image symbolisant la profession de foi de Rubens en faveur du néostoïcisme est un hommage au savant, mort en 1606, et à ses élèves. Lipsius fait son cours tandis que ses élèves semblent s'occuper à autre chose. Il faut interpréter cela comme une manifestation de leur indépendance intellectuelle dans la mesure où ils essayèrent d'appliquer ses théories sur le plan politique.

Réunion de savants à la cour de la reine Christine de Suède (**Descartes explique un problème mathématique**), tableau de Pierre-Louis Dumesnil, château de Versailles

Descartes passa les quatre derniers mois de sa vie à Stockholm, où il se rendit à plusieurs reprises en septembre 1649 pour répondre à des invitations de la reine Christine. Le capitaine du bateau sur lequel il voyageait fit plus tard l'éloge admiratif des connaissances de Descartes en matière de navigation. Le caractère universel de ses connaissances était en effet très étonnant et celles-ci furent mises à contribution d'une tout autre manière : la reine, qui s'intéressait plutôt au domaine littéraire, et connaissait déjà ses élégants talents épistolaires, lui demanda, en plus des entretiens philosophiques, la rédaction d'un livret de ballet destiné aux festivités de la paix de Westphalie (1648). Descartes honora ce vœu en écrivant une œuvre poétique baptisée *La Naissance de la Paix*.

fonction décisive : je « pense », donc je « suis ». Sans des phrases complémentaires d'explicitation dont la certitude devrait être démontrée aussi à leur niveau, une telle déduction serait absurde sur le plan logique et ne serait d'aucune valeur pour un débat philosophique. Et lorsqu'on dit parfois d'une manière des plus générales que Descartes déduit l'« être » à partir de la pensée, c'est tout à fait faux. Il faut plutôt lire dans cette affirmation : « Je » pense donc « je suis ». La version latine correspond précisément à cela : « cogito » signifie « je pense ». Si le pronom personnel *ego* (je) s'y ajoute, cela contient une certaine accentuation. L'accentuation tombe sous le sens car la phrase répond à la question : qu'est-ce qui « est » réellement comme je le pense ou comme je le perçois ? « Que quelque chose puisse exister et qu'une chose quelconque, à la limite un mauvais esprit, sous-tende nos représentations, n'était pas mis en doute. » C'est pourquoi Descartes dans ses *Méditations*, où il analyse soigneusement cette réflexion, dit au lieu de *cogito ergo sum* : « La phrase "je pense, je suis" est nécessairement vraie aussi souvent que je la prononce ou que je la conçois en pensée. » Cette première phrase, comme nous pouvons le voir à présent, ne constitue pas une formule originelle chargée d'hypothèses particulièrement profondes, mais au contraire elle nomme une évidence simple vérifiable à tout instant. Pour Descartes, l'évidence se rapporte à ce qui est « clair et net », à ce qui ne peut être mis en doute, à ce qui est facilement accessible à l'entendement et qui se présente comme tel à ce dernier.

« Je doute donc je suis » ; Descartes utilise ensuite cette formule pour montrer ce qui a été obtenu par l'expérience de la pensée. À travers le doute comme activité consciente du moi, c'est tout l'« être » indépendant de l'esprit qui est séparé de la pensée en tant que telle. Un nouveau concept très important est ainsi introduit en philosophie. *Conscientia*, notion qui était auparavant davantage perçue comme renvoyant surtout à la conscience, signifie désormais « être conscient ». Descartes pense avoir par la pensée saisi davantage qu'une suite d'états de conscience. « Je suis une chose pensante (*res cogitans*) », dit-il, et dans cette situation de *res cogitans* se manifeste une immanence, une « substance » indivisible.

L'authenticité de Dieu

Descartes est-il parvenu, avec l'évidence de son « je pense », à ce point d'Archimède qu'il souhaitait atteindre ? Quelque chose a assurément été initié, mais il n'est toujours pas possible « de bouger le monde de l'endroit où il se trouve ». Car le moi est prisonnier de lui-même, et en dehors du *res cogitans*, rien n'a été identifié.

Descartes pense qu'il existe aussi un critère de vérité comme corollaire de la première certitude : est vrai tout ce qui est identifié avec la même clarté et la même netteté que « je pense, je suis ». Les démonstrations mathématiques ou les phrases telles que « du néant rien ne s'engendre » en font partie. Mais le critère reste encore largement mis entre parenthèses, il n'est en effet pas en mesure d'éliminer le doute et la possibilité du mauvais esprit qui crée l'illusion. Pour ce faire, il est nécessaire qu'il y ait une image en plus du *cogito* qui puisse représenter ce quelque chose qui existe « en dehors » de la pensée avec une vérité incontestable.

C'est l'idée de Dieu qui, selon Descartes, remplit cette condition. Car cette image ne saurait être issue de l'imagination. La toute-puissance et l'infini ne sont pas des notions qui préexisteraient en nous ou qui peuvent être dérivées d'autres idées. Pour Descartes – qui suit en cela une philosophie plus ancienne – toute idée doit avoir une cause qui possède au moins autant de réalité que ce qui est représenté comme effet dans l'idée. Donc Dieu doit nécessairement être à l'origine de cette idée. En d'autres termes, notre idée de Dieu lui attribue les pensées les plus positives qui puissent être, c'est-à-dire des propriétés illimitées. L'existence doit aussi être considérée comme une telle propriété. Donc Dieu existe.

Ces « preuves » de l'existence de Dieu peuvent apparaître aujourd'hui quelque peu étranges. Quoi qu'il en soit, l'argumentation continue de se rapporter au moi pensant: « Toute la force de la preuve réside dans le fait que je considère comme impossible d'exister comme je suis, à savoir avec l'idée de Dieu en moi, si Dieu n'existait pas aussi réellement. » Dieu possède effectivement toute la perfection possible et imaginable et ne souffre d'aucun manque. « Il ressort de cela avec suffisamment d'évidence que ce Dieu ne peut pas tromper, car il est clair que l'illusion et le mensonge ne peuvent venir que d'un manque. » Le critère de vérité dont il était question est ainsi préservé: ce qui peut être évalué sur la base d'une compréhension claire et nette, l'est effectivement, Dieu s'en porte garant.

Baruch Spinoza

L'unité du tout et la participation

« Lorsqu'on commence à philosopher, il faut d'abord avoir été spinoziste. L'âme doit se baigner dans l'éther de cette substance », dit Hegel dans son cours sur l'histoire de la philosophie. Il s'agit là d'une exigence étrange dans la mesure où l'on peut élaborer des réflexions philosophiques sur n'importe quelle question sans jamais avoir entendu parler de Spinoza. Hegel serait d'ailleurs certainement d'accord dans la mesure où il ne faut pas prendre son affirmation au pied de la lettre. Il faut d'abord commencer par examiner la notion de « substance » dont il est question ici, et qui correspond à un aspect fondamental de la philosophie spinoziste. Il veut en l'occurrence se démarquer de Descartes qui considérait les notions de pensée et d'étendue de l'espace comme deux substances différentes. Dieu figurait dans cette théorie comme troisième substance, originelle et créatrice. Pour Spinoza en revanche, la pensée et l'étendue sont substantiellement différentes. Non pas qu'il veuille en revenir à la conception cartésienne d'une séparation entre le monde de la conscience et le monde physique, celui de la

Vue de Delft, tableau de Jan Vermeer, Mauritshuis, La Haye

Le peintre Vermeer et Spinoza naquirent en 1632 en Hollande. L'un passa sa vie à Delft, l'autre à Amsterdam et à La Haye. Il est certainement très audacieux de prétendre trouver des similitudes dans leurs œuvres respectives au-delà de cette parenté superficielle. Et pourtant les images de Vermeer peuvent illustrer de manière très impressionnante l'idée de la substance selon laquelle tout est un : les espaces de ces images donnent une impression de transparence sur l'espace en tant que tel et leur lumière n'apparaît pas substantiellement différente de ce qu'elle éclaire.

Determenatio est negatio, dit Spinoza (La définition est négation). Tout concept est défini par sa différence avec les autres concepts, c'est-à-dire par ce qu'il n'est pas. Il n'adopte donc une forme précise que par sa place parmi un ensemble ; le tout précède le particulier. Et les choses peintes par Vermeer ne sont pas non plus composées à partir d'un jeu de construction, et semblent au contraire émerger de la globalité de la surface de l'image, les points de lumière ne retirant leur importance complémentaire que de l'ensemble.

nature matérielle. Mais pour lui, la pensée et l'étendue ne sont que deux attributs (définitions de l'« être ») d'une seule et même substance : « Dieu, ou la nature ». Pour Spinoza il résulte de cette idée que la pensée et l'étendue ne sont que les deux formes d'expression spécifique de la même substance. Il devient alors clair que cette substance « une » est différenciée en elle-même et trouve donc ses formes d'expression à différents niveaux. Mais revenons à l'assertion hégélienne selon laquelle tout accès à la philosophie passe par Spinoza. Hegel voulait en l'occurrence plus précisément parler de l'approche spinoziste du « tout » et du « général ». La projection et l'action quotidiennes sont orientées vers des buts et des choses spécifiques. Mais il nous est possible de prendre congé de notre rapport immédiat aux choses de la vie quotidienne, en effectuant un pas de côté en quelque sorte. Les actions pensées nous apparaissent alors pour ce qu'elles sont « L'esprit ne dispose que d'une connaissance confuse aussi longtemps qu'il est extérieurement déterminé à considérer telle ou telle chose, c'est-à-dire qu'il reste tributaire des choses auxquelles il est confronté par hasard. » En revanche, nous dit Spinoza abondant dans le sens de Descartes, l'esprit accède à une connaissance « claire et nette [...] dès lors qu'il est intérieurement déterminé à comprendre des correspondances, des différences et des oppositions entre les choses, en l'occurrence parce qu'il considère plusieurs choses simultanément ».

La philosophie présuppose certainement la réflexion qui y est liée, mais c'est aussi le cas de n'importe quelle science et de toute démarche intellectuelle visant à résoudre un problème. Et pourtant cette simple réflexion au sujet de points de vue qui embrassent une totalité correspond déjà à un pas dans l'inconnu « dans lequel tout ce qui était jusqu'à présent tenu pour vrai, disparaît » (Hegel). Ce qui disparaît n'est cependant pas la vérité en général, mais seulement la limitation d'horizons tributaires d'objectifs vis-à-vis desquels tout se présente à nous comme habituel. Pour Spinoza, toute vraie pensée est une pensée en Dieu. Et penser Dieu signifie, pour lui, penser la nécessité de Dieu et se concevoir comme partie de cette nécessité. Penser et être sont ici une seule et même chose (unité qui pour Hegel et ses contemporains deviendra aussi un point originel de la philosophie). Dans une telle substance conçue comme infinie, il n'y a pas de buts, tout découlant de la nécessité éternelle.

Mais la possibilité de comprendre la nature de cette substance ne constitue que l'objectif ultime

Après sa mort et la publication de son *Éthique*, Spinoza fut de nouveau accusé à tort d'athéisme, son Dieu apparaissant comme une sorte de monstre matériel terrestre. C'est au philosophe allemand Jacobi, qui suscita une grande admiration pour ce penseur en but aux attaques, que l'on doit une critique circonstanciée du rationalisme spinozien parue en 1785. C'est surtout l'ami de Jacobi, Goethe, qui se sentit conforté dans son estime pour Spinoza. Il trouvait chez ce dernier une sorte de tranquillité excitante dans la notion d'éternelle loi divine qui est totalement étrangère aux finalités et aux buts ultimes. Goethe y voyait un lien avec son propre royaume : « La nature et l'art sont trop grands pour s'astreindre à poursuivre des objectifs, ils n'en ont pas besoin. »

de la philosophie de Spinoza. En accédant à la vraie connaissance, l'homme prend part à l'« être », ce qu'il fait de toute éternité sans s'en rendre vraiment compte.

Mais ce type d'expérience (plutôt anhistorique) n'est peut-être pas si spécifique à l'enseignement de Spinoza. N'avons-nous jamais éprouvé, lorsque nous découvrons et comprenons des relations de causalité et le contexte d'apparition des choses, le sentiment de nous mouvoir dans une expérience supra-individuelle du « vrai » où tout est lié à tout ? Il existe aussi des situations d'euphorie, ou au contraire de déprime, dans lesquelles tout se fond dans l'unité (qui n'a en l'occurrence rien à voir avec l'indifférence). Hegel appelle cela « se baigner dans l'éther de cette substance ». Dès lors que l'on perçoit le spinozisme sous cet angle, l'affirmation de Hegel précédemment citée n'est pas si subjective et unilatérale qu'elle pouvait le sembler au premier abord.

Gottfried Wilhelm Leibniz

Construction du monde

Un an avant sa mort en 1677, Spinoza reçut la visite d'un hôte lui-même très avancé dans ses réflexions, Leibniz, alors âgé de trente ans, qui, venant de Paris, faisait escale à La Haye avant de s'embarquer pour Londres où il avait fait partie de l'entourage de Newton, avant de revenir à Hanovre, la ville où il réaliserait son œuvre. Nous ignorons dans quelle mesure les deux philosophes parvinrent à s'entendre sur des positions communes. Leibniz n'eut ultérieurement que des commentaires négatifs à émettre sur la philosophie de Spinoza, en dépit de tout ce qui l'unit à elle.

Leibniz construit lui aussi un système métaphysique qui relie certaines options fondamentales personnelles à l'élargissement d'une conceptua-

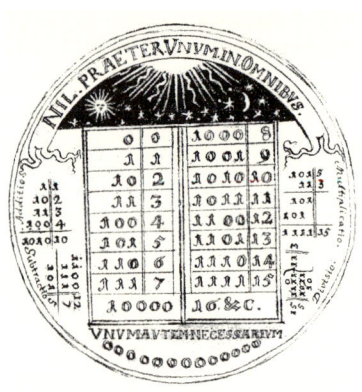

Projet de médaille de Leibniz,
1697-1698, Niedersächsische
Landesbibliothek, Hanovre

Leibniz élabora non seulement le
système binaire qui fonctionne
seulement avec deux chiffres (0 et 1),
mais imagina aussi une machine à
calculer susceptible de fonctionner
en base binaire. Le dessin est une
démonstration du système et de
l'exécution des opérations
fondamentales, il constitue l'ébauche
d'une médaille destinée au comte
Rudolf August von Wolfenbüttel.
Naturellement, impossible de ne pas
penser aux ordinateurs actuels qui
fonctionnent effectivement sur ce
système de chiffres et qui synthétisent
digitalement des « mondes » entiers.
Leibniz disait : « Lorsque Dieu compte
et concrétise sa pensée, le monde est
engendré. » Sur cette médaille, Leibniz
met explicitement en exergue l'idée
d'une création complexe à partir d'une
différence élémentaire : le titre signifie
(se rapportant à 0 et 1, ou à Dieu) :
« Rien en dehors de l'unité dans le tout »
et, dans une autre variante encore plus
explicite : « L'un fait tout à partir de rien. »
Cette pensée est illustrée par l'opposition
élémentaire entre la lumière et
les ténèbres qui représente le début
de la création et contient déjà toute
sa plénitude.

Machine à calculer de Leibniz, Niedersächsische Landesbibliothek, Hanovre

Leibniz, savant universel, effectua des
recherches extrêmement diversifiées dans
le domaine des mathématiques, de la
physique, de la linguistique et de la
philosophie. Frédéric II le Grand disait à
son propos : « Il représente une académie
à lui tout seul. » Sa découverte du calcul
différentiel est à compter parmi ses travaux
les plus importants dans le domaine des
mathématiques. Il mit par ailleurs au point
une machine à calculer qui, contrairement
aux machines à additionner imaginées par
Blaise Pascal, pouvait être utilisée pour
les multiplications et les divisions. Cette
machine des quatre opérations fondamentales repose sur une construction à base
de cylindres à degrés que l'on continue
à employer de nos jours dans différents
domaines techniques. Leibniz a continué
pendant une partie de sa vie à améliorer
sa machine qui représente la base
des machines à calculer mécaniques
modernes.

lité « mathématique » cohérente qui est encore
partiellement imprégnée de scolastique et de car-
tésianisme. À l'instar de Spinoza, Leibniz essaie
d'exprimer une médiation permanente, lien du
particulier et du général. Comme Spinoza, il rejette
le dualisme des substances de Descartes – pensée et étendue. Il dissout ainsi la substance de
Spinoza dans des substances particulières infiniment nombreuses qu'il qualifie de « monades » et
qui sont aussi impérissables que la substance
unique si elles sont aussi à l'extérieur de la
monade suprême – Dieu. Toute monade se tient
en relation avec chaque autre. La série infinie, ou
la multitude, de leurs états découle nécessairement de la nature de la ou des substances, de la
même manière que – Leibniz et Spinoza recourent ici à la même analogie – les propriétés régulières émanent de la nature d'une figure géométrique (par exemple la définition d'un triangle
résulte d'un total angulaire de 180°, ou encore le
point d'intersection résulte de la bissectrice, etc.).
Toutefois, la métaphysique de Leibniz se situe
dans une relation de rétroaction beaucoup plus
étroite avec la science que chez Spinoza. On pourrait presque dire que Leibniz, à l'instar de
Descartes, part lui aussi d'un principe logiquement
vrai et en même temps réalitaire. Descartes avait
compris son « je pense » de cette manière. Leibniz
cherche ce « point d'Archimède » dans la « nature
générale des vérités ». Logique et définition de la
vérité jouent chez lui un rôle très important.

Force vivante

Depuis le XVIIe siècle, les différentes sciences
s'étaient à ce point spécialisées que personne
n'était plus en mesure de conserver une vue

d'ensemble adéquate, de se sentir vraiment chez
soi dans les différents domaines tout en devenant
créatif. Leibniz, lui, était cependant doté d'une érudition véritablement universelle : il apporta des
contributions dans le domaine des mathématiques, de la logique, de la linguistique, de la technique pratique, et naturellement de la philosophie.
À la fin de sa vie, Leibniz évoqua le fait que
l'ensemble du monde théorique s'ouvrit à lui très
tôt : « Je me souviens que, alors que j'avais quinze
ans, j'étais allé me promener dans une petite forêt
appelée Rosenthal, pour réfléchir à la question de
savoir si je devais conserver les formes substantielles. C'est finalement la théorie mécaniciste qui
l'emporta et qui me conduisit à l'étude des
mathématiques. » L'intérêt qu'il éprouvait pour les
mathématiques et la philosophie allait chez lui
fusionner et se compléter mutuellement d'une
manière tout à fait unique. La découverte du calcul infinitésimal qui allait marquer son époque et
qui trouvait une application dans tous les
domaines – découverte qui résulte des réflexions
fertiles déjà connues depuis l'Antiquité – conduit
en même temps Leibniz à une nouvelle approche
de la constance dans la nature, à la « loi de la
continuité » d'après laquelle « la nature ne fait
jamais de sauts ». De même qu'une partie infiniment petite d'une courbe doit être simultanément
considérée comme faisant partie d'une droite, en
l'occurrence d'une tangente de la courbe, les
grandeurs de détermination, qui étaient jadis
conçues comme des entités de polarité, doivent
être appréhendées comme valeur-limite de l'une
par rapport à l'autre. Le repos, par exemple, ne
doit ainsi pas être considéré comme un pendant
et un contraire du mouvement ancré dans l'ordre

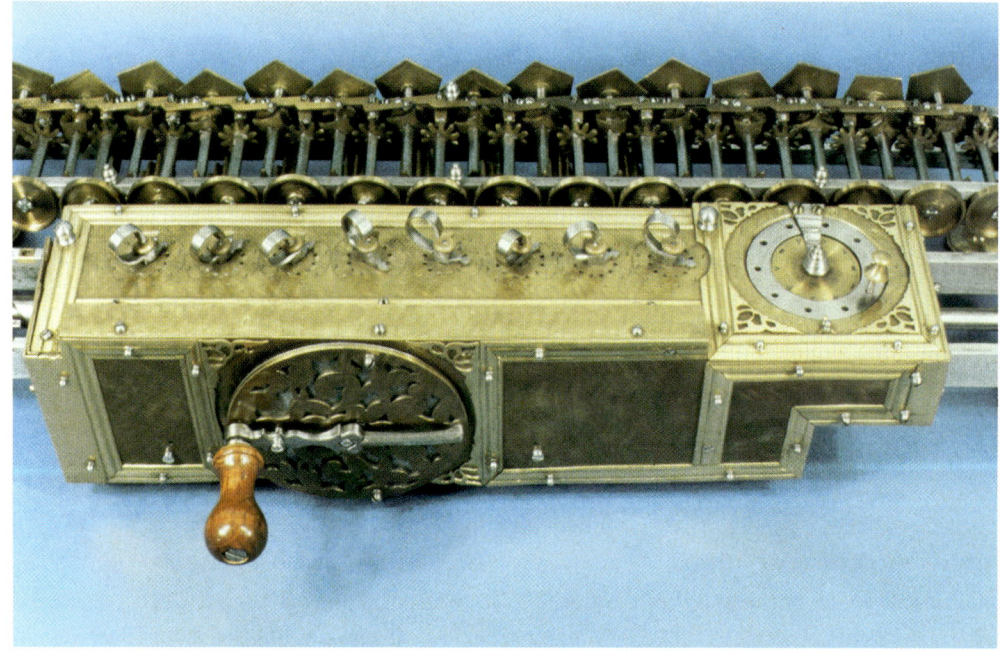

Philosophe en méditation,
tableau de Rembrandt, vers 1632,
musée du Louvre, Paris

Le monde extérieur immédiat du savant,
la pièce dans laquelle il est assis, semble,
comme une aura, élargir et refléter son
monde psychique intérieur. Cet espace
en perspective de la Renaissance, dont
les lignes sont soulignées, et dans
lequel Dürer, par exemple, transposa sa
Mélancolie perdue dans les pensées
(voir p. 29), crée une illusion de profondeur par la couleur. Le tableau oppose
l'éclat de la lumière du jour et le faible
feu dans la cheminée tout à droite, ainsi
que la vie contemplative du savant et la
vie active d'une femme en train d'attiser
le feu, et que l'on distingue à peine.
La représentation de l'espace chez
Rembrandt peut faire songer à la notion
d'espace chez Leibniz qui renvoie à un
déploiement dynamique de forces et
de transitions temporelles continues,
mais fait aussi penser aux thèses de
son contemporain, Henry More, qui
considérait l'espace d'un point de vue
spirituel comme un continuum vide
infini, mais aussi en même temps comme un pur acte (de création) permanent,
et l'identifiait à Dieu.

ontologique, mais comme minimum extrême du mouvement. Métaphoriquement, on peut dire que cette permanence de transition continue remplit un espace dynamiquement entrelacé et déployé, ou qui ne se déploie qu'à partir de là en effets dynamiques.

Il ne s'agit pas là d'un espace comme étendue purement géométrique dans lequel se déroule une physique de type cartésien, et qui pour Leibniz ne permet pas de saisir l'impénétrabilité et l'interaction qui s'opère entre les corps. Le mouvement décrit sur le plan géométrique seulement – le mouvement fonde bien une interaction – a quelque chose d'irréel pour Leibniz. « Car le mouvement n'a jamais aucune existence à propre-ment parler, au même titre que le temps, dans la mesure où il ne possède aucune partie existant en commun, et qu'il n'existe donc jamais en tant que globalité. Il n'y a rien de réel en lui-même, à part la réalité de l'état momentané qui est à définir au travers de la force et de son aspiration à la transformation. C'est là que réside tout ce qui est présent dans la nature matérielle en dehors de l'objet de la géométrie ou de l'étendue. »

La physique (des « particules ») géométrique de Descartes n'avait en fait pas eu besoin de recourir à la notion de force, mais à une grandeur relative au mouvement à l'aide de laquelle il était possible de comparer les mouvements des corps et surtout rendre prévisible la transposition du mouvement. Cette grandeur relative au mouvement est un produit de la masse et de la vitesse d'un corps (mv), l'impul-

sion dans la terminologie contemporaine. Descartes supposait constante la somme des impulsions de tous les corps présents dans le cosmos.

Lorsque les cartésiens parlent de force, elle est considérée comme proportionnelle à l'impulsion. Leibniz met ici le doigt sur une contradiction. Il se dit que, à l'instar de ce qui se passe avec un mou-vement de pendule qui ne rencontrerait pas de friction et qui retournerait exactement à son point de départ après avoir été lâché, un corps chutant accumule en un point donné de sa chute la quantité de force (on parlerait aujourd'hui d'éner-gie cinétique) qui lui permettrait de remonter de l'endroit qu'il a atteint jusqu'à son point de départ. On peut alors en conclure qu'il est possible d'éta-blir une constante relative aux forces correspon-dantes entre des corps dont le poids est différent et dont la distance de chute est proportionnelle-ment différente. Il en résulte que l'impulsion devient caduque comme mesure de la force. Leibniz appelle « force morte » l'impulsion mv, tandis que mv constitue la vraie mesure de la « force vive » dont la valeur globale reste constante dans l'univers. L'hypothèse du maintien de la force est analogue à la présupposition – qui est de nature métaphysique et non expérimentale – selon laquelle il existe une équivalence entre cause et effet, c'est-à-dire que rien ne se perd.

La force vive, d'après Leibniz, est beaucoup plus imputable à un certain corps, est pour ainsi dire beaucoup plus identique à lui, que la vitesse qui est relative et qui est aussi imputable à tous les

« Leibniz affirme que deux feuilles ne peuvent jamais être tout à fait identiques », Leibniz à la cour de la princesse Sophie de Hanovre, gravure sur cuivre de Christian Schule, colorée, 1796

En tant que rationaliste, Leibniz était d'avis que le monde repose en définitive sur des principes rationnels et qu'il est connaissable et explicable par la raison. C'est ainsi qu'il élabore sa métaphysique à partir d'un petit nombre de principes. Les plus importants de ces derniers sont le principe de la raison suffisante (« rien n'existe sans une raison suffisante qui lui permet d'être »), et le principe de contradiction (« rien ne peut simultanément être et ne pas être »). Le principe de la raison suffisante lui sert à résumer la conception épistémologique selon laquelle toutes les vérités sont exprimées par des principes analytiques. Si l'on attribue de manière pertinente une propriété à une chose, cette propriété est déjà contenue dans le concept de la chose. Contrairement aux concepts abstraits, toute chose, ou tout individu, se définit dans son ensemble par une infinité de propriétés. De cela résulte le « principe de l'identité de ce qui peut être différencié » : si deux choses étaient exactement pareilles, elles ne seraient pas deux mais une. C'est à cela que se rapporte l'illustration : Leibniz démontre que les feuilles des arbres existent quand même pour elles-mêmes au-delà de leurs similitudes, et qu'elles ne peuvent donc jamais être parfaitement identiques.

autres corps en fonction desquels elle est déterminée. La force vive indique un potentiel d'effet et laisse les états qui en résultent contenus dans un état momentané.

La monadologie leibnizienne

Dans le cadre de sa théorie de la substance, c'est-à-dire sa conception métaphysique du monde, Leibniz établit un lien avec les points centraux de sa logique d'une part, et avec sa physique d'autre part. Ses monades (du grec *monas* qui signifie unité) sont des espèces de centres de force s'apparentant à des points dont le concept complet qui les définit inclut tous les états qu'ils traversent. Seul Dieu peut correspondre à ce concept complet qui contient toutes les définitions d'un individu et qui est de ce fait infini. Il est la monade originelle, le créateur de toutes les autres monades innombrables dont est composé le monde. Elles sont toutes des substances individuelles, elles sont – comme Dieu – des âmes et ont – contrairement à Dieu – un corps.

L'opposition avec l'enseignement de Descartes est nette. Leibniz ne pouvait pas conserver l'étendue géométrique comme substance, ainsi que nous l'évoquions plus haut. Le monde physique est pour lui entremêlé d'énergies individuelles. Mais il n'est pas facile de comprendre comment Leibniz s'y prend pour lever le dualisme de l'âme et du corps. Car les monades sont en effet des âmes, des entités spirituelles qu'il n'est pas possible de s'imaginer dans l'espace, et pas davantage de localiser à un endroit du corps. Comment ce lien peut-il donc être conçu ? Les corps ne représentent toutefois pour Leibniz rien de réel, et sont seulement des phénomènes dont les fondements sont à chercher dans la réalité des monades. Leur réalité réside dans les perceptions et dans la pensée, c'est-à-dire dans les âmes. Dans la mesure où nous sommes des âmes conscientes d'elles-mêmes, l'espace et le corps sont « pour nous » une réalité tangible. Mais nous ne pouvons pas dire pour autant qu'ils existent « en soi ».

La chose est plus facile dès lors qu'on prend comme point de départ la nature telle qu'elle existe pour nous, et qu'on parle d'une correspondance générale entre corps et âmes, c'est-à-dire d'une âme placée en toute chose. Mais cette adjonction ne suffit pas à constituer en monades incarnées ce que nous concevons comme des choses particulières ou des êtres vivants. Cette adjonction conserve sa continuité pour l'ensemble du monde matériel au-delà des frontières artificielles : « Celui qui est à l'origine de la nature a pu réaliser ce chef-d'œuvre divin et magnifique dans la mesure où non seulement

chaque morceau de matière est sécable à l'infini, mais aussi parce que chaque morceau se subdivise lui-même en une infinité de parties qui ont un mouvement autonome. Il en résulte qu'on trouve dans la plus petite partie de matière tout un monde de créatures, des choses vivantes, des entéléchies, des âmes. Chaque morceau de nature peut être perçu comme un jardin regorgeant de plantes et comme un étang plein de poissons. Mais chaque tige de plante, chaque membre d'un animal, chaque goutte des liquides qu'il contient est un jardin ou un étang à lui tout seul. » Les monades sont en outre hiérarchisées. De même que Dieu est « le monarque de l'État des esprits divins », de même il y a dans les organismes, en particulier chez les animaux et chez les humains, une monade prédominante que nous nommons habituellement l'âme. L'âme englobe la faculté de perception et de prise de conscience de la perception, c'est-à-dire de réflexion. Les monades « mineures » ne possèdent pas cette dernière faculté, mais elles ne sont différentes qu'en degrés, car toutes ont des perceptions. Mais leur degré de perception peut être si bas qu'on peut parler d'une perception « inconsciente », d'un minimum et d'un quasi-néant perceptif. Les « petites perceptions » peuvent survenir aussi dans l'âme humaine, par exemple lorsque de faibles bruits sont couverts par des bruits plus forts. On ne peut alors plus les distinguer bien qu'ils continuent à exister comme partie du bruit global. La part du bruit qui disparaît quasiment sur le plan sensoriel est infiniment grande d'après Leibniz. Car ce que les monades perçoivent ne se limite pas à ce qui les entoure et les touche, mais correspond à « chaque changement de chaque autre monade », c'est-à-dire à l'ensemble des événements du cosmos. Toute simple substance est un « miroir vivant continuel du monde ».

Et pourtant : « Les monades n'ont aucune fenêtre d'où quelque chose pourrait sortir ou par laquelle quelque chose pourrait rentrer. » Leibniz ne définit pas la perception dans le sens courant de traitement d'une détermination psychique par une réalité indépendante agissant sur les sens. Pour Leibniz, il n'y a pas non plus de réaction entre le corps et l'âme. Les perceptions sont tout simplement ce qui se modifie dans les monades. Leibniz fait l'hypothèse que tout ce qui est créé est saisi dans un changement (permanent). La nature du changement, le flux des perceptions, est l'expression de l'aspiration et de la force des monades, il s'agit d'une multitude dans la simplicité des substances et cette nature du changement constitue leur particularité spécifique et leur unicité. Chaque instant de ce flux consiste lui-même en une

multitude de perceptions qui n'atteignent pas toutes la conscience : « Une âme ne peut lire à l'intérieur d'elle-même que ce qui y est représenté nettement, elle ne saurait déplier d'un coup ce qui y est plié ; car cette pliure tend vers l'infini. »

En dépit de l'hermétisme dépourvu de fenêtres qui caractérise les monades, leurs perceptions représentent, comme nous venons de le voir, les états des autres monades, c'est-à-dire du monde considéré à partir de chaque point de vue individuel. Cela est possible, d'après le concept leibnizien, dans la mesure où Dieu a fait en sorte de faire coïncider le déroulement de toutes ces perceptions dans une harmonie prédéterminée. Le monde phénoménal, c'est-à-dire le monde des phénomènes sensoriels, de la nature comme espace, émerge dans le rapport de représentation qu'une monade entretient avec l'univers des autres monades. C'est pourquoi l'harmonie prédéterminée renvoie aussi à la concordance entre la perception et le mouvement physique, c'est-à-dire la concordance entre la dimension intellectuelle d'un individu et sa dimension physique.

Le meilleur des mondes possibles

Pour Leibniz, nous vivons dans le « meilleur des mondes possibles ». Cette thèse se trouve dans ses *Essais de théodicée*, œuvre qui est en quelque sorte la justification de l'acquittement de Dieu,

accusé d'avoir créé de sa propre autorité le mal et la détresse sur terre. La notion de « théodicée » (justice de Dieu) est d'ailleurs, depuis Leibniz, employée pour ce type de justification de Dieu, et dont la tradition remonte loin dans le temps. En général, le mal y est considéré comme une privation, un manque accidentel de bien qui serait donc dépourvu d'être propre. La thèse de Leibniz ne pouvait naturellement que provoquer des réactions de colère et de rejet. Voltaire l'avait caricaturé dans un petit roman, *Candide*, dont le héros est un optimiste crédule qui, faisant aveuglément confiance aux convictions de Leibniz, salue justement la série de coups du sort dévastateurs qui lui arrivent. Leibniz crée en général dans ses *Essais de théodicée* des équilibres entre le mal et le bien dans les événements de la vie ici-bas, s'exposant à une critique sans réserve de la part de Voltaire. Mais le noyau du « principe du mieux » n'en est pas pour autant détruit. D'après ce principe, un « maximum de multitude » émerge en effet d'un « minimum de conditions » (par exemple les lois naturelles). Tout « étant » est la réalisation optimale de la simple possibilité d'« être » en un « être » réel. Aucune monade ne peut à son seul niveau, comme centre de force, déployer librement sa force ; elle ne peut le faire qu'en interaction avec d'autres forces opposées. Le principe du mieux signifie donc un maximum de compatibilité réciproque entre les possibilités,

Candide, roman de Voltaire (1759), illustration du chapitre III, gravure sur cuivre de Pierre Charles Baquoy, 1787

Leibniz défend la thèse selon laquelle le monde existant est aussi « le meilleur des mondes possibles ». Cette conception reflète un optimisme misant sur la raison : l'homme libre se décide pour le bien identifié par l'entendement. Voltaire, entre autres, sut s'emparer de cette conception pour en livrer une caricature dans son *Candide ou l'Optimisme*. Confiant dans le bien, le héros du roman doit affronter un malheur après l'autre. Il arrive à Lisbonne au moment du tremblement de terre (représenté sur l'illustration), tombe dans les mains de pirates, et est confronté à la soif du pouvoir, à la cruauté, au vol et au meurtre. Voltaire s'en prend à cette foi en l'individu libre et responsable qui caractérise tant la pensée des XVIIᵉ et XVIIIᵉ siècles.

entre les tendances des différentes forces. C'est une véritable harmonie universelle qui s'annonce dans ce jeu d'interactions.

Dans la mesure où le Dieu de Leibniz, contrairement à celui de Spinoza, n'est pas et ne crée pas un monde fait à partir de sa nécessité auto-induite puisée dans son « être » propre, et qu'il l'a créé au contraire librement, cette création aurait tout à fait pu être autre. Aussi est-ce la raison pour laquelle il s'agit précisément du meilleur d'une multitude (peut-être infinie) de mondes possibles et auxquels est opposé un néant infini de mondes impossibles, des mondes qui, d'une certaine manière, ne pourraient pas fonctionner. Si dès lors la perfection harmonieuse de la création est optimale, il faut considérer cela d'une manière relative et non en termes absolus. Il ne s'agit nullement de nier les manques de la finitude telle que nous la connaissons.

L'EMPIRISME

John Locke

La faculté humaine de connaître

Leibniz, qui avait en général présenté ses thèses sous forme de brefs traités ou d'ébauches, a rédigé un très long texte sous forme de dialogue avec son contemporain John Locke pour répondre à son *Essai sur l'entendement humain*. Les *Nouveaux Essais sur l'entendement humain* de Leibniz permettent au lecteur d'être le témoin direct de la rencontre entre rationalisme et empirisme (voir en particulier les deux premiers paragraphes du dernier chapitre : « Le rationalisme »). Il existe en

effet une bonne base de discussion entre les deux interlocuteurs dans la mesure où Locke est un empiriste rationaliste. Au sujet de l'attitude empiriste qui vise à fonder le savoir sur l'expérience, Leibniz note : « Rien n'est dans l'entendement qui ne soit préalablement dans les sens. » Leibniz complète ce point de vue en ajoutant, avec les autres rationalistes : « à part l'entendement lui-même ». Et Locke n'aurait pas pu rejeter complètement ce rajout. Car il essaie de présenter l'entendement, la mémoire et tous les contenus pensés de l'esprit en tant que résultat d'une sorte d'« auto-organisation » d'impressions sensorielles, non pas d'une manière radicalement empiriste (ou sensorialiste), puisqu'il part au contraire du principe que certaines « facultés » (comme l'entendement) sont données *a priori* et surtout actives. Mais il considère que l'entendement constitue initialement une *tabula rasa*, une page vierge (une image déjà utilisée par Aristote) sur laquelle viennent s'imprimer les expériences. Leibniz compare la page vierge avec un bloc de marbre dans lequel un sculpteur peut façonner n'importe quelle forme. Pour Leibniz, ce bloc possède néanmoins de fines veines dont le sculpteur ressent la structure, et qui vont le conduire à lui donner une forme en fait innée, inhérente au bloc de marbre. Sans l'activité du sculpteur, cette forme resterait certes informe, à l'état de virtualité, de la même manière que les principes intangibles de la connaissance ne pourraient agir sans l'expérience des sens. En définitive, il faut retenir de l'expérience, et donc de l'ensemble des choses et des processus réels, qu'ils possèdent en eux ce qui fait leur consistance ; ils trouvent en effet leur vrai reflet dans des idées préstructurées qui constituent des données de la conscience.

John Locke, 1632-1704, détail d'un tableau d'époque, Bodeian Library, Oxford

Refusant les hypothèses rationalistes précédant l'expérience et tout savoir fondé sur des idées « innées », Locke a élaboré une théorie de la connaissance qui se focalise sur l'investigation de l'origine et fondée sur l'expérience, d'une part, et sur le traitement (sensation) et la combinaison de nos représentations (réflexion), d'autre part. Ses conceptions eurent une grande influence pendant la période des Lumières. Dans son *Traité sur le gouvernement civil*, un classique de la pensée libérale, Locke, qui occupa différentes fonctions gouvernementales, combattit les conceptions patriarcales de la monarchie et exigea la séparation des pouvoirs exécutif et législatif. Le pouvoir politique suprême est l'expression d'un devoir d'élaboration de lois destinées à protéger la vie, les droits et la propriété des citoyens.

C'était aussi la conception de Descartes. Dans un célèbre passage de ses *Méditations*, il se sert d'un morceau de cire pour analyser l'ensemble du monde des objets. Qu'est-ce qui constitue l'identique et le durable, demande-t-il à l'instar de tous les empiristes, dans l'objet sensoriellement perçu qu'est un morceau de cire, et qui en fait un « objet » existant ? Sa forme est variable, de même que sa couleur ; sa consistance dépend de la température et l'odeur est fugace et relève surtout de l'ordre du subjectif. Seule son étendue dans l'espace ne constitue pas une propriété qui puisse être perçue différemment ou comme manquante. La place que la cire occupe dans l'espace (et de tous les objets d'une manière générale) ne peut pas être occultée par la pensée ; et c'est précisément ce volume dans l'espace qui constitue autre chose qu'une pure donnée sensorielle. Elle est en fait pensée, et c'est cette faculté de penser, qui est antérieure à toute forme d'expérience, qui constitue une donnée préalable. Les concepts fondamentaux de la connaissance devraient pouvoir être trouvés d'une manière similaire par l'intermédiaire d'une pensée quasi mathématique. C'est pourquoi les sciences de la nature devraient idéalement pouvoir se présenter comme un ensemble de principes absolument vrais.

Cette conception pose la question de la compatibilité de ce que pense Locke avec ce qui est inscrit dans la Bible : « De même que tu ne sais pas où souffle le vent ni comment se forment les jambes dans les entrailles du ventre d'une mère, tu ne peux pas non plus comprendre l'œuvre que Dieu réalise partout. » Locke avoue de la sorte une certaine forme d'agnosticisme, c'est-à-dire qu'il conteste la possibilité de la connaissance de quelque chose. Ce quelque chose se rapporte en l'occurrence à ce dont on ne peut pas faire l'expérience sensoriellement, l'« étant en soi » substantiel des choses, et *a fortiori* ce qui « donne sa substance intérieure au monde » (comme dit Goethe dans *Faust*), et que Leibniz essaie de saisir par la notion d'« harmonie ». L'attitude de Locke n'est toutefois pas antiscientifique, tout au contraire, mais il souhaite aller au-delà de la science. Celle-ci consiste en hypothèses décrivant les relations de cause à effet et les rendant prévisibles sans pouvoir expliquer les causes ultimes. Le chercheur demeure complètement dans un « en-deçà » sensoriel et attribue des impressions à certaines relations. Dans l'introduction à sa principale œuvre scientifique (*Traité de la nature humaine*, 1739), David Hume identifiait le fil conducteur d'une pensée partant de Francis Bacon. D'après Hume, plusieurs philosophes anglais, Locke le premier, auraient appliqué cent ans plus tard sa méthode centrée sur la notion d'expérience des objets de la nature aux questions de l'esprit. Cet écart de cent ans fut d'ailleurs aussi celui qui sépare Thalès de Socrate. Hume voulait par là manifester sa fierté d'appartenir à la tradition philosophique anglaise en mettant celle-ci en parallèle avec les vénérables débuts des sciences de la nature et des sciences humaines européennes (ainsi que de la science conceptuelle). L'influence considérable, sur le continent, de la philosophie empiriste et des sciences expérimentales anglaises montre qu'il y avait en effet peu de raisons d'inciter à la modestie. L'essai de Locke fut traduit en plusieurs langues et fut considéré pendant un temps comme la plus importante œuvre philosophique en Europe.

Le but de Locke est de se livrer à une analyse civiquement raisonnable des conditions d'énonciation de propositions pertinentes : l'examen des assertions « par » l'expérience et la présentation de l'apparition originelle de tous les concepts pertinents « tirés de » l'expérience. Ces deux exigences sont prises en compte par l'accomplissement d'un véritable tournant de la théorie de la connaissance empiriste incluant l'analyse des fonctions de l'entendement et de leur effet dans le cadre de la construction de la connaissance tirée de l'expérience. Locke examine l'entendement et la composition des idées de la même manière que

Londres, gravure sur cuivre du XVIIe siècle

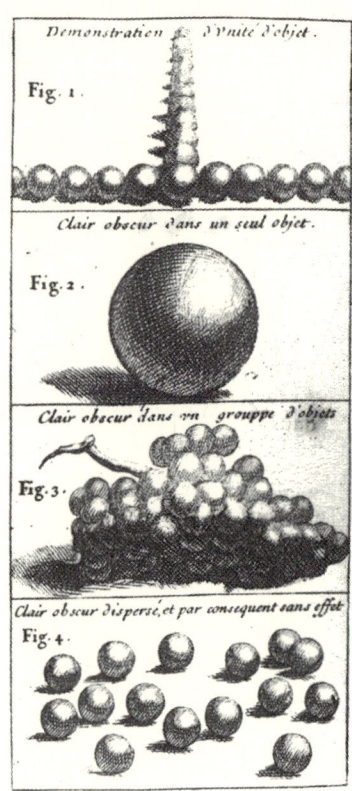

Illustration utilisée pour le _Traité sur les principes de la peinture_, de Roger de Piles, 1709

Kant appela métaphoriquement l'œuvre principale de John Locke « la physiologie de la raison » qui traite des « idées simples » issues de la perception sensorielle, et des « idées réflexives » qui se fondent sur les précédentes. La distinction entre deux sortes de nos représentations des choses se rapportent, pour Locke, d'une part aux « qualités primaires » (c'est-à-dire aux propriétés), d'autre part aux « qualités secondaires ». La grandeur, la forme, l'immobilité et le mouvement font partie des premières, les spécifications quantitatives. La couleur et l'odeur, entre autres, font partie des secondes. Les qualités secondaires sont « subjectives », quelque chose qui serait propre aux choses ne leur correspond pas directement. C'est dans ce contexte qu'il fut beaucoup question au XVIIIe siècle de la transmission du son, de l'effet de la lumière et de la perception de la couleur.
Les artistes s'intéressaient naturellement aux théories de la perception optique. Roger de Piles évoque dans son enseignement artistique notamment la netteté de la vision au centre du champ visuel et la focalisation des choses grâce aux efforts d'attention. La focalisation est censée se retrouver en images dans les répartitions de la lumière et de l'ombre qui ne doivent pas être « dispersées » comme dans l'illustration du bas. Il s'agit d'une « unité de l'objet » de la peinture dont de Piles s'efforce de trouver l'origine sur le plan philosophique dans la substance de la nature qui aspire à constituer des unités.

Descartes examine le monde physique et sa composition. Les idées simples se joignent aux idées complexes comme les atomes aux corps. Locke définit les idées comme l'ensemble du contenu de la conscience, c'est-à-dire des perceptions, des images intérieures ou, par exemple, des images comme supports de mots, des produits de l'imagination, des pensées, des souvenirs, etc.

On ne définit aujourd'hui par la notion d'idée que les concepts au sens de projet d'action (éventuellement encore vague) ou pour désigner une certaine pensée dans une suite de pensées nécessitant d'être complétée. Mais à l'époque de Locke, le concept élargi était assez habituel (parce que Descartes avait libéré le concept d'idée de son contexte platonicien).

Locke n'amorce son investigation dans le deuxième livre des _Essais_ ni par des explications conceptuelles des fondements métaphysiques et logiques, ni par des définitions des concepts qu'il utilise lui-même pour distinguer les idées. Son mode de présentation est celui d'une méthode « historique, simplement linéaire » dans l'acception ancienne du mot « historique » : il s'agit d'« énumérer des faits collectés ». C'est un inventaire des possibilités de l'entendement destiné à décrire la formation des différents modes. Classification et explication de l'origine des idées sont ici inséparables. Cet essai n'est d'ailleurs pas toujours construit sur la base d'une rigueur logique stricte, il ne propose pas une théorie des idées ou une théorie de la connaissance toujours concluante et dotée d'une cohérence interne parfaite.

La distinction entre idées simples et idées complexes (combinées) renvoie à un type de rapport qui rappelle d'autres conceptions de l'analyse élémentaire et de la synthèse de l'époque baroque. Les idées simples ne sont pas des composantes de la perception intérieure ou extérieure que l'on peut continuer à dissocier. La consistance des corps, par exemple, correspond à ce genre d'idée simple de la perception extérieure, elle résulte des expériences du toucher mettant en évidence le caractère impénétrable et résistant des objets. D'autres couleurs ou sons sont également élémentaires, c'est-à-dire qu'il n'est pas possible de les tirer d'autres idées – _a fortiori_ à partir des idées d'autres domaines – et c'est pourquoi il n'est pas possible de les représenter en dehors de la possibilité de l'expérience, par exemple à un aveugle ou à un sourd.

Mais nous ne collectons pas consciemment en tant que tels, l'un après l'autre, ces éléments qui sont juxtaposés dans les choses. « Les propriétés qui agissent sur nos sens sont unifiées et mélangées dans les choses elles-mêmes de telle sorte qu'il n'y a pas de séparation et de distance entre elles. Mais il est également clair que les idées que les choses engendrent dans l'esprit trouvent leur origine, simple et sans mélange, dans les sens. » La séparation en propriétés reconnaissables et nommément identifiables constitue déjà une faculté de l'entendement. Car Locke ne pense pas que les sens parviennent à soustraire par exemple l'idée de la couleur noire de l'impression générale que procure un tas de charbon. Les sens restituent du particulier, tandis que la noirceur est un concept général tiré de l'abstraction. Mais les sens réagissent naturellement de manière très spécifique, et ce que nous mettons en exergue comme la particularité repérée de certains charbons, en l'occurrence le fait d'être noir, doit aussi, selon Locke, être d'une manière ou d'une autre distinguée en tant que donnée spécifiquement sensorielle.

« Les sens laissent d'abord entrer différentes idées spécifiques et aménagent la pièce encore vide. Une fois que l'esprit s'est familiarisé avec certaines d'entre elles, elles sont logées dans la mémoire et reçoivent des noms. C'est ainsi que l'esprit est doté d'idées et de langage, les "matériaux", sur lesquels il lui est possible d'exercer sa faculté de penser. » Il n'est pas possible de multiplier arbitrairement les idées simples : « Il en va dans le domaine de souveraineté de l'homme, ce petit monde de son propre entendement, comme dans le grand monde des choses visibles : le pouvoir de l'homme, fût-il exercé avec toute l'habileté voulue, ne va que jusqu'à la fragmentation et à l'assemblage du matériau présent, et ne saurait permettre de créer la plus petite particule, fût-elle de nouvelle matière. »

Parallèlement aux idées simples de la perception sensorielle extérieure, il y a aussi celles de la réflexion, de la « perception des opérations de notre propre esprit à l'intérieur de nous, sa façon de traiter les idées qui se présentent à lui ». Les idées appartenant aux processus internes sont par exemple : « percevoir, penser, douter, croire, conclure, connaître ». Il s'agit d'ailleurs en partie d'idées composées ; Locke désigne par le vocable de « simples » uniquement les idées que représentent les processus de « perception/pensée » et de « volonté ».

Les idées complexes, les mots, le savoir
D'innombrables idées simples apparaissent toujours en groupes, même si elles comportent des modifications et des changements de mesure.

Nous supposons alors qu'elles appartiennent à une chose, qu'il existe un support dans lequel elles existent et dont elles proviennent. Pour Locke, il s'agit de ce que l'on appelle la substance. Une idée de substance n'est pas une idée simple, même si elle peut sembler l'être, car elle n'apparaît précisément que dans le contexte d'un groupe de propriétés. Les propriétés peuvent provenir de la perception externe ou interne, la substance peut donc être d'ordre physique ou intellectuel.

La formation de l'idée de substance correspond pour Locke à une faculté spontanée de l'esprit. Mais cela n'autorise pas à poser la substance comme une donnée de l'expérience d'un « étant » réel. La substance est un « je-ne-sais-trop-quoi ». Locke s'en prend ici au concept de substance dont la tradition ne parvient pas à se défaire, il lui retire la possibilité de s'appuyer sur quelque chose, mais sans pour autant l'abandonner.

Les modes constituent une autre sorte d'idées complexes. Les modes, dans le langage usuel depuis Descartes, existent « par » ou « dans » les substances, ou plus exactement, correspondent à certains états des substances. Il en va généralement de même dans ce qui est représenté chez Locke par les idées modales, mais les modes sont avant tout des produits des reproductions ou des compositions d'idées simples dans l'entendement. Le mode simple « infini », par exemple, est un mode de chacune des idées simples que constituent l'étendue, la durée ou le nombre. Il résulte d'un agrandissement sans cesse répété d'une quantité quelconque de la catégorie de cette idée. Prenant un autre exemple : Locke appelle modifications de l'idée de « sons » l'idée de « mots » prononcés. Des modes mélangés combinent différentes choses, en fait finalement partie tout ce que le langage offre de dénominations désignant des phénomènes culturels. « Pillage d'églises, meurtre, beauté, délai d'appel » sont des idées issues d'idées simples appartenant à différents domaines. La sophistication d'une société se manifeste dans sa capacité à trouver des mots, par exemple dans le domaine de l'esthétique, du droit et de la politique. Le langage évolue car « le changement d'habitudes et d'opinions apporte de nouvelles combinaisons d'idées ». Les mots sont subordonnés aux idées, ils les représentent et servent à se souvenir et à communiquer. C'est ainsi que Locke présente les choses dans son troisième livre de *An Essay concerning human Understanding* (Essai sur l'entendement humain, 1690) qui est consacré à la question du langage.

La classification des idées est dès lors achevée ; le quatrième et dernier livre concerne le savoir et l'opinion. Locke y traite, comme dans le cadre de la logique classique, de la question des assertions vraies dans lesquelles nos connaissances se représentent ; il s'agit donc en fait de savoir comment obtenir des phrases à partir de l'assemblage d'idées. « Puisque l'esprit n'a point d'autre objet de ses pensées et de ses raisonnements que ses propres idées [...]. Il est évident que ce n'est que sur nos idées que porte toute notre connaissance.

Trinity College à Dublin, vue intérieure de la bibliothèque, photo, 1995

Après la fin de ses études au Trinity College de Dublin, le jeune George Berkeley attendit qu'un poste se libère dans le corps enseignant et effectua des recherches assidues, sorte de propédeutique à l'ensemble de son œuvre ultérieur. On enseignait dans ce collège un mélange de cours traditionnels et de cours scientifiques modernes, dont ceux relatifs aux travaux de Newton et de Locke. Après avoir étudié l'essai de Locke sur l'entendement, Berkeley chercha à tirer les conséquences des conceptions défendues par son auteur. Il était d'accord avec lui sur le fait que toute connaissance provient de la perception sensorielle. Mais contrairement à ce que pense Locke, pour Berkeley, il n'existe rien qui soit indépendant de l'expérience de l'existant (« Être, c'est être perçu ou percevoir »).

Il me semble donc que la connaissance n'est autre chose que la perception de la liaison et de la convenance, ou de l'opposition et de la disconvenance qui se trouve entre deux de nos idées. »

Locke classifie ensuite en catégories les possibilités de concordance et il distingue en outre les trois degrés de la connaissance : la connaissance « intuitive » est la faculté immédiate et ne laissant aucune place au doute, de percevoir la cohérence, ou l'incohérence, d'idées ; la connaissance « démonstrative » qui connaît l'adéquation par l'intermédiaire d'autres idées ; c'est le domaine des procédés déductifs, fondés sur des preuves et par démonstration ; le savoir « sensitif » consiste quant à lui en la certitude de l'existence de différentes données sensorielles du monde extérieur.

Dans l'ultime partie de son ouvrage, Locke traite des différents aspects de la classification des sciences en philosophie (de la nature), qui s'occupe des questions du monde matériel et intellectuel ; en philosophie pratique, qui traite du comportement juste et du chemin qui mène au bonheur ; et en sémiotique et en logique, qui concernent les signes dont nous nous servons pour penser et communiquer.

George Berkeley

Esse est percipi aut percipere

George Berkeley, le futur évêque de Cloyne, formula dans ses jeunes années la thèse centrale de sa philosophie qui est associée à son nom. Elle dit en substance : « Être, c'est être perçu, ou percevoir » (*esse est percipi aut percipere*). Il n'y aurait dès lors pas d'« être » en dehors des relations de perception.

Une douleur peut tout à fait appartenir au registre de l'« être » qui se limite au fait d'être perçu. La thèse apparaît alors convaincante. Il n'y a pas de douleur qui soit extérieure à la perception de la personne concernée. Mon mal de dent ou, par exemple, ma faim et l'action volontaire qu'elle suscite, aller chercher de la nourriture, m'appartiennent exclusivement, ils se déroulent dans ma conscience. Pour Berkeley, l'ensemble des sensations est à rattacher à cette catégorie. Les couleurs, les sons, les sensations de chaleur et le toucher aussi ne sont jamais que ce qu'ils sont dans la conscience. Galilée, Locke et d'autres avaient considéré ce que l'on appelle les qualités secondaires (les couleurs et les températures par exemple) comme des propriétés que nous attribuons aux choses sur la simple base d'impressions sensorielles. Les qualités primaires (espace, mouvement) qui sont exprimées en grandeurs mathématiques et géométriques étaient considérées comme des données objectives du monde matériel. Berkeley annule cette différence : pour lui, toutes les qualités sont « secondaires ». C'est pourquoi la thèse de Berkeley sur l'« être » circonscrit dans les limites de la perception correspond en fait aussi à la réalité objective du monde extérieur.

C'est très troublant au premier abord, car nous sommes en principe convaincus de l'existence autonome, en soi, des choses auxquelles nous accédons par les sens. Nous ne pouvons envisager que leur existence puisse dépendre de notre perception ou de celle d'autres personnes. Berkeley suscite précisément des doutes à ce niveau lorsqu'il formule la remarque suivante : « Il est étrange de réfléchir sur le monde vidé d'êtres raisonnables. » Dans le cadre de cette expérience conceptuelle, il s'agit en effet d'essayer de décrire le monde, ou quoi que ce soit d'autre dans un monde possible, sans référence à une perception en principe possible, même si elle est en pratique éventuellement irréalisable. Il s'agit aussi de saisir ce quelque chose sans rapport avec nos qualités perceptives, c'est-à-dire notre perception des couleurs et des formes. Ce qui en ressort, d'après Berkeley, n'est rien. L'« étant » dont on enlèverait par la pensée toutes les propriétés, que nous ne connaissons qu'à travers ce que nos sens nous restituent, devrait être représenté comme totalement dénué de propriété et complètement abstrait. Descartes avait perçu l'étendue spatiale, la *res extensa*, comme ce qui correspond réellement à une telle idée. Berkeley nie en revanche la possibilité de pouvoir penser une chose abstraite sans qualité sensorielle.

Dans sa critique du concept de représentations abstraites, Berkeley s'oppose surtout à Locke avec lequel il est d'accord au premier abord sur le plan philosophique. Berkeley aussi pense que toute connaissance trouve son origine dans l'expérience sensorielle. En accord avec Locke, il souligne que notre conscience a toujours quelque chose à voir avec des idées uniquement (qui sont des perceptions ou qui les fondent). Mais pour ce qui est des idées générales, comme celle du triangle ou celle de l'homme, Locke croyait qu'elles portaient leur généralité en elles-mêmes et que c'est grâce à cette dernière qu'elles pouvaient englober un nombre infini de choses différentes.

Les perceptions des multiples choses concrètes sont dès lors différentes, en fonction de leur caractère, des idées générales. C'est ainsi que pour Locke, il n'y a dans l'idée générale d'un triangle, ni la précision d'une grandeur concrète, ni la propriété d'un acutangle, d'un obtusangle ou d'un rectangle. Dans la mesure où Locke, Berkeley et, ultérieurement, Hume conçoivent les idées comme une sorte d'image intellectuelle, une idée générale devrait par conséquent être une image dépourvue de toute forme, de toute couleur et de toute substance, et Berkeley tient cela pour complètement impossible. Pour lui, il n'y a que des idées concrètes ; si l'on parvient à s'imaginer quelque chose quand on parle de triangle, il s'agit alors d'une série de figures différentes, mais se rattachant pour chacune d'elles à une figure concrète. Le fait qu'un mot puisse s'appliquer à toutes sortes de triangles ne tient pas, dans ce cas comme dans

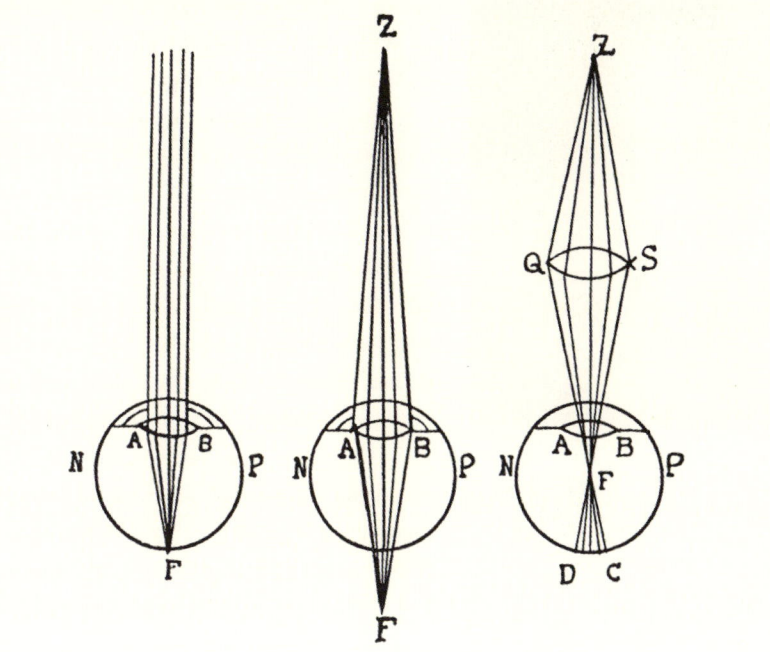

d'autres, à ce qu'une idée générale corresponde au mot, mais uniquement à l'existence dans toutes les langues de noms communs (il s'agit par exemple des substantifs, des adjectifs, par opposition aux noms propres qui se rapportent à des choses ou à des personnes individuelles). Dès lors, aucun « étant » général et abstrait n'est envisageable qui serait la cause d'une idée correspondante. Il n'y a pas de « matière » ou de « substance » comme « chosité » sans propriété. Cela n'a aucun sens pour Berkeley de parler de monde matériel. Seules les perceptions de l'esprit immatériel sont réelles.

Berkeley, dans l'étape suivante de sa réflexion, ne renonce d'ailleurs pas à l'hypothèse d'une

Illustration du livre de George Berkeley : *Essai d'une nouvelle théorie de la vision*

L'*Essai d'une nouvelle théorie de la vision* de Berkeley (1709), qui resta longtemps un texte de référence dans le domaine de la psychologie sensorielle, apporta des améliorations importantes par rapport aux enseignements de Descartes et de ses successeurs sur la question. Ces derniers expliquaient par exemple la vue à distance d'une manière comparable au procédé permettant d'établir des mesures trigonométriques. Berkeley met au contraire en évidence le fait qu'il n'y a dans le champ visuel qu'une juxtaposition d'impressions chromatiques ; la distance, la grandeur, la forme ne sont possibles que grâce à des références d'images transmises par l'expérience et se situant entre le sens de la vue et le sens du toucher.

Expérience sur un oiseau dans la pompe à air, tableau de Joseph Wright, 1768, Tate Gallery, Londres

La philosophie de la nature et la physique ne furent pas seulement étudiées dans les grandes académies, mais aussi dans les académies plus petites telles que la « Lunar Society » où se réunissaient des membres des paroisses protestantes très attachés au progrès et d'orientation théiste qui n'appartenaient pas à l'Église d'État. Dans ces cercles privés dont faisait partie Joseph Wright, on discutait et on pratiquait des expériences. Le tableau est à replacer dans ce contexte-là. Wright y réunit physique, anthropologie et psychologie dans un esprit annonçant les Lumières. Il caractérise les différents âges et montre différentes réactions émotionnelles par rapport à l'expérience qui est menée : on produit du vide dans un récipient en verre empêchant ainsi un oiseau, pour un certain laps de temps, de pouvoir respirer et voler. Sa mise en scène de la lumière constitue une allusion à la naissance du Christ, créant ainsi un terrain de tension entre religion et science moderne.

David Hume, 1711-1776,
par Allan Ramsay, 1766, Scottish
National Gallery, Édimbourg

Le principal représentant de
l'empirisme anglais, David Hume,
part du principe que toute connaissance provient de l'expérience. C'est
dans la perception sensorielle que
réside pour lui la source de tout
savoir. Sa conception repose sur la
notion d'« impressions », sous forme
de sensations immédiates et de
sentiments, et sur celle d'« idées »
qui sont des reflets de ces
impressions. Elles apparaissent
par exemple lorsqu'on se souvient
d'une sensation directe. Grâce
à l'imagination, l'homme est
en mesure de fabriquer des
représentations complexes en
se servant d'idées simples.
L'entendement et la raison seuls
ne permettent toutefois pas
d'accéder à la vraie connaissance.

Télescope à miroir d'Isaac Newton

Dans son introduction à sa principale
œuvre philosophique (*Traité de la nature
humaine*), David Hume décrit une ligne
de pensée dont le point de départ est la
méthode expérimentale orientée vers les
objets de la nature de Francis Bacon et qui
sera appliquée cent ans plus tard aux
choses de l'esprit. La philosophie empirique
anglaise suscita en effet un énorme intérêt,
de même d'ailleurs que les recherches en
matière de philosophie de la nature de
la Royal Society. Cette société, à laquelle
appartenait aussi Locke, se rallia à Bacon
et institutionnalisa la méthode scientifique
moderne, déjà introduite sous la
Renaissance, consistant à formuler de
nouvelles hypothèses sur la base de
l'expérimentation. Isaac Newton, qui fut
longtemps président de la Royal Society,
effectua toute une série d'expériences
dans le domaine de l'optique. Il conçut
un télescope (1671) et mit en évidence le
fait que la lumière blanche est composée
de couleurs spectrales.

multiplicité d'esprit dont les perceptions, et donc les
mondes, se correspondent, exactement comme on
l'entend habituellement, et qui ne produisent donc
pas arbitrairement leurs idées. C'est en fait plutôt
Dieu dont l'esprit engendre toutes les idées, et qui
aussi harmonise entre elles les idées de tous les
esprits humains, retransmises d'une manière
quelque peu télépathique. Cette construction métaphysique dont est exclu tout ce qui n'est pas
spirituel, et qui est d'une certaine manière étranger
à Dieu, constituait sans doute un grand succès
pour le philosophe chrétien qu'était Berkeley – et
peut-être même d'emblée la raison du rejet du
« matérialisme » (défini comme l'hypothèse
courante selon laquelle il y a de la matière).

Mais comment concilier l'« immatérialisme » avec
une attitude empirique ? Berkeley souligne que la
conception épistémologique articulée autour du
esse est percipi aut percipere ne change rien à la
réalité des perceptions à partir de laquelle nous for-
geons nos représentations des choses : « D'après
la thèse immatérielle, le mur est blanc, le feu est
chaud, etc. » Mais les choses du monde de la perception, redevenues une unité après l'annulation
de la différence entre qualités primaires et qualités
secondaires, doivent être appréhendées uniquem-
ment comme phénomènes, en tant que complexes perceptifs. La mission de la recherche empirique est de saisir leur régularité par des lois et de
reconstituer leur apparition à partir de l'assimilation
d'impressions simples.

David Hume

La science de l'homme

Hume, qui doit tant à Locke, est l'un des plus
grands penseurs de la philosophie des Lumières ;
c'est la raison pour laquelle c'est dans le chapitre
suivant qu'il faudrait aborder son œuvre (y compris
d'ailleurs pour s'en tenir à la classification chronologique). Mais la proximité intellectuelle de Locke,
Berkeley et Hume incite naturellement à réunir ces
trois Anglais dans le présent chapitre.

La principale œuvre philosophique de Hume
s'appelle *Traité sur la nature humaine. Un essai
destiné à appliquer aux choses morales la
méthode de justification empirique*, (1739-1740).
La notion de science des « choses morales »
recouvre à peu près ce que l'on appellerait
aujourd'hui les sciences humaines. *Le Traité*
aborde en trois livres les questions de théorie de la
connaissance, de théorie de l'affect et de morale
(y compris la théorie de l'État).

L'homme, constate Hume, est l'objet d'un grand
nombre de sciences spécifiques, mais c'est quand
même avant tout lui qui est l'acteur de la
démarche scientifique. C'est pourquoi la recherche
fondamentale, dans le sens le plus large mais
néanmoins précis de ce terme, doit consister en
une investigation de la nature psychique de
l'homme, c'est-à-dire analyser les possibilités
humaines, façonner des concepts pertinents,
ressentir, vouloir et évaluer des actions. Une telle
recherche fondamentale, que Hume considère
comme la mission de la philosophie, doit rigoureusement se baser sur l'expérience, conformément
au titre du traité, et exclure toute forme de spéculation et de référence au surnaturel.

Il est tout à fait inhabituel de concevoir la philosophie comme de la recherche empirique sur la
base d'une méthode qui confine à en faire une
science à part entière. Le but suprême de Hume
est de parvenir à réaliser avec les sciences

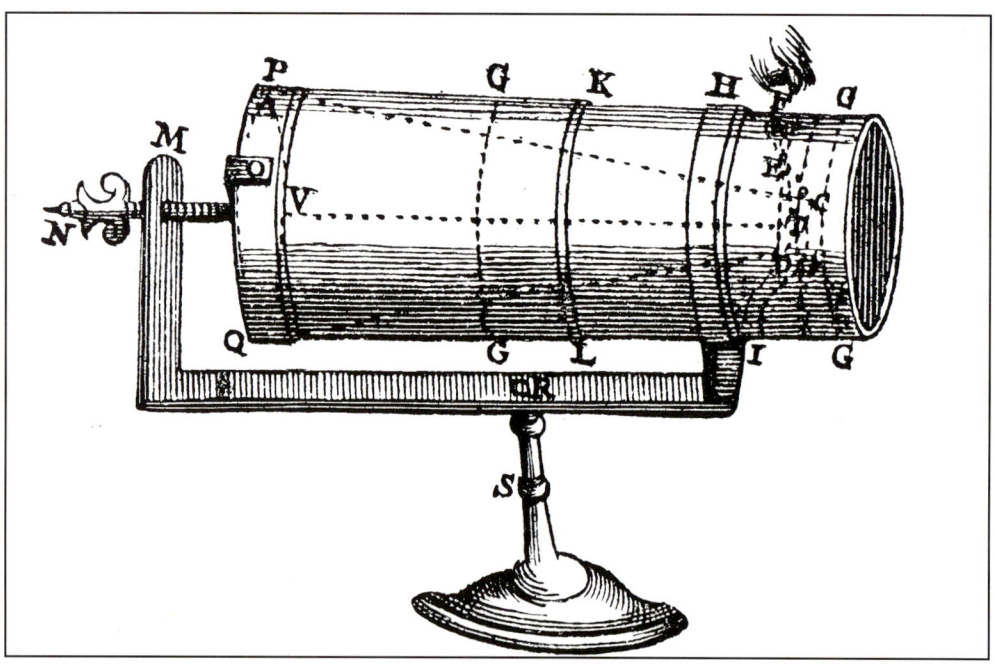

humaines ce que Newton a réalisé dans le
domaine des sciences naturelles. Mais les expériences et les méthodes mathématiques ne sont
pour cela d'aucune aide. « Nous devons en fait
bâtir nos expériences à partir d'une observation
rigoureuse de la vie humaine, et la prendre
comme elle se présente dans le cours normal du
monde, dans le comportement des gens en
société, dans leurs occupations et leurs loisirs. »
S'attendre, sur la base de cette remarque intro-
ductive, à un tour d'horizon philosophique contem-
platif reviendrait en fait à être déçu face aux
questionnements presque toujours complexes du
traité de Hume. Mais dans de nombreux passages,
Hume s'avère être le penseur clair et accessible
d'une philosophie comprise comme une sagesse
de vie.

Empirisme et psychologie de la connaissance
La théorie de la connaissance de Hume s'en tient à
l'hypothèse de base de Locke et à la critique du
concept des idées abstraites de Berkeley qui s'y rattache. Ainsi pour Hume, toutes nos représentations
et tous nos concepts proviennent des perceptions
sensorielles, et ils possèdent tous aussi, à un degré
plus ou moins élevé, la « masse » concrète et les
propriétés des perceptions sensorielles. Ces propriétés correspondent par exemple à la localisation
dans l'espace et/ou dans le temps de la chose perçue : la couleur, la dureté, etc., pour ce qui est des
perceptions des sens extérieurs (que Hume
nomme « sensations »), la relation à d'autres perceptions pour ce qui est des perceptions du sens
intérieur (réflexion). Hume subdivise les perceptions
en « impressions » et « idées ». Les premières sont
des impressions actuelles et immédiates, les

secondes sont des copies plus ou moins pâles des
précédentes susceptibles d'être reproduites par
exemple dans la mémoire. Locke avait pour sa part
appelé « idées » tous les contenus de la
conscience et les avait conçues comme des représentations de choses dès lors qu'elles sont des
perceptions extérieures ou qu'elles en sont issues.
Chez Hume, la relation de représentation n'existe
plus qu'entre impressions et idées, les choses étant
mises entre parenthèses. La fraîcheur et la force
des impressions qui étaient inaccessibles à la libre
imagination sont en même temps la marque de la
disponibilité spontanée des données de l'expérience qui, pour Locke, sont ancrées dans la réalité
représentée.

On voit bien ici que Hume s'en tient à une limitation
résultant des expériences de la conscience, et va
au-delà de Locke dans la mise à nu de toutes les
transcendances. Le concept philosophique de
transcendance, qui vient du latin *transcendere*,
désigne en général le fait d'aller au-delà des données de la conscience vers une réalité objective
indépendante de la conscience. Les données de la
conscience sont par exemple les perceptions, c'est-
à-dire la vue, l'ouïe, etc. Nous entendons des pas
dans la rue et partons du principe qu'il s'agit tout
simplement de quelqu'un qui marche dans la rue.
Descartes avait déjà mis en évidence le fait qu'il
n'est pas rare d'être dupé par ce type d'impression
sensorielle et par une interprétation hâtive de ce qui
en est la cause, et qu'il n'est donc pas absurde de
douter du « monde extérieur ». Hume ne se rallie ni
à l'annulation du doute par Descartes qui conduit à
la preuve de l'existence de Dieu, ni à la contestation
dogmatique par Berkeley de l'existence du monde
matériel et de l'ancrage de toutes les données de la

Adam Smith, portrait de Charles Smith

Hume est certainement le plus connu, mais non pas le seul philosophe écossais important du XVIIIᵉ siècle. Il existait en effet une « école écossaise » qui s'appuyait sur le sens commun (philosophie du « common sense ») et qui s'efforçait de valider la conviction quotidienne de l'accès immédiat au monde extérieur indépendant de la conscience, et ce contre l'immatérialisme de Berkeley et le scepticisme de Hume. L'éthique gagna aussi en importance, mais aussi et surtout la science économique, en l'occurrence celle élaborée par Adam Smith (1723-1790). Ami de Hume, et influencé par lui, il pensait trouver les bases de l'action morale non pas dans les normes et les pensées rationnelles, mais dans les sensations. L'amour propre d'une part, la sympathie (comprise non pas comme affinité, mais comme capacité à se mettre à la place d'autres personnes) d'autre part, se rejoignent dans le besoin de voir admis par les autres les sentiments qui sous-tendent une action. Dans sa théorie économique qui fonde véritablement la pensée d'économie politique, Smith, contrairement aux conceptions anciennes, ne ramène pas la richesse à la balance du commerce extérieur ou aux richesses du sous-sol et de l'agriculture, mais à la quantité globale de travail qui, dans une société donnée, crée une valeur d'échange.

conscience dans l'esprit de Dieu. Hume laisse au contraire indéterminée l'origine de toutes les impressions. Nous sommes confrontés à un flux permanent d'expériences sensorielles, nous dit Hume, mais la question de savoir pourquoi c'est ainsi et celle de leur provenance, à supposer que l'on puisse parler de cause en tant que telle, sont appelées à rester sans réponse. Car nous sommes toujours enfermés dans le « petit monde de notre esprit », les choses extérieures ne nous sont jamais données comme telles. Si nous restons cependant convaincus de l'existence de ces choses et de l'« être » objectif d'une manière générale, nous effectuons alors une mise en transcendance de nos impressions sensorielles.

Que signifie la causalité ?

Même si notre savoir et notre pensée ont partie liée avec nos perceptions et nos représentations et non avec des choses en soi, il n'en existe pas moins pour nous un monde dans lequel il semble y avoir des choses objectives. Pour les empiristes, il est aussi important que pour Descartes de déterminer ce sur quoi repose la « certitude », et pourquoi. Qu'est-ce qui permet d'affirmer que ce que nous affirmons participe de la vérité ? Hume fait une distinction entre les vérités de la raison et les vérités des faits. Les premières caractérisent les mathématiques et les autres types de calcul qui reposent sur des règles du jeu bien établies. Est vrai ce qui découle des définitions et des axiomes. Les vérités de la raison sont certaines par démonstration ; à ce niveau, Hume est d'accord avec les rationalistes. Les « vérités des faits » reposent sur les données sensorielles pour lesquelles il n'existe pas de règles du jeu autodéterminées et qui, pour cette raison, ne peuvent être soumises à aucune logique dans le sens des vérités de la raison. Est vrai, dans ce cas, ce qui peut être vérifié empiriquement. Le contraire d'une vérité de la raison est illogique, le contraire d'une vérité des faits ne l'est pas. Malgré tout, nous établissons des règles dans le domaine des faits de l'expérience et nous tirons des conclusions de la même manière qu'en matière de logique. Mais Hume pose une question décisive pour les sciences de la nature : sur quoi repose cette conclusion non démonstrative et cela peut-il conduire à des certitudes sur des réalités objectives ?

On observe par exemple à plusieurs reprises les choses suivantes : A) La boule de billard nº 1 roule vers la boule de billard nº 2 immobile. À la suite de cet événement, on observe que B) la boule nº 2 roule. On en « déduit » que, dans les mêmes condi-

tions, le cas B suivra « toujours » le cas A. Il s'agit là d'une conclusion inductive qui passe d'un statut de cas particulier à celui de règle toujours valide et qui affirme donc une vérité des faits. Mais une induction de ce type n'en constitue pas moins, selon Hume, un cercle vicieux : une preuve produit une hypothèse qui à son tour n'est vérifiée que par la preuve. Dans le cas de l'induction, le cercle vicieux se présente de la manière suivante : une régularité constatée jusqu'à présent (B suit A) doit aussi, parce qu'il y a des récurrences régulières dans le déroulement global des choses, être une récurrence régulière future. On part ici du principe intangible de la récurrence régulière générale des processus physiques, bien qu'on n'ait pu l'observer que dans le passé et que ce principe n'ait pu être étendu dans une globalité temporelle précisément que par la validité de la conclusion dans le futur, où cette validité est supposée continuer d'exister, établie à partir du passé.

Nous pensons pouvoir simplement prédire avec certitude le comportement des boules de billard même sans induction. Car nous voyons dans la transposition du mouvement par le choc une « relation causale » et nous savons, ou nous subodorons, qu'il est possible de la décrire par des lois physiques. Nous croyons qu'en raison de cette relation de cause et de conséquence apparemment et même exactement explicable, B doit « nécessairement » suivre A.

Hume dit de manière tout à fait convaincante que la relation de cause à effet constitue une base décisive de notre orientation dans le monde. C'est sur elle que reposent toute activité et tout acte de projection dans le futur, mais c'est aussi sur elle que reposent les sciences naturelles. Les faits que ces dernières constatent ne sont pas isolés sur le plan atomique, mais se trouvent dans un contexte d'autres faits à partir desquels ils sont expliqués. Sans cette imbrication de relations de cause à effet, il n'y aurait aucun monde objectif de l'expérience. Car le particulier des expériences ne devient un contexte global qu'à travers la pensée en termes de conclusions non démonstratives évoquées ci-dessus qui reposent pour l'essentiel sur le principe de causalité. Si nous ne pouvions rien expliquer en termes de causalité et que nous ne puissions donc pas engendrer d'effets, nous serions en plein chaos.

Mais Hume rajoute aussi à tout cela un argument aussi central que célèbre selon lequel, d'un point de vue épistémologique, la causalité ne s'en sort pas mieux que l'induction. Car en quoi consiste la « nécessité » que nous ajoutons à la relation causale ?

Il ne peut s'agir d'une nécessité « logique », car nous nous trouvons ici dans le domaine des vérités des faits. Cette nécessité n'est d'ailleurs pas donnée « non plus » à aucun endroit dans l'« expérience » : « au choc avec la première boule de billard succède un mouvement de la deuxième. C'est tout ce qui apparaît au niveau sensoriel "extérieur". L'esprit ne ressent rien, il n'éprouve aucune impression "intérieure" de cette suite d'événements. Dès lors, il n'y a dans aucun cas particulier de cause à effet quelque chose qui pourrait donner des indications concernant l'idée de la force ou du contexte nécessaire. » C'est tout à fait convaincant : nous disons certes que B survient « parce que » A est intervenu auparavant, mais il ne nous est pas possible d'expliquer ce « parce que » à partir de la nécessité intérieure de la chose, il nous faut en effet se limiter à une description, une circonlocution de ce qui nous est donné : la proximité spatiale et temporelle de A et B. Le fait de décomposer un processus de physique en éléments ultimes n'y change rien, le problème est seulement repoussé à un autre niveau.

La nécessité qui fait partie de la relation causale n'est, selon Hume, rien d'autre que la projection d'une association résultant de l'habitude sur un fait supposé appartenir au monde extérieur. Comme nous faisons toujours l'expérience que B succède à A, nous associons toujours la perception de A à celle de B, et nous présumons que cette relation est une nécessité substantielle de la conséquence elle-même.

Scepticisme et nature humaine

À l'issue de cette démarche conceptuelle, la « certitude » des vérités des faits se dissipe en simple « habitude ». Hume sombre dans un scepticisme absolu et se sent obligé de rejeter la possibilité de connaissances ontologiques scientifiques objectives. Il sait bien que cela a peu de conséquences dans la vie quotidienne : on continue à jouer au billard de la même manière, et on ne s'attend jamais à ce que la nécessité causale n'ait pas de réalité et que les boules restent immobiles après le choc.

C'est ainsi qu'une contradiction est apparue qui a été désignée par le vocable de « paradoxe sceptique » dans la recherche en histoire de la philosophie : un argument qui est en soi pertinent tombe pour ainsi dire complètement à plat, car on ne peut certes rien lui opposer – et c'est la raison pour laquelle il devrait convaincre conformément à toutes les règles de l'argumentation – mais il n'en est pas moins refusé sur la base d'une réaction

humaine plus ou moins émotionnelle (mais non contingente et subjective). Hume résout cette contradiction en manifestant son scepticisme par rapport à la raison d'une manière en fait plutôt choquante du point de vue de la tradition philosophique, et qui l'était d'abord pour Hume lui-même. La raison n'est pas souveraine dans sa propre maison, elle « est » et « doit » être une esclave des passions (« passions » dans le sens aussi de réaction affective).

Hume a donc ainsi fini par adopter un point de vue dit naturaliste selon lequel toute affirmation d'une autopuissance de la raison par rapport à un monde même structuré d'une manière s'apparentant à la raison, n'est que de la superstition rationaliste. La pensée est en fait bien davantage une partie intégrante de la nature humaine, qui d'ailleurs accompagne les sensations et les passions plus qu'elle ne les domine. Hume ne considère pas ce constat avec pessimisme, car la faculté sensitive possède sa propre forme de raison pratique ; la nature, d'une certaine manière, s'autorégule elle-même.

Charles Ier, roi de Grande-Bretagne, tableau d'Antoon Van Dyck, vers 1635, musée du Louvre, Paris

Tandis que David Hume est considéré aujourd'hui comme l'un des plus importants philosophes anglais, c'est surtout en tant qu'historien qu'il devait être connu par ses contemporains. En plus de ses textes sur la théorie de la connaissance, Hume rédigea une œuvre vaste sur l'histoire de l'Angleterre (*The History of England*) qui suscita surtout un énorme scandale. Hume en fut très affecté dans la mesure où il s'était surtout efforcé de rendre compte des événements de manière objective et sans prendre partie. Le principal reproche qu'on lui fit concernait l'opinion qu'il se faisait du destin de Charles Ier, exécuté en 1649 pour avoir attenté aux droits du peuple ancrés dans la Constitution. Hume considérait cette affaire comme une manifestation de barbarie et eut affaire aux protestations des *whigs* au pouvoir pour lesquels il s'agissait là d'une mesure légitime. D'autres aspects de son livre furent vivement critiqués. Ces polémiques en firent rapidement un best-seller qui demeura une œuvre de référence dans l'enseignement de l'histoire en Angleterre jusqu'au début du XXe siècle.

Raison et liberté

La philosophie des Lumières

UNE HUMANITÉ RAISONNABLE

La lumière portée par l'opinion publique

Dans la plus connue des définitions de la philosophie des Lumières, celle de Kant, cette notion ne se rattache pas à une époque précise : « Qu'est-ce que les Lumières ? La sortie de l'homme de sa minorité, dont il est lui-même responsable. Minorité, c'est-à-dire incapacité de se servir de son entendement sans la direction d'autrui, minorité dont il est lui-même responsable puisque la cause en réside non dans le défaut de l'entendement mais dans un manque de décision et de courage de s'en servir sans la direction d'autrui. *Sapere aude !* Aie le courage de te servir de ton propre entendement. Voilà la devise des Lumières. »

Des auteurs contemporains donnent aussi une définition large à la notion de philosophie des Lumières et la considèrent comme un processus qui se reproduit à maintes reprises dans l'histoire, mais qui se manifeste plus particulièrement à certaines époques, non seulement dans la modernité, mais aussi, par exemple, à l'époque de Socrate et à celle de Platon. La disparition des préjugés, la destruction des mythes, la volonté de se libérer des entraves naturelles ou sociétales et, de la part des précurseurs des Lumières, un élan pédagogue émancipateur font partie de ce processus de renouvellement permanent.

Mais le plus souvent, la notion de Lumières est associée à une époque qui recouvre le XVIIe, mais surtout le XVIIIe siècle. On a effectivement assisté, dans la période qui va de la Révolution anglaise de 1688 à la Révolution française de 1789, à l'émer-

gence d'une conscience de plus en plus affirmée de vivre dans une époque marquée par de nouveaux repères philosophiques et scientifiques. En France, en Italie et en Allemagne, il fut souvent question du siècle des Lumières. Il s'agissait alors d'éclairer les concepts et les esprits obscurs et confus. Au cours du XVIIIe siècle, la notion de Lumières fit son apparition dans le langage. Poursuivant sa définition de cette notion, Kant précise que la « liberté de se servir publiquement de sa raison à tout point de vue » fait partie intégrante de « l'autonomie de la pensée » et de toute démarche de questionnement de la tradition héritée. Il désigne là le recours à la raison par « une personne savante devant l'ensemble du public de ses lecteurs ». Cet « usage de la raison » s'était développé au cours du XVIIIe siècle, parallèlement à l'essor du « public de lecteurs », dans une proportion inconnue auparavant. Dans toute l'Europe, le public était informé par la presse, surtout des hebdomadaires, sur les guerres, les catastrophes, les découvertes exotiques et la vie politique quotidienne ; la morale était souvent un sujet de débat des publications intellectuelles et des journaux de savants où il était constamment question de cette fameuse notion de raison dont parle Kant. Cette formule magique de l'époque de la philosophie des Lumières désignait un dénominateur commun à tous les humains sous le signe duquel une nouvelle « citoyenneté du monde » devait se forger. On n'en exigeait pas pour autant la dissolution des frontières nationales et on ne pensait que rarement à la transformation radicale des formes de gouvernement, mais le mot d'ordre de la Révolution française, « liberté, égalité, fraternité », émergeait ici et

LA PHILOSOPHIE DES LUMIÈRES

Thomas Paine, l'auteur le plus connu de son époque, directement impliqué dans la **Révolution américaine (1775-1783)** et dans la **Révolution française (1789-1792)**, écrivit deux livres à la fin du siècle : *Le Siècle de raison* et *Les Droits de l'homme*. Le premier peut servir à qualifier le XVIIIe siècle dans son ensemble, le second désigne l'un des thèmes les plus importants de cette époque.

Dans *De l'esprit des lois* (1748), l'œuvre de théorie politique centrale de la philosophie des Lumières, Charles de Montesquieu analyse **les types de lois civiles et politiques** dans leurs contingences d'époque et de société. Sa thèse, selon laquelle la liberté politique suppose la séparation des pouvoirs et le contrôle réciproque des diffé-

rents pouvoirs, finit par connaître une influence croissante.

Dans le cadre de l'« absolutisme éclairé » sont entreprises **des réformes dans le domaine juridique, économique et de l'éducation.** Frédéric de Prusse et Catherine II de Russie suivent de près l'évolution philosophique et littéraire en France.

Dans ses *Lettres persanes*, Montesquieu présente de manière satirique la société de son temps où elle est perçue d'un point de vue non européen. Cette relativisation des mœurs dominantes et des rapports sociaux est très caractéristique des Lumières

Frédéric II, roi de Prusse, tableau de Franz Dudde, vers 1900

et s'accompagne de **l'étude des cultures étrangères**.

C'est surtout en France qu'émerge une philosophie des Lumières conséquente **qui s'en prend à l'autorité traditionnelle** ; elle veut

introniser la raison et refuser la métaphysique rationaliste, privilégier une morale indépendante de la théologie ainsi que **la conviction que le progrès humain est lié à celui des sciences**, démontrer le caractère explicable de l'âme, ou tout au moins de l'appareil sensitif et intellectuel, et la possibilité d'expliquer l'ensemble des phénomènes à partir des propriétés de la matière.

Dans les années quatre-vingt, Emmanuel Kant élabore une critique de la théorie de la connaissance qui avait cours jusque-là et dépasse aussi les thèses de la philosophie des Lumières sur cette question. Sa philosophie reprend la controverse entre rationalisme et empirisme.

La nécessité de réformes en politique et en matière sociale avait été reconnue par les penseurs français depuis le milieu du XVIIIᵉ siècle. Montesquieu, Voltaire et Rousseau évoquèrent la « belle révolution » espérée qui devint réalité peu de temps après. Le 17 juin, l'Assemblée nationale se constitua sur la base des représentants des trois ordres. La concentration croissante de troupes dans la région parisienne et des rumeurs concernant un complot de Louis XVI contre l'Assemblée nationale constituante, provoquèrent le déchaînement des masses qui prirent d'assaut la Bastille le 14 juillet 1789. Bien qu'à cette époque seuls sept détenus s'y trouvaient, la Bastille était devenue le symbole d'un régime absolutiste honni. L'Assemblée nationale constituante entérina le cours radical des événements en prenant des décisions qui provoquèrent la chute du système monarchique : abolition des privilèges, publication d'une Déclaration des droits de l'homme et du citoyen, confiscation des biens du clergé, élaboration d'une constitution...

là, ou finit par trouver un écho favorable à l'extérieur des frontières françaises une fois le fait accompli.

L'échange public d'idées, teinté d'esprit révolutionnaire, ne se limitait pas aux seules publications. Le titre du journal littéraire progressiste milanais *Il caffe* (paru en 1764-1765) désignait une institution nouvelle en Europe : le café, également une boisson à la mode à cette époque. Et c'est dans les cafés, lieux de débats, de lecture et d'échange, que se manifestait le mieux cette ébullition intellectuelle : la communication franchissait les barrières sociales. C'est aussi là que se rencontraient les gens de lettres qui pouvaient vivre de leur plume en raison d'un besoin de lire qui s'était considérablement accru et qui pouvait servir d'antichambre si on était capable d'une conversation brillante, aux salons littéraires de la noblesse.

Ces intellectuels français du XVIIIᵉ siècle étaient appelés « philosophes »; leur mode de vie et d'apparition en public faisait immédiatement école, et le fait d'avoir de l'« esprit », de manière plus ou moins avisée d'ailleurs, devenait une fin en soi. L'un des personnages d'une œuvre de Diderot *Le Neveu de Rameau*, une figure fictive de marginal parasite, ressemble déjà à ces autres figures lucides et parfois nihilistes qui peupleront la « bohême » au XIXᵉ siècle. Il incarne l'autre face, cynique, d'une radioscopie progressive par l'esprit des Lumières des traditions et des valeurs, d'une tendance à tout relativiser, dirigée de manière optimiste et progressiste vers la transformation pratique des choses.

Cette référence critique aux choses de la pratique orientée vers le public et la polémique que l'on peut déjà qualifier d'idéologique dans la mise en exergue rhétorique de thèses, qui n'étaient pas toujours vraiment neuves, est beaucoup plus remarquable chez de nombreux représentants des Lumières que la densité des solutions apportées aux questions philosophiques. C'est pourquoi certains philosophes spécialisés ont aussi parfois parlé rétrospectivement des « philosophes » d'une manière un peu condescendante. Il n'en demeure pas moins que la culture européenne ne fut jamais aussi riche de débats philosophiques qu'au XVIIIᵉ siècle.

Une culture bourgeoise de la raison et du sentiment

Une classe sociale qui n'aurait jamais pu accepter la portée d'un mot d'ordre articulé autour des notions de liberté et d'égalité n'en contribua pas moins d'une manière non négligeable à assurer la promotion de la philosophie des Lumières : certains cercles de la noblesse européenne discutèrent généreusement de tolérance en matière religieuse, d'athéisme, de matérialisme et de droit naturel.

Le projet de publication, d'une portée tout à fait décisive, destinée à la propagation du savoir lié à la philosophie des Lumières, l'*Encyclopédie*

Chodowiecki prend pour sujet les effets bienfaisants des Lumières grâce à une représentation d'un paysage paisible avec un petit village à l'arrière-plan. La symbolique de la lumière est censée souligner le processus de la connaissance. Le peintre, n'étant pas lui-même certain d'être parvenu à une représentation convaincante, écrivit à Christine von Solms-Laubach le 2 août 1791 : « Nous n'avions aucune idée de ce que pouvaient être les Lumières. La philosophie des Lumières est trop nouvelle. »

(17 volumes publiés de 1751 à 1766, auxquels s'ajoutent 5 volumes supplémentaires dont la publication s'achève en 1777) ne put se concrétiser que grâce aux nombreux souscripteurs issus pour l'essentiel de la noblesse. Si les personnes appartenant aux couches traditionnelles de la bourgeoisie (par exemple les maîtres artisans) étaient aussi intéressées par cette culture encyclopédique, l'intérêt le plus vif émanait des couches supérieures de la bourgeoisie, nouvelle classe émergente composée de nouveaux entrepreneurs capitalistes, de fonctionnaires d'origine roturière, d'avocats et de professeurs. La bourgeoisie jouait dans la monarchie constitutionnelle britannique depuis le XVIIe siècle un rôle incontestable dont elle avait parfaitement conscience. Et c'est d'Angleterre que vinrent les impulsions les plus importantes en matière de libéralisation politique et religieuse (de même qu'au niveau des innovations techniques et pratiques de l'économie artisanale et nationale). Mais la bourgeoisie gagna également de manière décisive en importance dans les autres pays. En dépit d'une influence politique tout à fait mineure et sans commune mesure avec son importance réelle, la bourgeoisie devint le moteur des transformations sociales et le vecteur de la culture des Lumières.

L'apparition d'un public pour de nouvelles formes littéraires et théâtrales (le drame bourgeois en Allemagne, par exemple) y contribua largement. Les expériences traditionnelles d'extraversion de la littérature baroque, où la mélancolie contribuait à entretenir le trouble, se muent, dans une multitude de romans, en attitudes distancées et réfléchies, où les personnages forgent des projets raisonnables tout en affichant simultanément des comportements sentimentaux et passionnels. De tels comportements témoignaient d'expériences privées assez banales dont la description tendait à manifester un sentiment universel et typique humain, mais d'un point de vue marqué par une préoccupation de citoyen du monde. Ou bien, ces personnages pouvaient aussi avoir des destins chaotiques qui ne les empêchaient toutefois pas de cultiver une certaine forme de préoccupation de soi-même sur fond de sensibilité morale en rapport avec des phénomènes se situant hors de l'expérience strictement humaine. Dans le théâtre (et en peinture), soit les héros historiques se sacrifiaient pour défendre les vertus républicaines, soit des héros bourgeois contemporains s'en prenaient aux contradictions, injustices et anachronismes d'une société demeurée féodale. Parallèlement à l'art rococo « galant » (noble ou bourgeois), la sentimentalité littéraire se mit à exprimer la conscience de soi d'une individualité bourgeoise « silencieuse » qui découlait en grande partie de la recherche protestante de la proximité de Dieu

Une soirée chez Madame Geoffrin
(parmi les personnes représentées : d'Alembert, Montesquieu, Diderot, Malherbe, Turgot, Rameau, Vanloo, Vernet), tableau attribué à Gabriel Lemonnier, château de Malmaison

Madame Geoffrin était une femme qui s'intéressait à de nombreux domaines ; elle conviait à dîner deux fois par semaine des artistes et des écrivains. Dans son salon se rencontraient les plus grands esprits de l'époque de Louis XV, dont Voltaire et l'amateur d'art le comte de Caylus, qui lui permit de faire la connaissance de nombreux artistes. Les salons constituaient à Paris une sorte de monde opposé à celui de la cour de Versailles et où les gens, sans considération d'origine sociale, pouvaient s'exprimer sur les dernières nouveautés culturelles de l'époque. Des lectures publiques des dernières œuvres littéraires et philosophiques s'y tenaient également, et ce avant qu'elles ne soient publiées. Au centre du salon de madame Geoffrin, on peut voir un buste de Voltaire qui symbolise la liberté intellectuelle qui régnait dans ce salon.

ramenée au moi propre. La réflexion sentimentale ne s'épuisait pas dans une « extinction progressive de la belle âme en elle-même » (Hegel): au contraire, la « belle âme » commençait à s'exprimer parfaitement et à participer aux discussions où elle manifestait son art de l'argumentation rationnelle et compatissante. On retrouve cela dans de nombreux romans épistolaires dont la forme devint de plus en plus appréciée, forme qui accueillait en effet une subjectivité évoquant parfois déjà le romantisme. On accordait aussi beaucoup d'importance dans les autres genres littéraires à l'allocution, au sentiment et à la spontanéité, et c'est ainsi que de nombreux textes pédagogiques et traités philosophiques furent rédigés sous forme de dialogues.

Esprit et matière

Dans sa préface à l'*Encyclopédie* (*Discours préliminaire de l'Encyclopédie* paru en 1751, en tête du premier volume) et dans son *Essai sur les éléments de philosophie* (1759), Jean Le Rond d'Alembert dresse un arbre généalogique du savoir moderne. Il commence par la fin du Moyen Âge, période obscurantiste qu'il oppose aux Lumières en train d'advenir. D'après d'Alembert, les esprits s'animèrent sous la Renaissance à travers une érudition artistico-littéraire et un enthousiasme pour l'Antiquité. Au XVIe siècle, le monde religieusement clos du Moyen Âge s'effondra sous l'influence de la Réforme. Au XVIIe siècle, Descartes renouvela la philosophie et les fondements philosophiques des sciences. Au XVIIIe siècle, la connaissance scientifique de l'homme et de la nature fit un bond considérable, surtout à la suite des découvertes de Newton et de sa méthode « philosophique » (pas d'hypothèses spéculatives, uniquement des hypothèses empiriques), et elle est entrée dans une phase moderne de son développement.

La philosophie des Lumières du XVIIIe siècle s'inscrit donc, selon elle-même, dans la continuité de la pensée éclairée qui a succédé à la conception du monde scolastico-chrétienne en voie de dissolution. On constate en même temps des ruptures dans cette continuité et des positions nettement opposées au rationalisme de l'époque baroque. C'est ainsi que d'Alembert et ses contemporains se rallient en effet à Descartes, notamment en matière de méthodologie rationnelle et d'analyse des phénomènes physiques, se démarquant ainsi de la scolastique et du salmigondis d'explications reposant sur une classification des analogies. Mais ils n'admettent pas son approche « idéaliste » de la raison selon laquelle on peut établir un « système »

La Sacralité de la vérité, allégorie des arts et des sciences, gravure sur cuivre, vers 1772

L'*Encyclopédie* de Diderot et d'Alembert fut l'œuvre la plus importante des Lumières en France. L'ensemble du savoir de toute une époque était censé y être classé de manière systématique. En plus de ses deux initiateurs, les autres collaborateurs étaient entre autres: Rousseau, Voltaire, Condillac, Montesquieu, d'Holbach et Turgot. Robespierre baptisa cette encyclopédie « le chapitre d'introduction à la Révolution française ». L'allégorie des arts et des sciences, qui se trouvait sur la page de couverture de cette vaste œuvre, montre dans sa partie inférieure des personnes s'enthousiasmant pour les instruments et les produits de l'imprimerie. En haut, allusion à la mère de Dieu qui se trouve sur la lune, on distingue l'incarnation de la vérité devant être dévoilée et aux pieds de laquelle se trouve une boule en verre reliée à une pompe à vide (voir ill. p. 57). Cette représentation suggère bien sûr que le temple de la science succède à l'Église.

du monde rationnel et matériel en fonction de possibilités conceptuelles préétablies où l'« être » du *res cogitans* révèle celui du *res extensa*. Comme David Hume, les représentants de la philosophie des Lumières rejettent, par scepticisme, la possibilité d'une connaissance ontologique métaphysique, et, à l'instar de Hume, ils se fondent sur l'empirisme d'un Locke.

Le dualisme de Descartes qui oppose esprit et matière, et où l'homme émerge de la nature parce qu'il participe à la substance pensante, est également rejeté. Les représentants des Lumières appartenant au matérialisme optent pour une posture exactement contraire à celle de Berkeley. Ce dernier avait effacé le dualisme au profit de l'esprit en abandonnant la notion de matière considérée comme vide de sens. Diderot, Helvétius, La Mettrie et d'Holbach ne concèdent en revanche aucune existence indépendante à l'esprit et conçoivent les phénomènes de l'esprit comme des effets de la matière. C'est dans ce sens que s'exprime La Mettrie: « Je considère que la pensée est si incompatible avec la matière organisée qu'il me semble qu'il s'agit là de l'une de ses propriétés, au même titre que l'électricité, la capacité de mouvement, l'imperméabilité, l'étendue, etc. » Dans son livre *L'Homme-machine* (1748), La Mettrie exige une interprétation de tous les phénomènes psychiques par des phénomènes physiques et pense pouvoir réduire l'ensemble de la réalité humaine à un fonctionnement mécaniciste. Le mécanicisme de l'époque baroque, qui se rallie à l'enseignement élémentaire de la physique du mouvement,

Étienne Bonnot de Condillac, lithographie à la craie d'après un portrait de l'époque, première moitié du XIXᵉ siècle, Bibliothèque nationale de France, Paris

Le fondateur du sensualisme, Condillac, part du principe que toute connaissance repose sur l'expérience sensorielle et qu'il n'existe pas de différence importante entre penser et ressentir. Locke, qui inspira le sensualisme, distinguait les idées simples des idées composées. Les idées simples proviennent de la perception intérieure, c'est-à-dire de la perception des objets extérieurs et de l'activité de l'âme qui en résulte. Locke part donc partiellement d'une activité proprement créatrice de l'âme. C'est justement cet aspect que Condillac met en doute. Pour lui, toutes les impressions simples proviennent de l'extérieur. Dès lors que plusieurs impressions sensorielles se retrouvent dans la conscience, l'activité de l'âme peut alors se produire, c'est-à-dire que son activité n'est pas autonome.

Fête de l'Être suprême sur le Champ-de-Mars en juin 1794, peinture d'époque, de Pierre-Antoine Demachy, musée Carnavalet, Paris

À l'apparition des Lumières au XVIIᵉ siècle, coïncide celle du déisme, conception selon laquelle Dieu a créé le monde mais n'intervient pas dans les événements du monde. Le culte de l'Être suprême comme créateur de l'univers fut instauré par Robespierre pour stabiliser les conquêtes de la révolution et remplacer le catholicisme comme religion d'État. La fête, mise en scène par le peintre Jacques Louis David, commençait par une procession à la tête de laquelle se trouvaient les membres de la Convention. Elle se terminait sur une colline artificielle où on chantait des hymnes à la révolution et où on lançait des invectives haineuses contre la royauté.

commence alors à perdre en crédibilité. Il n'avait de toute manière pas été conçu – comme cela était le cas chez Hobbes – pour expliquer les phénomènes physiques et psychiques, et il n'apportait aucune réponse aux questions concernant chacune des formes de « vie ». Diderot, ainsi que d'autres philosophes, compléteront cette image mécaniste de la nature en faisant intervenir la notion d'unités organiques dont la possibilité repose sur une sorte de sensibilité fondamentale et de disposition de la matière à s'organiser.

Sensualisme

Du point de vue épistémologique, correspond au matérialisme un sensualisme strict comme le démontre Étienne Bonnot de Condillac dans le *Traité des sensations* (1754) sur la base d'un modèle conceptuel très caractéristique de l'époque : la statue sans vie d'une personne n'est d'abord dotée que d'un seul des cinq sens et elle développe, par l'apparition de traces de mémoire (qui sont liées à la simple possibilité de sensation humaine) et des différenciations qui en résultent, etc., tout un appareil psychique achevé.

Le sensualisme se différencie de l'empirisme de Locke dans la mesure où il considère que la perception des choses et des relations de causalité ainsi que les fondements de l'appareil conceptuel ne sont pas engendrés spontanément (activement) par l'entendement. Chez Locke, les perceptions du sens intérieur (« reflections ») manifestaient au contraire ce type d'activité de l'entendement et n'étaient pas toujours liées quasi automatiquement à la perception passive des sensations extérieures. Chez Condillac, les réflexions disparaissent, toutes les impressions élémentaires viennent de l'extérieur. Cela ne veut pas dire que nous n'opérons pas en pensant, personne ne pourrait le nier. Mais le matériau et la capacité permettant d'effectuer ces opérations résultent en fait de stimuli provenant de l'environnement, pour parler en termes contemporains.

CRITIQUE DE LA RELIGION ET DÉISME

« L'homme n'est malheureux que parce qu'il ignore la nature », c'est ainsi que commence le *Système de la nature* (1770) du baron d'Holbach. Cela renvoie en fait plus précisément à la méconnaissance liée aux attentes de l'au-delà non empiriquement vérifiables, aux affirmations de normes métaphysiques et aux fausses représentations du bonheur qui en résultent. Holbach veut fonder une morale orientée vers les réalités de notre monde reposant sur des affects corporels et des exigences d'utilité sociologique.

On atteint là un matérialisme mécaniciste qui se sépare définitivement du rationalisme avec ses idées d'une autonomie originale de l'esprit et on prend congé de toute théologie et de toute religion. On peut considérer cette approche comme une fin provisoire d'un processus d'émancipation de la philosophie (et de la science) qui avait d'ailleurs déjà commencé au Moyen Âge avec l'hypothèse prudente d'une « double vérité » correspondant à la connaissance par la raison et à la vérité par la foi. Au XVIIᵉ siècle, Descartes et Leibniz s'étaient encore efforcés de renouer une compatibilité entre science et théologie qui relevait pour eux de l'ordre philosophique. Chez Hobbes en revanche, ce lien fut abandonné. Spinoza sépare les nécessités centrales de la foi, qu'il n'associait pas à une idée chrétienne et traditionnelle de Dieu relevant du domaine des différents contenus de cette foi et des opinions,

et il exige que la tolérance prévale en ce domaine. Il était ainsi un représentant exemplaire des Lumières qui exigeaient une attitude tolérante par rapport à la liberté de recherche scientifique et qui cherchaient également à tenir Dieu presque partout à l'écart des découvertes scientifiques après les succès de Newton. La position radicale du matérialisme constituait d'ailleurs une exception qui ne se heurta pas seulement à l'hostilité prononcée du pouvoir étatique d'obédience catholique, mais aussi à celle de nombreux autres représentants des Lumières, dont la conviction, plus édulcorée, renvoie aussi à d'autres approches de la philosophie des Lumières, qu'il est possible de résumer par la formule suivante: l'homme est nature, et la nature n'est pas le reflet d'un monde intemporel d'idées ou la réalisation d'un plan de la création déjà achevé. Toutefois, malgré son enracinement dans le monde physique, il ne s'agit pas de nier l'existence de Dieu. La philosophie des Lumières est ainsi presque toujours directement ou indirectement associée à une critique de la religion, mais n'est cependant que très rarement athée, comme c'est le cas chez d'Holbach.

C'est moins l'existence de Dieu et la relation à un Dieu que la religion existante – comme le catholicisme strictement délimité par rapport aux autres religions, établissant les canons de l'Église et revendiquant une vérité absolue qui repose sur la révélation dont témoigne la Bible – qui est au centre de la critique religieuse, du doute et qui fait l'objet d'attaques répétées.

On opposa dès le XVIIe siècle aux religions existantes l'hypothèse d'une religiosité « naturelle » (d'ailleurs déjà constatée d'un point de vue scolastico-chrétien) reposant uniquement sur les prédispositions intellectuelles ou morales humaines innées, et non sur une révélation historique par un prophète ou un messie. La foi naturelle en Dieu, que cherchèrent à valider d'abord des libres-penseurs anglais, résulte de cette prédisposition – et apparut en fait déjà bien avant le christianisme et les autres religions antérieures – par le simple fait de s'interroger sur la raison d'être des choses, la sensation du caractère éternel de l'âme et le besoin de se référer à une instance de justice échappant à l'arbitraire humain. On pensait pouvoir rendre parfaitement compatible ces raisons de croire avec la raison et la science, par opposition aux contenus de la foi des religions traditionnelles (miracles et propriétés divines souvent anthropomorphes, etc.). C'est pourquoi la religion naturelle pouvait tout aussi bien s'appeler religion de la raison : véritable religion des Lumières, elle est

d'ailleurs désignée par la notion de déisme qui renvoie à une même foi mais dont la religion est dépourvue de culte et de tradition. On part en général du principe que le déisme recouvre une conception dans laquelle Dieu a créé le monde et les lois physiques, mais n'intervient plus dans la machinerie cosmique.

Voltaire

Si Voltaire n'occupe pas une place aussi importante que Hume ou Kant dans la philosophie du XVIIIe siècle, il fut surtout un véritable phénomène dans le monde philosophique : sans aucun doute le plus grand intellectuel de son temps, un écrivain d'une influence considérable ; il a représenté la quintessence de l'esprit des Lumières. Plusieurs fois incarcéré et condamné à l'exil, il ne put – en dépit de ses indiscutables et brillants succès de romancier et d'écrivain dramatique – publier la plupart de ses textes de philosophie critique qu'avec le soutien d'éditeurs téméraires et grâce à des combines et à des mascarades compliquées (on lui connaît pas moins de 175 pseudonymes). Ses livres furent quand même souvent interdits ou saisis, un exemplaire étant symboliquement, selon

Table ronde de Frédéric II à Sans-Souci (de gauche à droite : Marishal, inconnu, Voltaire, von Stille, Friedrich, d'Argens, Keith, Algarotti, Rothemburg, La Mettrie), tableau d'Adolf Menzel, 1850, autrefois à la Galerie nationale de Berlin (détruite en 1945)

Sur l'invitation du roi de Prusse Frédéric II, Voltaire se rendit à Berlin pendant l'été 1750. Une abondante correspondance entre eux avait précédé cette invitation qui témoignait de l'admiration de Frédéric II pour le poète, tandis que Voltaire ne tarissait pas d'éloges sur le « prince-philosophe ». Contrairement à Paris, où Voltaire était en butte à la censure et où il était constamment victime de calomnies, il fut reçu à Berlin comme un poète et un penseur. Mais sa relation avec Frédéric II ne tarda pas à se gâter. Voltaire se sentait très dépendant du roi qui avait recours à ses services chaque fois que cela lui chantait. Les personnes présentes à cette table ronde à Sans-Souci avaient la réputation d'être des libres-penseurs. Voltaire était parmi eux l'invité le plus en vue. Il se permettait de temps à autre de faire des remarques qui déplaisaient à Frédéric II. Ils se séparèrent brouillés, au bout de trois ans, en mars 1753.

Le Sommeil de la raison engendrant un monstre, estampe de Francisco de Goya, vers 1797, collection privée

Goya était proche des cercles libéraux espagnols, et certains aspects de son œuvre représentent l'esprit des Lumières. Il voulut montrer dans une série d'estampes la terreur de la guerre et les créatures monstrueuses issues de la déraison. La représentation de l'irrationnel dans ces estampes est en fait mystérieuse. L'irrationnel n'est en effet pas démasqué mais montré avec tout son cortège de folie. Le titre de l'estampe représentée issue de la série des *Caprices* va tout à fait dans le sens de l'ambiguïté : des monstres apparaissent là où la raison ne règne pas dirait une interprétation conforme aux Lumières. Une autre interprétation tend à incriminer la raison elle-même qui ne peut pas toujours rester éveillée et qui laisse survenir le monstrueux pendant qu'elle rêve. On peut en fait déceler dans cette œuvre un doute par rapport à l'optimisme raisonnable des Lumières.

Émile, roman de Jean-Jacques Rousseau, gravure sur cuivre du troisième livre, d'après Jean-Michel Moreau

Rousseau voulut avec son roman *Émile* étayer sa thèse selon laquelle l'homme est bon par nature et qu'il n'est moralement perverti que par la société. Pour Rousseau, l'une des raisons de cette tendance réside dans une mauvaise éducation, et c'est pourquoi il exige une réforme de la pédagogie dans le sens d'un remplacement des méthodes éducatives traditionnelles par une « éducation naturelle ». La connaissance de la nature enfantine constitue la base de cette réforme. Ce qui importe pour Rousseau, c'est de promouvoir les prédispositions naturelles et les réactions instinctives de l'enfant au lieu de les réprimer. Il s'insurge ainsi contre la conception, fort répandue au XVIIIe siècle, consistant à vouloir enseigner aux enfants aussitôt que possible les devoirs incombant aux adultes.

l'usage autrefois en vigueur, déchiré et brûlé par un bourreau devant l'escalier du Palais de justice de Paris.

La critique de Voltaire se présente sans aridité aucune, toujours avec humour, sous forme de brillante ironie et d'insertions aussi bien de citations savantes classiques que d'exemples et d'opinions exotiques ou curieuses. La critique de Voltaire se dresse contre la situation instaurée par l'État absolutiste qui était devenue absurde compte tenu de l'émergence d'une conscience des droits de l'homme dont l'importance dépassait largement quelques utopistes isolés. Mais sa critique s'adresse surtout à l'Église catholique absolutiste. Son accusation porte sur le dogmatisme répressif, le fanatisme méprisant l'homme et la mainmise sur une population prisonnière de représentations superstitieuses (incluant d'ailleurs en cela la plupart des autres religions). « Écrasez l'infâme » est alors le mot d'ordre de la lutte qu'il mène.

Mais Voltaire n'en est pas pour autant athée : « Si Dieu n'existait pas, il faudrait l'inventer. Mais la nature tout entière nous dit qu'il existe. » Pourquoi Dieu devrait-il donc être inventé ? Parce que Voltaire pense que la vertu, ou tout simplement l'humanité de l'homme a besoin d'un centre, d'un repère, voire d'une « bride » pour reprendre le mot qu'il emploie.

La seconde partie de la proposition montre cependant qu'il n'exige pas un bon comportement religieux pour de seules raisons d'utilité sociale ; au contraire, le déisme libéral de Voltaire, qu'il faudrait qualifier de léger même par rapport au christianisme des Lumières, repose tout à fait sur une conviction personnelle. Ses incartades littéraires et

sa technique du dialogue favorisant l'émergence de l'individu ont permis à Voltaire de créer un climat où les systèmes philosophiques sonnent comme des poèmes et saisissent la superstition et la raison, l'optimisme et le pessimisme par des allégories du sublime ou du ridicule. Il a ainsi libéré les possibilités d'une distanciation critique, et partant, contribué à la relativisation de valeurs irrationnelles et sclérosées.

Jean-Jacques Rousseau

Kant se décrivit rétrospectivement, alors qu'il était un jeune érudit qui ne connaissait rien d'autre que les livres, la soif de savoir et la science : « Il fut un temps où je croyais qu'il n'y avait que cela qui puisse faire l'honneur de l'humanité et je méprisais la plèbe qui ignore tout. Rousseau m'a permis de réviser mon jugement. Ce privilège illusoire s'évanouit, j'apprends à honorer les hommes et je me trouverais plus inutile que le commun des travailleurs si je n'étais convaincu que la spéculation à laquelle je me livre peut conférer à tout le reste une valeur : faire ressortir les droits de l'humanité. »

Kant perçoit Rousseau comme un représentant des Lumières, car Rousseau exige les « droits de l'humanité » d'une manière plus énergique que la plupart des philosophes. Leur objectif politique s'en tient à une simple monarchie constitutionnelle libérale ; Rousseau esquisse un idéal démocratique. Dans le contexte de la Révolution française, son œuvre va faire l'objet d'une admiration qui confine à un culte. Son roman, *Émile ou de l'éducation*, veut faire valoir les droits de l'individu au stade de l'enfance, et il donnera par cette œuvre une véritable impulsion à l'innovation pédagogique tout au long du XIXe siècle. Il ne fait en réalité que « découvrir » l'enfance, au même titre que les Lumières découvrirent dans le « bon sauvage » des « peuples primitifs » une image inversée, et souvent idyllique, opposée à la civilisation. Rousseau a fait une impression aussi forte sur Kant que sur les penseurs et les poètes romantiques, bien que ce soient des aspects de son œuvre peu compatibles avec la philosophie des Lumières qui eurent un impact sur ces derniers. Rousseau, le premier, préfigure la pensée romantique, par la prise en compte de la raison et des sentiments, en voulant réaliser « l'unité romantique » (unification de la raison et des sentiments) : mettre fin à l'irrémédiable désunion entre l'homme et la nature (qui est aussi une nature sociale), et permettre l'expression des sentiments d'un moi qui cherche à tout dire, et qui, sinon, est sur le point de passer à côté de lui-même. Pour Rousseau, l'homme des origines est libre et bon. Il vit en osmose avec son environnement, se consacre pleinement à ses activités, et il est relativement autonome (Rousseau restitue finalement l'image d'un monde originel libre). Ses sentiments correspondent à une appréciation positive de lui-même qui lui permet de former une unité avec les autres et avec soi-même. Une organisation sociale inappropriée provoque une inversion de l'amour propre en un amour de soi négatif et égoïste qui engendre la désunion de l'homme avec lui-même et avec les autres.

Rousseau décrit cette organisation d'une manière comparable à Locke dont l'idée de contrat social garantit la sécurité de la propriété comme notion positivement connotée, mais sur la base d'indices exactement inverses. Pour Rousseau : « Le premier qui ayant enclos un terrain s'avisa de dire : "Ceci est à moi", et trouva des gens assez simples pour le croire, fut le vrai fondateur de la société civile. Que de crimes, de guerres, de meurtres, que de misères et d'horreurs n'eût point épargnés au genre humain celui qui, arrachant les pieux en comblant le fossé, eût crié à ses semblables : "Gardez-vous d'écouter cet imposteur ; vous êtes perdus si vous oubliez que les fruits sont à vous, et que la terre n'est à personne !" » (*Discours sur l'origine et les fondements de l'inégalité parmi les hommes*, Éditions sociales, Paris, 1977, p. 108).

La propriété conduit à la division du travail, à la dépendance et à l'aliénation. Il se produit une chose semblable au niveau intellectuel : le passage de la nature à la civilisation fait se dissiper le lien référentiel immédiat au monde du psychisme humain, l'homme sombre dans la confusion mentale. Rousseau recourt ici à des paroles particulièrement lourdes qui l'isolent au sein des Lumières : « L'état de la réflexion est contre la nature et un homme qui médite est un animal dégénéré. »

Rousseau opère ici une rupture épistémologique pour déterminer le devenir de la société. En effet, contrairement à ses contemporains, il affirme que l'on ne peut partir de la société actuelle, trop marquée par l'idéologie, pour savoir ce que doit être la société à venir. C'est pourquoi, à partir d'un « état primitif », et par la pensée déductive, il crée une « fiction » – un état originel – sur laquelle s'appuyer pour bâtir la société future. Cette esquisse, amorcée dans le deuxième discours (sur l'origine et les fondements de l'inégalité), il la développe dans *Du contrat social* : il y présente une image de la société où – pour reprendre les mots de Kant – la civilisation « redevient nature à travers un art parfait, ce qui constitue le but ultime de la vocation morale du genre humain » (art signifiant ici ce qui est « fait »

par opposition à ce qui est devenu naturel). C'est un État dans lequel le peuple est souverain et décide par le vote, et où « l'individu, bien qu'il s'unisse à tous, n'obéit en fait qu'à lui-même et demeure aussi libre qu'auparavant ». Ce dernier aspect constitue un tour de force pas très réaliste et le concept de Rousseau demeure plutôt confus. La liberté consiste en l'occurrence en une soumission volontaire à la « volonté collective » qui n'est pas la « volonté de tous » (la somme de toutes les décisions individuelles à partir de laquelle on obtient par exemple un vote à l'unanimité). La volonté collective est surtout orientée vers la réalisation du bien commun au même titre que la volonté individuelle l'est vers la réalisation du bien-être personnel, et cette volonté collective ne peut jamais se tromper, contrairement à la volonté de tous qui peut être dirigée par une volonté majoritaire d'intérêts partisans ou par des erreurs d'appréciation, etc. La volonté collective ressemble ainsi presque à une nature-Dieu panthéiste à caractère social qui est à la fois l'un et le tout. L'individu devient libre en reconnaissant que sa propre

Tableau allégorique en l'honneur de Rousseau peint sous la Révolution française, musée Carnavalet, Paris

Jean-Jacques Rousseau est considéré comme l'un des précurseurs de la Révolution française sur le plan intellectuel. L'illustration montre une représentation allégorique de sa théorie dans le contexte de la nouvelle république. Le portrait de Rousseau se trouve au-dessus du drapeau tricolore ; en dessous, on distingue un faisceau romain antique de licteur qui symbolise la force, la vérité, la justice et la communauté. Au sommet, on aperçoit le bonnet phrygien des sans-culottes ; à côté, sur le tronc d'arbre, la liberté comme droit naturel de l'homme. La première constitution de la République française s'inspira *Du contrat social* de Rousseau. La maxime « liberté, égalité, fraternité » émane également de ses idées.

Emmanuel Kant, portrait anonyme, vers 1790

Kant, dans sa *Critique de la raison pure*, soumet la connaissance humaine à un examen en profondeur et découvre qu'il existe certaines conditions, ancrées dans le sujet même, qui forgent notre approche du monde. Il n'est pas possible de formuler des affirmations sur la nature du monde « en soi », c'est-à-dire indépendamment du mode de connaissance déterminé par le sujet, car l'homme ne peut jamais considérer les choses indépendamment de ce mode de connaissance. La connaissance n'est donc pas orientée vers les choses, c'est elle-même qui crée la nature des choses.

volonté complètement individuelle est parfaitement préservée dans la volonté collective avec laquelle elle ne fait qu'une. L'homme, tout en étant citoyen, se retrouve néanmoins lui-même.

Emmanuel Kant

Critique de la raison pure

Métaphysique et philosophie transcendantale

Conjointement avec David Hume, auquel il reconnaissait devoir beaucoup, Kant rejette radicalement la métaphysique en tant que science présumée du suprasensible, c'est-à-dire comme enseignement apparemment logique et concret de ce qui se trouve au-delà de l'expérience. Kant avoue être amoureux de la métaphysique. D'après lui, elle est indispensable, car les questions concernant les définitions les plus générales de toute réalité, du caractère en principe connaissable de la nature, Dieu, la liberté et l'immortalité de l'âme vont toutes dans ce sens : « La raison humaine tend inexorablement vers ces questions auxquelles on ne peut apporter de réponses à travers l'usage de l'expérience de la raison et des principes qui en relèvent. »

Les questions auxquelles on ne peut pas répondre *a posteriori* sur la base de l'expérience, exigent des connaissances *a priori* qui sont, premièrement, indépendantes de l'expérience et, deuxièmement, ne consistent pas en assertions dont la vérité résulte simplement de la signification des mots employés, comme dans la phrase « les triangles ont trois côtés ». Kant appelle « jugement analytique » ce type de phrase : l'attribut « trois côtés » résulte de l'analyse du sujet « triangle ». La phrase n'élargit pas la connaissance, contrairement à un « jugement synthétique », comme « certains chiens sont dangereux pour l'homme ». Il s'agit là d'une assertion tirée de l'expérience, d'un juge-

ment synthétique *a posteriori*. La métaphysique a précisément affaire avec ce genre de « jugements *a priori* synthétiques ». Ce n'est que lorsqu'elle s'exprime, par ce type de jugement, sur les fondements des différentes sciences ou sur certaines conditions de la connaissance – ou aussi seulement sur les idées directrices, par exemple sur l'« idée » de l'infini, et qu'elle n'y découvre aucune infinité –, que la métaphysique peut prétendre à être scientifique, en l'occurrence comme « science des limites de la raison pure ».

Kant ne suit pas le scepticisme de Hume au niveau de la définition de la limite. Il affirme en effet contre ce dernier que l'expérience, qui résulte du traitement intellectuel des perceptions, ne peut pas créer en retour ses principes à partir de l'expérience. Contre certains rationalistes, Kant pense par ailleurs que toute connaissance commence par l'expérience et qu'elle doit en tout état de cause se rapporter à l'expérience. Elle peut d'ailleurs avoir affaire à une simple expérience « possible », et elle examine ensuite seule, par la pensée, les actions subjectives de la connaissance dont la possibilité précède l'expérience et qui déterminent tout ce qui est susceptible, d'une manière générale, de devenir objet. Cette investigation est la mission de la « philosophie transcendantale » élaborée par Kant : « J'appelle transcendantale toute connaissance qui porte, non pas sur des objets, mais sur notre mode de connaissance des objets de manière générale, dans la mesure où celui-ci est possible *a priori*. » La philosophie transcendantale est donc du point de vue de la connaissance la structure formelle fondamentale de tout ce qui constitue pour nous la réalité. Comme elle conduit à des assertions *a priori*, universellement valables et se rapportant à des caractéristiques nécessaires de la réalité, Kant les fait aussi entrer à cet égard dans sa notion de métaphysique.

Espace et temps comme pures intuitions

Les rationalistes pensaient que les théorèmes qui sont déduits mathématiquement ou logiquement des définitions ou des concepts originels « élémentaires » sont applicables aux objets de la perception et nous renseignent en tant que tels en même temps sur le monde pensé comme globalité suprasensible et indépendante de notre perception. Cela semble possible pour les rationalistes dans la mesure où certaines évidences et certains concepts fondamentaux simples de la pensée concerneraient à leurs yeux la vraie réalité (perceptible intellectuellement) grâce à l'entremise de Dieu qui ne nous trompe pas, ou pour quelques autres raisons élaborées métaphysiquement. Kant, comme Hume, refuse cette conception.

Dans sa thèse de doctorat d'habilitation (*Sur la forme du monde sensible et intelligible et de ses principes*) écrite en 1770 pour sa nomination au poste de professeur, Kant trouve une justification, nouvelle par rapport à de telles hypothèses, et anticipant sur sa philosophie transcendantale, du caractère transposable sur le monde de l'expérience d'une science indépendante de l'expérience – donc « pure » dans la terminologie kantienne – à savoir la géométrie. D'après Kant (comme d'après Descartes), l'espace n'est aucunement une idée qui serait tirée de la perception d'objets appartenant à l'espace. Car l'étendue tridimensionnelle des choses ne constitue pas une propriété sensoriellement distinguable, mais au contraire la condition même pour que nous puissions percevoir quelque chose comme se trouvant à un endroit « extérieur » à nous, comme objet qui nous fait face. L'« espace » n'est en fait ni un concept inné – comme dirait Descartes – ni même un concept tout court. Les concepts sont des idées « générales » dans lesquelles on peut faire rentrer de nombreuses choses différentes. Les idées « spécifiques » ou « particulières » qui « se réfèrent immédiatement aux choses », c'est-à-dire les perceptions sensorielles, sont désignées par Kant comme des « intuitions » empiriques. L'idée de l'espace est toutefois une intuition pour Kant, bien qu'elle ne provienne pas de l'expérience, « une idée spécifique, car ce que l'on appelle plusieurs pièces ne sont que des parties d'un même espace incommensurable », c'est-à-dire de la représentation que nous en avons ; en conséquence ces parties ne se comportent pas par rapport à l'idée de l'espace comme

différentes pièces par rapport au concept général de « pièces », ou comme ce dernier par rapport au concept de « maison ». En outre : « Le fait qu'il n'y ait pas plus que trois dimensions dans l'espace, qu'il n'y ait qu'une seule droite entre deux points, qu'on puisse tracer avec une droite donnée un cercle à partir d'un point donné dans le plan, etc, cela ne peut pas être déduit d'un quelconque concept d'espace, mais au contraire pour ainsi dire seulement « saisi par l'intuition directe », c'est-à-dire à l'intérieur de cet espace *in concreto*. « Comme l'espace ne constitue pas un objet de la perception, il n'est pas une intuition empirique mais une intuition « pure » (antérieure à toute expérience) de l'ordre des facultés sensorielles et intellectuelles humaines ; il s'agit de quelque chose qui, d'une certaine manière, ressemble aux données sensibles et qui partage des qualités communes avec elles. Bref, l'espace « n'est pas constitué par des sensations, il est la forme fondamentale de toute sensation extérieure ».

Mais qu'en est-il des choses dont nous recevons des impressions sensorielles extérieures à propos desquelles Kant pense très pertinemment qu'elles ne résultent pas d'elles-mêmes à l'intérieur de nos organes ou de notre esprit ? Pour Kant, qui suit en cela Hume, il n'est pas possible d'en dire quoi que ce soit. Nos connaissances se limitent aux choses telles que nous les percevons, c'est-à-dire aux « phénomènes » et non aux « choses en soi », et ce indépendamment de notre intuition. Mais dans la mesure où l'espace appartient complètement à notre faculté de connaissance sensible en tant que « forme fondamentale » de tous les phénomènes extérieurs, il serait absurde de dire que les choses en soi emplissent l'espace, ou s'y trouvent. Cela

Kant remuant de la moutarde, dessin de Friedrich Hagemann, 1801

Kant et ses compagnons de table, tableau d'Emil Doerstling, vers 1900

Kant menait une vie extraordinairement réglée. Il se levait tous les jours à cinq heures du matin, avant de se consacrer successivement, selon un ordre bien établi, à son travail d'écriture, à ses cours à l'université et à ses promenades. Le soir, il se couchait à dix heures précises. Les moindres modifications de son emploi du temps le mettait dans tous ses états, par exemple le fait de ne pas avoir pu être ramené chez lui à l'heure à l'issue d'une invitation à une promenade en calèche. En dépit de son aspiration au calme, il n'était nullement réticent à la vie en société. Il invitait régulièrement des amis à déjeuner. Les discussions de table allaient des « côtelettes de veau jusqu'aux comètes ». Les thèmes philosophiques n'étaient en fait pas trop du goût du philosophe. Il préférait en fait les traiter seul, et c'est peut-être cette tranquillité et cette discipline qui lui permirent de créer des œuvres qui font partie des plus grands textes de l'histoire de la philosophie.

reviendrait à confondre les conditions de notre connaissance avec les conditions non connaissables parmi lesquelles peut se trouver, tout au plus comme concept limite de ce qui est à penser comme objectif, la cause des phénomènes perçus. C'est pourquoi Kant refuse définitivement d'envisager que l'espace puisse être une détermination réelle des choses en soi (la même argumentation vaut d'ailleurs aussi pour l'intuition, également pure, du « temps »).

« Révolution copernicienne » de la philosophie

Les jugements synthétiques *a priori* dont il a été question ci-dessus ne sont pas présents que dans la métaphysique mais aussi en premier lieu dans les mathématiques (indépendantes de l'expérience) et dans les sciences naturelles pures. Le point de départ de la *Critique de la raison pure* (1781), la première œuvre célèbre de Kant, pose la question de la possibilité de ce genre de jugement qui conditionne l'émergence d'une science en tant que telle. Cette question est pour l'essentiel résolue en ce qui concerne la géométrie et l'arithmétique suite à sa théorie de l'espace et du temps. Le fait que la somme des angles fasse 180° dans un triangle est, pour Kant, une proposition « synthétique » qui n'est pas qu'une déduction logique découlant de définitions et d'axiomes ; nous devons en effet la construire mentalement, pour ainsi dire. Dans l'espace, cela survient sous forme d'intuition pure, c'est pourquoi il s'agit d'une proposition *a priori*. Il en va de même pour l'arithmétique où, pour les additions par exemple, il nous faut, d'après Kant, composer quelque chose dans le temps.

Mais qu'en est-il des sciences naturelles pures ? Le principal fondement de ce que nous connaissons dans l'expérience sous forme de régularité, à savoir le principe de causalité, est-il valable *a priori* ?

D'après Hume, il provient exclusivement de l'expérience. Le fait qu'il apparaisse comme un concept *a priori* du lien entre cause et effet n'a pour lui que des raisons psychologiques. Or d'après Kant, il s'agit ici bel et bien d'un concept vraiment *a priori* ; les succès de la physique newtonienne nous démontrent qu'il est applicable à tous les processus physiques possibles qui nous soient donnés d'observer dans le cadre de notre expérience. Mais il faut toutefois faire la démonstration du « pourquoi ». L'argumentation peut être effectuée d'une manière comparable à la démonstration de la concordance de la géométrie euclidienne avec le « monde extérieur ». Alors que les perceptions sont déterminées par les formes de la conception sensorielle (espace et temps), les connaissances qui renvoient à des rapports de causalité objectifs par la pensée, par des concepts, sont déterminées par la « forme » de l'entendement, par des « concepts rationnels purs ». « L'expérience est un mode de connaissance qui exige un entendement dont je dois présupposer les règles en moi, avant même d'être confronté à des objets, par conséquent de manière *a priori*, lesquelles doivent être exprimées par des concepts *a priori* en fonction desquels les objets de l'expérience doivent s'orienter et y correspondre. »

Cette manière de concevoir les choses est à rapprocher des « premières idées de Copernic qui, après avoir envisagé une explication des mouvements cosmiques, ne voulait plus vraiment continuer dans une direction consistant à supposer que l'armada des étoiles tourne autour de l'observateur, et essaya de voir s'il ne fallait pas plutôt envisager de faire tourner l'observateur et de laisser les étoiles en paix ». De même que le mouvement des étoiles est un « phénomène » qui repose sur le mouvement de l'« observateur », de même les objets de l'expérience sont « construits » comme phénomènes par nos capacités de connaissances, c'est-à-dire qu'elles sont en fait fabriquées. La « réceptivité » de la « capacité sensorielle » et la « spontanéité » (l'activité) de « l'entendement » interviennent toujours ensemble dans ce processus. Ces deux « troncs » de notre capacité de connaissance sont en quelque sorte inutiles pris séparément : « Les intuitions sans concepts sont aveugles, et les concepts sans intuitions sont vides. »

Entendement et raison

Comment repérer des concepts rationnels purs ou « catégories » ? Dans la mesure où ils constituent les conditions mêmes de la possibilité de connaître, il faut qu'ils relient en jugements les

Le Château de Königsberg, gravure, XIXᵉ siècle, en bas à gauche la maison d'Emmanuel Kant

Kant n'a jamais quitté sa ville natale de toute sa vie. Il ne jugeait pas utile d'entreprendre de grands voyages et se sentait manifestement très bien dans sa ville. Dans la présentation de son « anthropologie », il écrit à propos de Königsberg : « Une grande ville, centre d'un empire dans laquelle se trouve le siège du gouvernement municipal, qui a une université et, de surcroît, une position géographique lui permettant de bénéficier d'un commerce maritime favorisé par des fleuves arrivant de l'intérieur du pays mais aussi de pays dont la frontière est proche, et dont les langues, les mœurs diffèrent – une telle ville peut effectivement être considérée comme un lieu approprié pour connaître les hommes et accéder à la connaissance du monde sans voyager. »

différentes idées de manière à former l'unité d'une connaissance et conduire eux-mêmes à leur tour à la formation de concepts, c'est-à-dire précisément rendre ce lien-là possible. Mais il y a toute une série de formes de jugements qui se distinguent en fonction de la nature du lien existant entre sujet et attribut. Le prédicat (par exemple « gâté » ou « melon ») peut être attribué ou refusé à ce qui est désigné par le sujet de la phrase (par exemple « chapeau »), il peut être attribué à une pluralité ou à une chose spécifique, plusieurs prédicats pouvant être reliés par un disjonctif « ou », etc. La logique « formelle » traditionnelle a déjà classifié ces formes, mais ne les a pas fait remonter aux actions synthétiques originelles de l'entendement dans le cadre d'une logique transcendantale qui examine aussi la possibilité pour les assertions vraies de se rapporter, « quant à leur contenu », aux objets. Kant déduit à présent du tableau des jugements le tableau des catégories. La catégorie de la causalité par exemple est définie comme la condition du lien dans ce qu'on appelle les jugements hypothétiques (« si... alors »).

Pour finir, Kant entreprend la « déduction transcendantale des concepts purs de l'entendement » qui explique le « droit légitime » des catégories dans leur rapport aux choses grâce à la « révolution copernicienne » présentée ci-dessus : ce n'est pas la connaissance qui s'oriente en fonction des objets, c'est l'inverse qui se produit. Kant montre dans le détail comment la composition, la synthèse du multiple de la perception visant à la formation de l'unité du jugement et du concept, ne peut pas provenir de l'objet mais seulement du sujet.

La métaphysique critique comme « science des limites de la raison humaine » se déploie dans la *Critique de la raison pure* surtout dans le cadre de la « dialectique transcendantale ». Il s'agit donc ici d'évoquer l'« idée cosmologique » d'un ensemble-monde, la question de la possibilité d'un commencement du monde dans le temps, de la thèse de l'immortalité de l'âme et d'autres questions métaphysiques. Ces questions se posent à la « raison » qui recourt à l'entendement tendant vers l'absolu – et à l'origine de la formation des concepts et du repérage des lois – et peut lui fournir des objectifs identifiables par la connaissance. La raison est donc entendue ici comme une « faculté » particulière alors que, dans le titre de l'œuvre, elle constitue la quintessence de toutes les capacités psychiques et intellectuelles humaines. Tandis que la faculté sensorielle constitue la « faculté intuitive » et l'entendement la « faculté des concepts » et des règles, la raison est « la faculté des idées ».

Les « idées de la raison » de l'absolu et l'unité absolue de toutes les connaissances conduisent à l'émergence de thèses métaphysiques qui s'imposent inexorablement et qui n'ont pourtant que l'apparence de la vérité ; elles ne peuvent donc jamais devenir des connaissances. C'est ainsi que des « antinomies » naissent de l'idée de totalité des choses et des conditions, il s'agit de contradictions qui sont issues de la démonstration respective de deux affirmations exactement opposées. Kant résout ces antinomies en faisant remonter leur existence à des questions faussement formulées. Mais les arguments et les preuves qui les fondent n'en perdent pas pour autant leur validité à ses yeux. La métaphysique engendre une « apparence transcendantale » et des « illusions nécessaires » qui sont certes percées à jour par la raison pure, mais qui continuent à fonctionner quand même comme une illusion d'optique. Et cela n'est pas forcément négatif, car ce n'est que grâce aux idées « régulatives » de l'absolu que l'expérience parvient à l'unité systématique.

Critique de la raison pratique

Dans ses œuvres suivantes, *Fondements de la métaphysique des mœurs* (1785), et *Critique de la raison pratique* (1788) qui est son texte le plus important après la *Critique de la raison pure*, Kant aborde la question de l'éthique. La raison pratique, c'est-à-dire qui gouverne l'action, est assimilée au libre arbitre. Elle n'est fondamentalement pas différente de la raison théorique, mais elle concerne un autre domaine et passe par un autre emploi de la raison. L'énoncé de la première proposition de

Le *Vésuve de nuit*, tableau de Jacob Philipp Hackert, 1779, collection privée

Dans son *Esthétique* (1750-1758), A. G. Baumgarten fonda une discipline philosophique dans laquelle il se livre – selon les conceptions kantiennes présentées dans sa *Faculté de juger* – à une analyse formelle et générale du jugement du goût ayant pour objet le beau et du jugement de l'esprit ayant pour objet le « sublime ». Le « sublime », c'est-à-dire ce qui est à la fois inouï et terrible, et dont il fut souvent question au XVIII siècle dans la peinture et la littérature – par exemple les « volcans dans leur violence destructrice, les ouragans avec les dévastations qu'ils laissent derrière eux, l'immense océan en furie » – met en évidence notre impuissance face à la nature et (tant qu'une menace réelle ne vient pas empêcher la dimension esthétique de la vision) « en même temps la faculté de nous estimer indépendants d'elle », de nous saisir comme êtres moraux et de ressentir « l'humanité dans notre personne ».

ce « fondement » est : « À part exclusivement une "bonne volonté", il n'y a nulle part dans le monde, pas même en dehors de ce dernier, de possibilité de penser quoi que ce soit qui puisse être considéré sans limite comme étant bien. » Kant part ici du concept du bien, central sur le plan éthique, et affirme qu'il existe quelque chose qui serait « absolument » bien, « sans limite ». Tout ce qui n'est pas bien en soi, mais le serait dans un but précis ou dans un contexte particulier, c'est-à-dire conditionné par des circonstances, n'a aucune valeur pour qualifier la moralité de manière décisive. La notion d'éthique utilitaire, selon laquelle il faudrait qualifier de bien ce qui sert au bien commun de l'humanité ou un quelconque autre but, est ainsi rendue caduque. Pour Kant, il n'est pas possible de juger des actions en fonction de leurs conséquences ultimes qui restent toujours imprévisibles. Mais en fonction de quoi évaluer une bonne volonté ? Qu'est-ce qui la caractérise ? L'indépendance par rapport aux penchants et besoins personnels et, au-delà, l'indépendance par rapport à toute forme de préférences, même si ces dernières sont libres de tout souci personnel immédiatement repérable, ou non liées à la réalisation d'un objectif collectif considéré pragmatiquement, comme c'est le cas pour l'amour du prochain, n'ont en l'occurrence pas la moindre importance.

La volonté qui n'est pas déterminée par des penchants se soumet au « devoir ». Les commandements liés au devoir se présentent sous la forme de règles d'actions impératives (« fais ceci et cela »). Kant appelle « impératif catégorique » (absolu, valable indépendamment de toute situation) un commandement, ou une loi, auquel (à laquelle) doit s'engager moralement n'importe quel être de raison à n'importe quel moment. S'il existe un principe supérieur pratique, ou moral, qui ne résulte pas d'une proposition tirée de l'expérience, mais existant *a priori*, alors cela doit être précisément quelque chose qui est un impératif catégorique. Il lui faut, de par son universalité et sa liberté par rapport à des objectifs préétablis, n'avoir aucune destination de contenu ; il ne peut donc se rapporter qu'à la « forme » de règles d'action. L'un de ses énoncés (Kant en ayant formulé plusieurs variantes) est : « Agis de telle sorte que la maxime de ta volonté puisse toujours valoir comme principe d'une loi générale. » En d'autres termes : les maximes sont des règles de comportement subjectivement posées par la personne elle-même, comme la règle : « Dis toujours la vérité. » La notion de loi n'a bien sûr ici aucune dimension juridique, elle renvoie simplement à la nécessaire validité de lois naturelles.

Pour Kant, l'impératif catégorique, la loi qui rend bonne sans limite la volonté de celui qui s'en inspire, nous est totalement familière à tous, même si ce n'est jamais formulé de manière tout à fait explicite. La conscience de cette loi est donc un fait, et en l'occurrence « le seul fait de la raison pure qui s'annonce ainsi comme fondatrice originelle de la loi ». C'est ce à quoi Kant rend un hommage appuyé dans sa célèbre phrase : « Deux choses comblent l'âme d'un respect et d'une admiration d'autant plus grands que la pensée se penche dessus souvent et avec insistance : le ciel étoilé au-dessus de moi et la loi morale en moi. »

Critique de la faculté de juger

Dans sa troisième principale œuvre, la *Critique de la faculté de juger* (1790), Kant va se consacrer au principe *a priori* de la « faculté de juger » qui permet d'inclure le particulier, comme les perceptions, dans des concepts généraux donnés, ou en d'autres termes de repérer des règles générales qui englobent une pluralité du particulier. Ce principe est celui de la « rationalité » comprise dans un sens spécifique de conformité à un objectif. C'est ainsi que les sciences naturelles qui sont à la recherche de lois, en particulier la biologie qui traite des questions de causalité imbriquées, considèrent toujours la nature comme si elle était construite, c'est-à-dire pensée par un entendement libre de poser des objectifs.

La première partie de la *Critique de la faculté de juger* de Kant est constituée par une approche de la notion d'esthétique qui fera date. Le beau dans l'art et la nature fait l'objet de « jugements d'appréciation » dans lesquels se manifeste de manière sublime la fonction de la faculté réfléchissante de jugement. Celle-ci cherche – lorsque nous ressentons quelque chose comme beau en tant que tel « avec un plaisir qui ne soit pas intéressé » (c'est-à-dire sans éprouver la moindre convoitise pour ce bel « objet ») – une règle générale de l'unité de la diversité, un concept, en un certain sens, une « explication », sans d'ailleurs parvenir à trouver une fois pour toutes quelque chose de tel. C'est là que se déploie le « libre jeu » des forces de connaissance que sont l'imagination et l'entendement. Ces deux facultés doivent agir en concomitance, dans le cadre de chaque « connaissance » objective qui juge, dans un certain contexte, ce qui est perçu par l'intermédiaire de la pensée (l'imagination ayant une fonction consistant à assembler, de manière à constituer un ensemble, les « données senso-rielles » de la perception). Mais le jugement en fonction du goût n'exprime « aucune » connaissance, la beauté n'est pas une propriété objective du perçu. Toutefois, c'est bien une action réci-proque entre entendement et imagination se caractérisant par son caractère harmonieux et poursuivant ses propres fins, même si elle ne parvient pas à se finaliser, qui est « conscientisée » dans ce jugement. Ce « jeu », qui ne « produit » qu'à ce moment-là l'objet en question comme objet « esthétique », se fonde dans un rapport purement subjectif d'adéquation au but du phéno-mène esthétique perçu qui n'a en fait aucun but. Ce qui est jugé, c'est donc une « adéquation au but dépourvue de but », c'est-à-dire la simple « forme » de l'adéquation au but, et ce processus de juge-ment se rapporte à notre « faculté de désir ou de non-désir » : est beau ce qui, en étant perçu, produit indirectement du désir, c'est-à-dire qui agit comme déclencheur amorçant ce « jeu ». Strictement considéré, le jugement relatif au goût porte un jugement concernant le désir de juger.

La critique de la faculté esthétique de juger s'étend aussi à la notion de « sublime », aux « idées esthé-tiques », au « génie » et à la « beauté comme sym-bole de la morale ». La persévérance de l'entreprise kantienne en vue de mettre en concordance les « facultés de l'âme » et de pouvoir ainsi quand même présenter le monde de notre expérience comme un contexte sémantique en se fondant sur la critique des explications métaphysiques du monde illégitimement unifiantes, se manifeste une nouvelle fois dans le cadre de ce dernier sujet.

L'IDÉALISME ALLEMAND

Le début de la modernité

Des temps nouveaux
aux temps modernes

Le XIXᵉ siècle

Le présent chapitre sur l'idéalisme allemand est connexe de la partie précédente consacrée à Kant. Cependant, nous avons choisi d'ouvrir un nouveau chapitre ici – et ce pour des raisons d'organisation du plan général de l'ouvrage. C'est pourquoi nous voudrions formuler quelques remarques sur le passage du XVIIIᵉ au XIXᵉ siècle. Cette période est considérée par les historiens, notamment dans le domaine de l'histoire de l'art et de la littérature, comme un seuil entre deux époques, une transition vers la modernité qui, toutefois, au sens strict de ce terme, se rapporte quant à elle plutôt au XXᵉ siècle.

De la seconde moitié du XVIIIᵉ siècle jusqu'à l'époque du romantisme, c'est-à-dire autour de 1800, les transformations dans le domaine des arts et des sciences vont atteindre des sommets qu'il est possible de réduire à deux notions clés : sécularisation et humanisation. La sécularisation renvoie dans le domaine de la biologie et de la cosmologie à l'ouverture de nouvelles perspectives grâce à l'émergence d'un point de vue évolutionniste. C'est ainsi que, par exemple, la théorie élaborée par Kant sur la formation des systèmes solaires à partir de nuages de gaz, et par conséquent la théorie portant sur la période nécessaire à la formation de la terre, exigeait d'envisager une période de formation de l'univers sans commune mesure avec l'âge supposé de la terre à cette époque. La diversité biologique est également peu à peu historicisée – bien avant Darwin – et l'on envisage de plus en plus sérieusement l'hypothèse d'une quantité stable d'espèces animales comme résultant d'évolutions à long terme. Le monde devient dès lors le produit d'un processus remontant à la nuit des temps. Dans la théorie linguistique, sémantique et esthétique, la sécularisation se manifeste à travers l'hypothèse selon laquelle les significations se forment dans le cadre d'un processus d'interprétation spécifique au plan individuel, tributaire de synthèses du multiple inscrites dans le temps et qui y revêtent de surcroît un aspect variable. C'est donc à double titre que les significations ne s'inscrivent pas dans une intemporalité.

L'idée baroque disparaît complètement d'un monde se faisant pour ainsi dire représenter objectivement lui-même sur un immense tableau de signes. L'humanisation, qu'il ne s'agit pas ici d'interpréter comme la mise en place de rapports plus humains entre les personnes, se manifeste dans l'élan de l'anthropologie, de la science de l'homme, en médecine et en philosophie, ainsi que dans une sociologie qui en est à ses débuts.

Johann Gottlieb Fichte

L'œuvre de Fichte, *Doctrine de la science*, parut dans sa première édition en 1794, soit treize ans après la *Critique de la raison pure* de Kant. Fichte poursuit d'une certaine manière la philosophie transcendantale de Kant, c'est-à-dire l'examen des conditions de l'objectivité d'une manière générale et du rapport de connaissance aux objets, qui sont antérieures à l'expérience et qui sont données dans la faculté même de connaître. Fichte parle de

---

LE XIXᵉ SIÈCLE

À l'issue des guerres de libération contre Napoléon, on assiste au début de **l'ère des États-nations européens** desquels émerge une forte conscience de l'identité nationale favorisée par les conditions historiques qui ont présidé à l'irruption de cette nouvelle entité nationale.

L'idéalisme allemand, le principal courant philosophique de ce début du XIXᵉ siècle est sensible à l'émergence de cette conscience historique dans la mesure où il dissout en quelque sorte la nature et l'humanité dans le processus historique. L'histoire devient alors l'autodéploiement de l'esprit subjectif supra-individuel.

Le matérialisme historique de Karl Marx se conçoit comme une réponse à l'idéalisme. Sa critique du système économique capitaliste a également une portée philosophique en tant que critique d'une civilisation reposant sur des rapports de travail et de propriété fondamentaux.

Marx se réfère surtout **aux conséquences de la révolution industrielle** qui commença au cours du dernier tiers du XVIIIᵉ siècle en Angleterre, se propagea rapidement et conduisit à l'émergence du prolétariat.

Il existe aussi de nouvelles formes de la répartition du travail dans le domaine des sciences naturelles qui s'organisent en disciplines autonomes se détachant de la philosophie. Les disciplines encore jeunes que sont **la biologie et la chimie** changent l'image de la matière vivante et de la matière inanimée ; **la théorie de l'évolution de Darwin** révolutionne la conception que l'on se fait de l'homme.

La philosophie se met au diapason du triomphe des sciences de la nature. Le **positivisme** d'Auguste Comte – dans la continuité de la foi de l'esprit des Lumières dans le progrès – ne conçoit plus la philosophie que comme la science de la science.

Wilhelm Dilthey introduit quant à lui **une distinction entre sciences naturelles et sciences humaines.** La philosophie, en tant que « critique de la raison historique » et « application de la conscience historique à la philosophie et à son histoire », doit préparer le terrain en faveur des sciences de l'esprit.

S'appuyant sur une approche et une expérience fluide des « types de conceptions du monde », Dilthey souhaite se rapprocher de la vie elle-même et recourt à la notion de **philosophie de la vie**. Henri Bergson, et dans une certaine mesure Friedrich Nietzsche, sont aussi à classer dans ce courant.

Johann Gottlieb Fichte, caricature de Gottfried Schadow

« théorie de la science » plutôt que de philosophie transcendantale, car ce qui lui importe c'est la connaissance de la connaissance, c'est-à-dire les idées qui sont accompagnées du sentiment de certitude, ainsi que la connaissance de ces idées et de leurs possibilités.

Il n'y a de connaissance que là où l'on peut affirmer quelque chose, juger de quelque chose. Dans les jugements (assertions), ce qui fait l'objet d'une appréciation est mis en relation avec ce sur quoi on se livre à une appréciation par le vocable « est », comme dans la phrase A = A, « l'objet A est égal à l'objet A » (jugement indiscutable pour Fichte selon lequel toute chose est égale à elle-même). L'unité de ce lien ne vient pas seulement de ce qui est relié, mais repose sur l'unité dans l'activité de juger. Kant avait trouvé celle-ci dans le « je pense » qui « doit pouvoir accompagner » tous les jugements et toutes les idées, c'est-à-dire dans la conscience de soi. Fichte dit à ce sujet : « Le moi pose originellement simplement son propre être. [...] Il doit exprimer cet acte qui n'apparaît pas selon les déterminations empiriques de notre conscience, et qui ne peut apparaître, mais qui plutôt est au fondement de toute conscience, et seul la rend possible. », en

d'autres termes : quelque chose qui n'est pas pensé par moi, je ne peux pas le penser. Kant désignait la conscience de soi comme un « principe suprême » et comme la condition même de toute utilisation de l'entendement. Pour Fichte, il s'agit du principe suprême en soi et pas seulement d'une condition : c'est la seule et unique raison de toute idée. La « chose en soi » de Kant, qui agit d'une manière ou d'une autre sur la faculté sensorielle, constitue une contradiction en soi pour Fichte et certains de ses contemporains, car la relation de cause à effet kantienne est un concept pur de l'entendement qui ne peut aucunement se rapporter aux choses en soi (pas plus à la relation qu'elles entretiennent avec nos idées). Mais si l'on abandonne l'hypothèse des choses en soi, il faut alors que la réalité tire son existence du moi (Fichte) ou de l'idée absolue, c'est-à-dire de l'esprit, ou encore de l'esprit du monde (Hegel). Cette approche est désignée par la notion d'« idéalisme ». La conception opposée, qui consiste à postuler les choses comme réelles indépendamment de toute idée, est appelée « dogmatisme » par Fichte.

Le premier des trois principes fondamentaux de la « théorie de la science » situe l'origine de la

Pluie, vapeur et vitesse,
tableau de William Turner, 1844,
National Gallery, Londres

Les peintures visionnaires de l'œuvre tardive de Turner restituent les éléments comme expression des forces sublimes et terribles de la nature. L'homme et ses œuvres sont complètement livrés aux forces de la nature, toute tentative de changer le cours du monde est vouée à l'échec. Cette vision pessimiste du monde et l'opposition entre nature et technique se manifestent de manière particulièrement évidente sur ce tableau. La vapeur et l'eau engloutissent le train et en font un simple fétu de paille jeté dans les éléments. Grâce à l'atmosphère de dilution de l'objectivité, un effet de lumière émerge qui fait de la couleur le véritable signifiant. Turner parvient ainsi à jeter un pont vers les aspirations à l'autonomie de la modernité.

Matin, tableau de Philipp Otto Runge,
1809, Kunsthalle, Hambourg

Runge avait projeté de transformer sa série
de dessins appelée *Les Heures du jour*
en une série de tableaux destinée à illustrer
sa théorie des couleurs. Partant du cercle
chromatique spectral de Newton, Runge
avait été le premier artiste à fabriquer une
boule chromatique. D'après lui, la couleur
et la lumière trouvaient leur origine en Dieu
et c'est pourquoi les trois couleurs fondamentales que sont le bleu, le rouge et le
jaune, à partir desquelles se forment toutes
les autres couleurs, symbolisent la Trinité.
Pour Runge, le matin était « l'illumination
illimitée de l'univers ». Au centre de l'image,
on distingue Aurora, la déesse de l'aube
rougeoyante, elle symbolise le rythme
éternel de l'univers. Au-dessus d'elle plane
le calice d'un lis blanc en floraison sur
laquelle des enfants sont assis et qui
symbolise la création. Ces enfants figurent
quant à eux le fait de voir et de découvrir
comme le commencement de toute
chose.

conscience de soi dans un « acte agissant » : « Le
moi pose à l'origine purement et simplement son
être propre. » Sans un « je suis moi » originel, il ne
saurait, selon Fichte, y avoir de jugement d'identité
général (A = A). Ce moi ne correspond d'ailleurs
pas au moi empirique que nous présupposons
connu de nous-mêmes et dont nous parlons en
conséquence lorsque nous disons « je suis
comme ça » ou bien encore « je reconnais cela
comme juste ». Il s'agit d'un « moi transcendantal »,
la condition de la possibilité (et de la détermination
de la structure) de tout savoir, et c'est quelque
chose de non individuel en tant que principe de
raison. L'idée de Fichte consiste – à la suite et au-
delà des deux principes suivants sur lesquels nous
allons revenir plus bas – à déduire du moi toutes
les catégories de la pensée telles que la substance,
l'interaction, la cause et la conséquence, ou plus
exactement de les expliquer dans leur apparition,
c'est-à-dire de ne pas les obtenir à partir des
formes déjà données de la connaissance, comme
ce que Kant avait fait.

Que faut-il entendre par « poser » dans le premier
principe que nous avons évoqué ? Si cela veut dire
« engendrer », le moi serait la cause de lui-même,
le vieux concept métaphysique de la *causa sui*
serait réactivé. Mais « poser » peut aussi vouloir dire
« prendre comme une donnée ». Dans le cas d'une
hypothèse, par exemple, quelque chose peut être
posé comme hypothèse à partir de laquelle il est
ensuite possible de penser ses conséquences.
Pour ce qui est du moi se posant lui-même dans le
jugement moi = moi, il ne peut d'ailleurs s'agir
d'une hypothèse et d'une formule simplement
logique dans laquelle rien n'est affirmé sur l'« être »

authentique du moi. Le moi se pose comme
« nécessaire », c'est-à-dire comme quelque chose
qui ne peut pas ne pas être (il n'est tout simplement pas possible de l'éliminer en pensée) et il se
pose « absolument », c'est-à-dire qu'il n'est déductible de rien d'autre. Cet acte de poser constitue
l'origine de tous les actes consistant à poser tous
les autres êtres. « Tout ce qui est, n'est que dans la
mesure où il est posé dans le moi, et il n'y a rien en
dehors du moi. »

Fichte désignait le deuxième principe de la *Théorie
de la science* comme l'axiome de ce qui s'oppose.
L'axiome qui pose que le non-identique n'est pas
identique est aussi indiscutable que l'assertion A
= A. « De même qu'il arrive parmi les faits de la
conscience empirique d'admettre absolument que
la phrase suivante est certaine : "non-A non = A",
on oppose tout simplement au moi d'une manière
tout aussi certaine un non-moi. » Rien d'autre que
le moi n'était posé dans un premier temps, donc
tout opposé, tout ce qui est objectif, est d'abord
non-moi.

Mais ce deuxième principe ne peut être « exprimé
dans une formule littérale », il s'agit d'un pas anti-
thétique non autonome au sein de la suite dialectique : thèse, antithèse, synthèse. La synthèse est
nécessaire car une antinomie résulte des deux premiers principes : le non-moi est posé « dans » le
moi, car « toute action d'opposer suppose l'identité
du moi dans lequel on pose et on oppose à ce qui
est posé. Dès lors, le moi n'est pas posé dans le
moi dans la mesure où le non-moi y est posé. Dès
lors, le moi n'est pas non = moi, mais le moi
= non-moi ». L'énoncé du troisième principe synthétique est donc : « Dans le moi, j'oppose un non-
moi divisible au moi divisible. » Le moi et son
opposé ne sont pas chacun illimités, ils se limitent
réciproquement. Le sujet et l'objet sont indissociablement mêlés entre eux. D'une part la conscience
de soi n'existe pas sans objets en fonction desquels la conscience puisse s'orienter et par lesquels elle est déterminée, mais d'autre part elle ne
saurait non plus exister sans l'expérience de sa
propre efficacité dans la réalité où les objets ou
les événements peuvent être déterminés ou
engendrés.

Friedrich Wilhelm Schelling

« Tout ce qui est, est en définitive un » : c'est non
seulement cette phrase, mais aussi son contexte
qui, dans l'œuvre de Schelling, l'*Exposition de mon
système* (1801), rappelle Spinoza, le philosophe
du XVIIe siècle qui, dans son œuvre principale
(*Éthique*, 1677), avait déduit une suite d'axiomes

d'après le modèle d'un manuel de géométrie. Schelling s'appuie explicitement sur Spinoza à travers une présentation similaire, ainsi que par certains détails de l'argumentaire, l'« un » dont il est question, n'étant pas exactement la même chose que la seule et unique « substance » de Spinoza. Celle-ci correspond à une unité statique de tout « étant », tandis que l'« absolu », l'unité selon Schelling, provient du « moi » absolu de Fichte et elle constitue l'unité ou l'identité des polarités constitutives de la pensée ou de la conscience de soi. Différente de la substance de Spinoza, l'« identité absolue (existe) seulement sous la forme de la connaissance de son identité avec elle-même ».

La connaissance n'est d'ailleurs pas ici à comprendre comme la connaissance d'un moi empirique « personnel » : celle-ci suppose la séparation fondamentale du sujet et de l'objet, du connaissant et du reconnu, tandis que cette dernière renvoie à l'« indifférence absolue », l'indifférenciation de ces pôles. Schelling croit néanmoins que non seulement on peut spéculer sur la notion d'absolu, mais que cet absolu est directement accessible à travers la « contemplation intellectuelle ». Kant avait abordé ce type de contemplation par l'esprit comme construction de la capacité d'un possible « archétype intellectuel » divin, d'un entendement archétypal qui engendre (et donc contemple) en même temps ce qu'il pense, mais l'avait exclu du domaine de la connaissance humaine. Schelling la considère comme un entendement qui n'est tributaire ni des concepts ni des conclusions, et qui ne

peut pas être enseigné : la nature de cette faculté « ne peut être démontrée par des concepts. Chacun doit la découvrir en lui-même, ou ne le connaîtra jamais » (Fichte). Nous disposons d'« une merveilleuse et secrète faculté consistant à pouvoir se retirer dans notre être profond pour échapper aux contingences des époques, et d'y contempler l'éternel en nous sous la forme de l'immuabilité. » (Schelling)

Cette phrase ainsi que le discours sur l'« absolu » dans lequel réalité et idéalité, nature et esprit, être et connaître ne font qu'un, permettent peut-être de pressentir pourquoi Schelling peut être considéré comme un philosophe romantique. Subjectivité comme principe de l'ensemble-monde pensé organiquement, annulation des séparations dualistes et mécanicistes de la manière de penser la nature, mise en relation du fini et de l'infini dans l'expressivité de l'art, liberté infinie et puissance créatrice de l'imagination : il s'agit là des principaux thèmes des poètes et théoriciens du romantisme allemand parmi lesquels on peut compter Friedrich Novalis et Friedrich Schlegel, mais où l'influence de Fichte ne fut en définitive pas des moindres.

Schelling aussi voit dans l'art une réalisation de la « contemplation intellectuelle » et la possibilité suprême de l'unification de l'idéel et du réel. C'est ainsi que le plus ancien « système de l'idéalisme » allemand (transmis dans les manuscrits de Hegel, mais peut-être rédigé par Schelling en 1796-1797) exige que la situation future de l'humanité

Friedrich Wilhelm Schelling, 1775-1854, portrait de Christian Friedrich Tieck, vers 1801-1802

Pour Schelling, toute réalité n'existe que comme représentation (idée) d'un moi absolu. La pensée centrale de sa philosophie de l'identité est l'absolu ; tous les pôles opposés, comme sujet-objet, nature-esprit, réel-irréel, sont dissous, annulés dans l'absolu et se séparent. L'identité absolue se situe pour Schelling dans la contemplation intellectuelle, mais en réalité, c'est surtout dans l'œuvre d'art qui constitue à ses yeux « le seul document authentique et éternel de la philosophie » qu'il est possible de l'appréhender. L'œuvre d'art est certes d'abord une création humaine, mais en fait, elle est en dernière instance le produit d'un fond naturel, créateur inconscient. Tout art, en franchissant les limites du réel, et non pas en reproduisant ce dernier, englobe le contexte sémantique du monde et met à l'œuvre ce qui est, en regard de la créativité, authentique.

Deux hommes contemplant la lune, tableau de Caspar David Friedrich, 1819-1820, Gemäldegalerie Neue Meister, Dresde

Le tableau évoque l'expérience de la nature comme l'une des expériences les plus importantes que les citadins puissent faire au XIXᵉ siècle. Suscitée par le romantisme, l'aspiration au silence, à l'harmonie et à la libération d'un présent vécu comme problématique trouve une forme d'expression dans la représentation de dos des personnages. La contemplation de la lune permet aux personnages représentés de se sentir en osmose avec l'univers. L'infini de la nature, symbolisé par la lune, et la finitude des aspirations humaines, symbolisée par le chêne déraciné, sont révélés au spectateur par l'art. La divine beauté de la nature devient ainsi accessible par la beauté artistique créée par la main de l'homme. Le paysage comme espace de sentiment et d'expérience ouvre peu à peu l'arrière-plan dissimulé dans la nature en se servant de ce qui se trouve au premier plan. De cette manière, l'art romantique transmet au spectateur une compréhension universelle du monde par le biais d'une symbolique imprégnée de subjectivité.

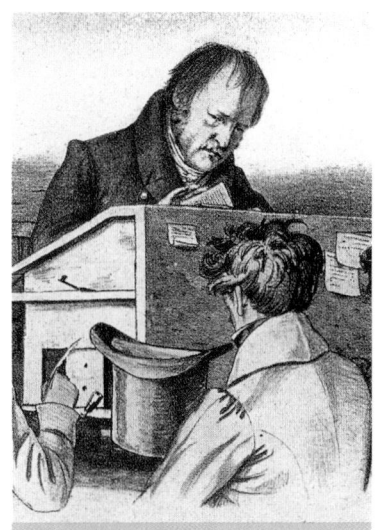

Hegel à sa chaire, 1770-1831, détail d'une lithographie de Franz Kugler, 1828

Comme Kant, Hegel examine les structures de l'esprit ; il ne les situe pas dans le principe du moi, mais dans la réalité de l'esprit (art, état, science, religion). Le développement de cette réalité de l'esprit est en fait pour lui le développement de l'esprit lui-même (panlogisme) qui, suivant sa nature, se situe au sein d'un processus dialectique : chaque stade (thèse) porte en lui et engendre son contraire (antithèse) ; les deux moments de ce processus étant ensuite levés, abolis dans le cadre d'un niveau synthétique supérieur qui résulte des deux précédents. En tant que science de l'absolu, la philosophie hégélienne entend être la représentation de la conscience réflexive dans sa forme définitive, l'ultime étape dans l'histoire d'une raison universelle se saisissant elle-même à travers l'esprit humain.

L'université Friedrich Wilhelm (depuis 1949 université Humboldt), gravure sur métal ; vers 1860

L'université de Berlin Friedrich Wilhelm, fondée en 1809, devient aux XIXᵉ et XXᵉ siècles le modèle de l'université allemande. Ses principes fondamentaux sont la liberté universitaire et l'unité de la recherche et de l'enseignement. Pour Hegel, c'est le rôle particulier attribué aux sciences dans cette Prusse ouverte aux réformes qui l'incite à nourrir de grands espoirs quant à son influence. Lors de son discours inaugural, il soulignait en effet qu'« ici l'éducation et l'épanouissement des sciences constituent l'un des aspects les plus importants dans la vie de l'État ; dans cette université, la philosophie doit aussi trouver sa place au centre de toute formation intellectuelle, de toute science et de toute vérité ». Hegel souhaitait toutefois ne pas lier complètement son œuvre future à l'activité universitaire, il espérait surtout en effet pouvoir abandonner ce travail au profit d'une autre activité.

permette à la poésie de redevenir « ce qu'elle était au début – la préceptrice de l'humanité, car il n'y a plus de philosophie, plus d'histoire, seule la poésie survivra à tous les arts et à toutes les sciences ».

La philosophie – à travers laquelle doivent être dépassés aussi bien le dualisme kantien de la chose en soi et du sujet connaissant que l'« idéalisme subjectif » de Fichte, est qualifiée par Schelling de « système d'identité » ; ce dernier est élevé au rang de « point d'indifférence » de la philosophie transcendantale et de la philosophie de la nature qu'il pratique lui-même. La philosophie transcendantale de Schelling fonde la possibilité de l'expérience et de la connaissance, le rapport sujet-objet, du point de vue du sujet. L'objet de l'expérience, le « réel », la nature, y est considéré comme le produit inconsciemment engendré de cette même raison absolue qui, en tant que production consciente, engendre l'« idéel », l'esprit, la pensée et qui est elle-même.

La philosophie de la nature souligne, dans les mêmes conditions, le pôle objectif et voit dans l'histoire de la nature une chaîne d'évolution qui confine à l'idéel et engendre de la conscience. « La nature doit être l'esprit visible, l'esprit doit être la nature invisible. C'est donc ici, dans l'identité absolue de l'esprit en nous et de la nature en dehors de nous, qu'il faut résoudre le problème de savoir comment une nature est possible en dehors de nous. »

Georg Wilhelm Friedrich Hegel

La réalité rationnelle

Comme Schelling, Hegel pense que toute réalité est la manifestation d'un absolu dans son rapport infiniment multiple à ce qui est autre et dans une conditionnalité par ce qui est autre. En outre, le contexte des choses – qu'il nous est possible pour l'essentiel d'identifier – est l'expression de l'unité purement intellectuelle et en soi infinie de l'« absolu ». D'après Hegel, Schelling a encore trop interprété l'absolu comme une « substance » vivante et d'une manière insuffisamment convaincante comme « sujet » agissant. Le « vrai » ne devrait pas seulement, selon Hegel, être ancré dans l'« être » identique à lui-même, il est en effet aussi à situer dans le « devenir ».

C'est ainsi que chez Hegel l'idéalisme prend une dimension historique, l'absolu ou l'idée, la totalité de toutes les déterminations rationnelles de la pensée recevant quelque chose qui s'apparente à de l'histoire, et devient dès lors un processus, ou se laisse tout au moins appréhender comme tel. La réalité idéelle, l'esprit, part de l'« être » élémentaire, ou « être en soi », « être par lui » ; pour devenir un « être autrement », ou encore un « être » reconnu pour quelque chose d'autre, ou encore un « être pour lui-même » ; et devient finalement un « être par et pour lui ». L'esprit devient alors un « objet pour lui, se réfléchissant en lui-même. L'esprit qui se développe ainsi en tant qu'esprit, sait, il est lui-même « science » ».

La science, qui n'est en l'occurrence rien d'autre que la philosophie, ressemble à l'autodéploiement de l'esprit absolu qui demeure ce qu'il est, mais ne se trouve cependant encore qu'en situation de transition par séparation, opposition et altérité. C'est pourquoi la science fait la description de l'expérience de l'apparition de l'esprit absolu dans l'esprit individuel – et c'est en ces termes qu'il faut d'ailleurs comprendre le titre de la première principale œuvre de Hegel, *Phénoménologie de l'esprit* (1807) – une succession de stades au cours desquels les

connaissances se nient « dialectiquement » et se supprime en accédant à des stades supérieurs d'unité. « Le vrai est le tout. Mais le tout n'est que l'"être" s'accomplissant par son développement. » Cela ne signifie cependant pas qu'il faudrait, sans autre forme de procès, considérer comme « non vrais » ou « non rationnels » en soi et par rapport aux stades antérieurs, les différents stades du processus d'évolution. Cela vaut aussi pour la nature et l'histoire de l'humanité qui sont aussi des formes de manifestation de l'absolu sur son chemin vers l'autotransparence et qui expriment la raison dans son devenir. C'est pourquoi Hegel se sent en mesure de dire à la fois lapidairement et emphatiquement : « Ce qui est rationnel est réel, et ce qui est réel est rationnel. » Il apparaissait déjà évident aux contemporains de Hegel que cette phrase pouvait se comprendre comme une justification et une approbation de tout ce qui existe, et prêtait donc flanc à la critique. Hegel y voit un malentendu : beaucoup de ce qui est possible dans la nature et dans l'histoire s'est manifesté dans sa forme spécifique par hasard, et aurait finalement pu se développer autrement, et il est indiscutable que la forme adoptée de manière contingente manifeste des manques qui ne sont pas rationnels. « Qui n'aurait pas l'intelligence de voir dans son environnement beaucoup de choses qui ne sont pas comme elles devraient être ? » Mais pour Hegel, « une existence contingente ne mérite pas d'être qualifiée de réelle », la « réalité du rationnel » est bien davantage celle des « idées et des idéaux ». « La science philosophique traite uniquement de l'idée, et donc d'une réalité par rapport à laquelle ces états (qui ne sont pas comme ils devraient être) ne constituent que l'enveloppe superficielle (des choses). » Dès lors, la rationalité possible du changement des situations existantes n'est pas contestée, ce serait d'ailleurs plutôt l'inverse car « l'enveloppe superficielle » du « réel » peut précisément être irrationnelle.

Dialectique

Determinatio negatio est, « détermination est négation » : cette phrase de Spinoza renvoie au fait que nous pouvons définir et nommer comme objet homogène tout ce que nous connaissons, uniquement dans la mesure où nous savons établir la différence entre ce qu'il est et ce qu'il n'est pas. Il s'agit là d'abord d'une constatation tout à fait quotidienne, nous avons l'habitude de définir et d'expliquer des choses et des mots par la faculté de distinguer et de faire des comparaisons qui évitent d'assimiler entre elles des choses qui ne sont

Portrait équestre de Bonaparte franchissant le col du Grand-Saint-Bernard, tableau de Jacques Louis David, 1800, Musée historique, château de Versailles

Dans sa philosophie de l'histoire, Hegel concède une importance décisive aux « personnalités de l'histoire mondiale » comme Alexandre le Grand ou Napoléon. Grâce à une « ruse de la raison », ils agissent dans l'intérêt du tout, même lorsqu'ils ne poursuivent que leurs propres objectifs. Hegel fut témoin d'événements historiques de portée mondiale lorsque notamment Napoléon anéantit les Prussiens à la bataille de Iéna en 1806. Hegel écrivit depuis la ville occupée : « Je vis l'empereur, cette âme du monde, traverser la ville à cheval ; il s'agit là en fait d'une sensation merveilleuse de voir un pareil individu concentré ici en un point, assis sur un cheval, s'emparer du monde et le dominer. »

pas identiques. Nous vivons d'ailleurs fondamentalement au sein d'une structure infiniment différenciée de déterminations sur lesquelles nous pouvons nous appuyer afin d'introduire d'autres distinctions. Mais comment se forme ce genre de structure ?

Il peut y avoir deux réponses à cette question : dans la mesure où aucun concept ou objet particulier ne peut être défini positivement à partir de lui-même uniquement, mais uniquement négativement par son importance dans la structure, son rapport de différence à tout autre particulier (qui n'est également défini que négativement) ne peut résulter, en tant que particulier, que de la différenciation interne d'un ensemble. Le tout précède alors le particulier, comme pour ce qui est de la « substance » chez Spinoza. Ou alors un particulier originel n'est pas simplement insécable dans le sens habituel, il a au contraire son « autre », son « négatif » dont il se distingue « en soi » ou « par soi ». Dans ce cas, la chaîne de la multitude différenciée devrait se développer génétiquement à partir de sa « binarité », dont le rapport interne engendre déjà un troisième élément, à l'instar de ce qui se passe chez Fichte où tous les concepts fondamentaux de la pensée, et donc tous les objets du savoir, proviennent du « moi » absolu. Mais les deux pôles de l'alternative se contiennent en fait mutuellement. L'élément simple du deuxième cas est déjà potentiellement complexe, tandis que le tout du premier cas ne serait pas « différenciable » sans la présence d'un « négatif », sans une différence « dans » l'unité.

La dialectique idéaliste part du principe que toute thèse et tout concept (en l'occurrence le particulier) sont impliqués dans ce type d'enveloppement réciproque d'une thèse ou d'un concept avec leur contraire (en l'occurrence le tout), qui conduit à

Ludwig Feuerbach, 1804-1872, gravure sur bois, 1876

L'œuvre philosophique de Feuerbach commence par une confrontation avec la théologie. Partant d'un point de vue différent de celui de Hegel, il pense que la philosophie doit impérativement être indépendante de la religion. L'homme et la science de l'homme (anthropologie) se trouvent au centre de son entreprise philosophique. Ayant repéré la nostalgie humaine sur le plan religieux comme une caractéristique d'espèce, Feuerbach souhaite dissoudre la théologie dans l'anthropologie. Il résume le fondement de sa critique de la religion par la formule : « La religion est la réflexion, le reflet de la nature humaine en elle-même. » Son matérialisme fondé sur une critique de la religion a considérablement influencé les théories de Marx et d'Engels, et le matérialisme historique d'une manière générale.

Kampf ums Kreuz (La lutte pour la croix), tract de 1842

Après la mort de Hegel en 1831, sa philosophie fut utilisée et pérennisée par ses partisans. Mais une scission surgit bientôt à l'intérieur de l'école hégélienne entre hégéliens de droite et hégéliens de gauche (appelés également vieux et jeunes hégéliens). Les hégéliens de droite accordaient une importance primordiale à la philosophie de Hegel en tant que système et à la synthèse entre philosophie et religion chrétienne dont la philosophie hégélienne est inséparable. À l'opposé, les hégéliens de gauche étaient critiques à l'égard de la religion et surtout attachés à la méthode dialectique de Hegel. Dans le contexte de la révolution de 1848-1849, la critique de la religion s'étendit pour devenir une critique politique de l'actualité. Dans ce tract de 1842, on retrouve l'opposition entre ces deux groupes : les hégéliens de gauche, Ludwig Feuerbach et David Friedrich Strauss assaillent la croix tandis que les hégéliens de droite essayent d'en retenir la chute.

l'inversion dans l'autre pôle. Il en résulte alors une nouvelle thèse (synthèse) ou un nouveau concept. En l'occurrence, il s'agirait du concept du tout dans le sens de l'« idée » hégélienne qui n'a aucune réalité tant qu'elle ne s'est pas déployée dans une série de concepts résultant dialectiquement les uns des autres, et qui précisément ne s'affirment qu'en se supprimant dans cette idée. Dès lors, il n'est pas possible de saisir le particulier dans la philosophie hégélienne sans en avoir compris le tout, ce qui n'est d'ailleurs possible que lorsqu'on a compris le particulier. Le mouvement dialectique survient chez Hegel à chaque tentative de considérer conceptuellement une chose, c'est-à-dire à partir de la chose elle-même. La chose en elle-même n'est en fait, dans la conception de la philosophie idéaliste de l'identité ultime du sujet et de l'objet, rien d'autre que le concept.

Les premiers chapitres de la *Phénoménologie de l'esprit* donnent une idée de ce qu'est la démarche dialectique de Hegel, et c'est à ce titre que nous voudrions maintenant l'examiner brièvement.

Phénoménologie de l'esprit

Le premier chapitre de la *Phénoménologie de l'esprit* sur « la certitude sensible ou le ceci et le point de vue intime » traite du « savoir immédiat », savoir de « l'immédiat » ou « étant ». Le « ceci » correspond à la désignation de tout ce qui est donné « ici et maintenant », dont l'existence constitue pour nous une certitude indiscutable, qu'il s'agisse d'une chose ou d'un instant présent de l'existence du « monde extérieur » en général. « Le contenu concret de la "certitude sensible" fait d'elle une source de connaissance d'une richesse infinie. » Mais nous verrons qu'elle est la connaissance la plus « pauvre » et qu'elle ne peut rien dire de plus précis à propos de son objet que d'affirmer qu'il « est » (existe).

Prenons, à la suite de Hegel, l'exemple de la nuit pour illustrer le « ceci ». Nous disons « maintenant, c'est la nuit », nous en avons la certitude, et pouvons en prendre note. Considérons le lendemain midi, la vérité dont nous avions pris note la veille ; il va falloir reconnaître que cette vérité est devenue caduque., puisque « maintenant, c'est midi » ; Les expressions « c'est » et « maintenant » semblent désigner directement les objets de la certitude immédiate, encore nullement réfléchie et ne se rapportant pas non plus à un « je ». Mais il n'en manque pas moins ce que le « ceci » recouvre, qui est autre chose à ce moment-là. Cet exemple nous montre que nous ne pouvons exprimer en tant que tel le présent sensoriel dans sa plénitude concrète, c'est-à-dire tout ce que nous voulons dire quand nous parlons de « choses réelles, absolument singulières, complètement personnelles et individuelles, dont chacune ne possède plus son pareil absolu ». « Cela est impossible car le "ceci" sensoriel auquel on pense, celui du langage qui appartient au général, est "inaccessible". Il ne résisterait pas à la tentative d'essayer vraiment de l'exprimer et s'éventerait. »

Mais après que la plénitude sensorielle de ce qui est apparemment concret est devenue fade en tant que « ceci », l'accent relatif à la certitude de l'« être » se déplace de l'« être objectif » vers la certitude, le savoir. La vérité « est dans l'objet en tant que "mon" objet, ou dans "l'opinion intime que j'en ai" ; il est *parce que* "je" connais son existence ». Mais la certitude sensible a donc été chassée de l'objet, mais pas encore abolie pour autant, elle est

simplement refoulée dans le « je » et diffère du « je » d'autres personnes dont « l'opinion intime » du « maintenant » est une autre.

Il n'est donc pas possible d'obtenir ce que l'on veut exprimer en isolant l'objet ou le « moi ». Hegel dit ensuite que « Le "tout" de la certitude sensible doit être posé lui-même comme l'"essence" de cette dernière », il est la « pure contemplation » dans laquelle un « moi » trouve son objet. À ce stade de la conscience, la généralité, déjà évoquée, de la référence apparemment individuelle à l'immédiat peut être saisie consciemment. Hegel présente cela comme un processus en trois temps : le « maintenant » est désigné, « ce maintenant » auquel « je pense », mais en le désignant, il cesse déjà d'être et il est devenu un autre ; mais le fait que le « maintenant » « était », n'en est pas moins vrai. Il est « supprimé » en tant qu'il a été, il « est » tout en « n'étant plus » ; la négation doit elle-même être niée à nouveau, la deuxième vérité est alors aussi supprimée et on affirme à nouveau que « maintenant » « est » (existe). Il faut souligner ici la double signification du verbe « aufheben », en allemand, qui signifie d'une part conserver, et d'autre part abolir.

Ainsi la première affirmation n'est pas simplement réaffirmée, elle est à présent « quelque chose qui se réfléchit en soi » et appréhende le « maintenant » comme « complexion », ou « multitude simple » qui « demeure dans l'altérité ce qu'elle est, le "maintenant" en tant que simple journée possédant en elle de nombreux "maintenant", à savoir des heures qui, à leur tour, contiennent de nombreux "maintenant", etc. La mise au jour est elle-même le mouvement qui exprime ce qu'est le "maintenant" en vérité, à savoir un résultat ou une multitude de "maintenant" concentré ; et la mise au jour est la découverte que le "maintenant" est quelque chose de général ». Le mouvement réflexif présenté ainsi fait donc un avec son objet, à savoir la multitude simple. Après Hegel, il devient clair « que la dialectique de la certitude sensible n'est rien d'autre que la simple histoire de son mouvement ou de son expérience, et que la certitude sensible elle-même n'est rien d'autre que cette seule et unique histoire ».

LE MATÉRIALISME APRÈS HEGEL

Ludwig Feuerbach

Alors qu'il était étudiant à Berlin, Ludwig Feuerbach assista pendant deux ans aux cours magistraux de

Hegel dont il défendit les options fondamentales dans un écrit polémique contre les attaques d'un opposant quatre ans après la mort de Hegel. Quelque temps après, Feuerbach publia ensuite lui-même une violente *Contribution à la critique de la philosophie hégélienne* (1839). Depuis, mais surtout après la publication de son œuvre principale, l'*Essence du christianisme* (1841), il fut classé dans le camp de ceux que l'on appelait déjà les jeunes hégéliens de gauche. Ils étaient les élèves de Hegel, en droite ligne ou de manière indirecte, et s'efforçaient de pérenniser son œuvre quand, toutefois, ils ne la rejetaient pas, ne partageant pas la conviction d'une compatibilité de la religion chrétienne avec la philosophie, se trouvant ainsi en opposition avec les vieux hégéliens de droite.

Les jeunes et les vieux hégéliens tombaient parfois d'accord sur la nécessité de restreindre ou de rejeter purement et simplement les ambitions du système intellectuel idéaliste visant à élaborer une architecture hermétique de principes et de successions de stades de l'« être » et de la pensée de tout ce qui existe en tant que phénomène d'autoreprésentation de l'esprit. Les vieux hégéliens effectuèrent dans le domaine de la recherche historique, en particulier dans celui de l'histoire de la philosophie, un travail considérable, les jeunes hégéliens s'efforçant pour leur part de concrétiser progressivement les perspectives ouvertes par cette philosophie. Feuerbach n'était lui-même pas engagé mais c'est la « mise en pratique » de la philosophie qui lui importait.

Vue du mont Hottinger dans la vallée de la Limat, tableau de Gottfried Keller, 1842, Kunstmuseum Saint-Gall

Lorsque Feuerbach donna son cours en 1848 à Heidelberg sur l'« essence de la religion », Gottfried Keller, âgé alors de 29 ans, se trouvait parmi les auditeurs. Bien qu'initialement sceptique, les propos de Feuerbach l'influencèrent si fort qu'il fit table rase de ses convictions religieuses ; désormais, il était convaincu que la religion est l'idéologie de l'homme a-sensuel qui gaspille pour le ciel ses énergies et ses possibilités de bonheur terrestres. Keller se voit conforté dans ses aspirations à une appréhension directe et sensuelle de la nature, et transpose sa rencontre avec Feuerbach et le matérialisme anthropologique sur le plan poétique : « Ludwig Feuerbach est là, l'oiseau ensorceleur, assis sur sa verte branche dans la nature sauvage, qui, par son chant monotone, grave et classique, veut éloigner Dieu du cœur de l'homme », fait dire Keller à l'un de ses personnages dans son roman *Henri le Vert*. La nature nous enseigne que l'homme mûr et adulte n'a plus besoin de Dieu, dit en substance le roman. Pour Feuerbach, comme pour Keller, la douleur est la source de la poésie : « Seul celui qui ressent la perte d'un être fini comme une perte infinie a la force du feu lyrique », remarque Feuerbach.
Le héros du roman de Keller ressent, pour sa part, d'une manière d'autant plus intense et profonde la perte de la mère qu'il a abandonné toute idée d'éternité.

Hegel avait vu dans la théologie chrétienne une pré-étape immédiate de la « vraie » philosophie qu'il avait élaborée lui-même, et dans laquelle la théologie devait alors s'annuler et se nier (sans pour autant saper les fondements de la religion). Feuerbach, qui, partant d'une perspective critique et athée, se concentre sur les représentations chrétiennes du rapport de l'homme à Dieu, au monde et à lui-même, accepte fondamentalement cette idée, mais il exige que le système hégélien s'annule à son tour. Feuerbach pense que la négation de la théologie a débouché sur une autre théologie qu'il s'est avéré impossible de dépasser. Feuerbach ne veut pas expliquer spéculativement la réalité à partir de l'« essence immatérielle » de Dieu, de l'« idée » et de l'esprit pur, mais saisir les données concrètes de l'homme et des choses par un matérialisme sensualiste. Son seul but aura consisté, selon ses propres paroles et en se référant à son travail sur l'*Essence du christianisme*, à « dévoiler l'être », à voir juste. « Voir » et « être » renvoient ici à une sensorialité et à une corporalité qu'il cherchait expressément à valider. La notion de « sensorialité » qu'il utilise ne se rapporte en fait pas à une stricte faculté sensorielle par opposition à la faculté de penser.

« La sensorialité n'est à mes yeux rien d'autre que l'unité de la matière et de l'esprit, et c'est pour cela qu'elle est pour moi assimilable à la réalité », et « le réel dans sa réalité [...] est le réel en tant qu'objet du sens, il est lui-même le sensible. Vérité, réalité et sensorialité sont identiques ». (*Principes de la philosophie de l'avenir*)

Le subjectif et l'objectif, la perception sensorielle et le perçu sont pour Feuerbach inséparablement liés au niveau de l'expérience existentielle, l'intersubjectivité jouant à ce niveau un rôle décisif. « La notion d'objet n'est à l'origine rien d'autre que le concept d'un autre "moi" – c'est ainsi que l'homme saisit dans son enfance toutes les choses en tant qu'êtres librement actifs – c'est la raison pour laquelle le concept d'objet peut être transmis par celui du « tu », du « moi objectif ». Ce n'est que là où je passe d'un « je » à un « tu », là où je « souffre », c'est-à-dire que je deviens passivement l'objet de la perception d'un autre, qu'apparaît l'idée d'une « objectivité » existant en dehors de moi. » Feuerbach laisse entendre que le « je » a dû être un « tu » avant de pouvoir devenir un « je ». Feuerbach souhaiterait dans ce contexte voir l'importance du langage davantage prise en compte, car il permet « la réalisation de l'espèce, la transmission du "je" grâce au "tu" ». Dans l'*Essence du christianisme*, Feuerbach essaie de montrer des vérités qui, à son avis, résident dans la religion mais à travers de faux indices : « Le secret de la théologie, c'est l'anthropologie. » L'anthropologie, présentée ici comme une définition philosophique de la nature humaine, comprise en particulier comme espèce, ne doit pas seulement dépasser la philosophie idéaliste et la théologie, mais aussi découler de ces dernières en tant que leur « négation ».

Feuerbach voit dans les qualités supposées de Dieu rien d'autre que la projection des qualités humaines et expose les différentes correspondances de la (fausse) conscience de Dieu et de la

Une filature de coton à Manchester, dessin de Hedley Fitton, fin du XIXᵉ siècle

Partant de la situation économique qui prévalait dans la ville industrialisée de Manchester, une doctrine d'économie libérale apparut, connue sous le nom de « manchestérisme ». Elle exigeait la liberté absolue de commerce et l'abolition de toutes les entraves à la liberté d'entreprendre. Elle ne reconnaissait comme force motrice de toute société et de toute économie que l'égoïsme. L'observation de la situation économique au début de l'ère industrielle telle qu'elle se présentait à Manchester, les visites des quartiers ouvriers et des usines, ainsi que le déclin simultané des tisserands artisanaux conduisent Marx et Engels à la théorie de la paupérisation. Dans leur ouvrage *Salaire, prix et profit*, ils affirment que l'ensemble de l'histoire de l'industrie moderne montre que le capital n'a d'autre but, dès lors qu'aucune limite ne lui est imposée, que de précipiter toute la classe ouvrière dans un état d'extrême dégradation. Dans *Travail salarié et capital*, ils écrivent : « La forêt des bras tendus en hauteur et réclamant du travail devient ainsi de plus en plus épaisse, et les bras de plus en plus maigres. »

conscience de soi de l'espèce humaine (vraie, mais restée inconsciente jusqu'à présent). Mais il s'agit aussi à ce niveau d'expériences individuelles, de saisir l'être non comme abstraction mais de comprendre « l'"être" comme objet de l'"être", comme objet de lui-même », c'est-à-dire de l'existence respective de chaque existence.

Feuerbach insiste de nouveau dans ce contexte sur la globalité intellectuello-sensorielle et il montre alors combien l'athée qu'il est s'exprime précisément de manière religieuse : « L'"être" est un mystère de la contemplation, de la sensation, de l'amour. C'est dans cette seule sensation, dans ce seul amour que "ce" – cette personne, cette chose – c'est-à-dire ce particulier, a une valeur absolue, que la finitude se confond avec l'infini. »

Karl Marx

Travail et réalité

Friedrich Engels, le plus proche ami de Marx, coauteur de son œuvre et bailleur de fonds des mauvais jours, se souvient de l'enthousiasme que les thèses de Feuerbach du début des années 1840 suscitèrent chez Marx lui-même et ainsi qu'auprès de beaucoup de leurs contemporains : « Nous sommes devenus feuerbachiens en un éclair. » « Être sensible (au sens de sensoriel) c'est-à-dire être réel, c'est être l'objet du sens, c'est être objet sensible, donc c'est avoir des objets sensibles en dehors de soi. » Par cette formule dense et complexe, le jeune hégélien de gauche qu'est Marx cherche, à l'instar de Feuerbach dans sa dialectique du « je » et du « tu », à mettre l'accent sur le

dépassement, abolition et conservation (Aufhebung), d'une simple opposition entre le sujet et l'objet, comme l'avait conçu le « réalisme » épistémologique des philosophies plus anciennes, et, en même temps, il s'agit de dépasser, annuler et conserver, la démarche consistant à poser spéculativement l'identité du sujet et de l'objet propre à l'idéalisme allemand avec la primauté philosophico-intellectuelle qu'elle lui accorde.

C'est pourquoi la posture matérialiste souvent évoquée sous forme de slogan et hors de son contexte, et qui a d'ailleurs rendu Marx si célèbre, selon laquelle « l'être détermine la conscience », est plutôt à l'origine d'un malentendu. Sur cette base, il semblerait que précisément la conscience soit peut-être une sorte d'épiphénomène de l'« être » opposé à l'« être » comme donnée préexistante. Marx voit néanmoins dans son concept épistémologique de matérialisme, suite à Hegel, la réalité non pas comme une existence d'objets donnés comme préexistants, mais comme une structure de processus dans lesquels l'homme et le monde se conditionnent inséparablement, comme un produit de la praxis, c'est-à-dire comme quelque chose d'engendré.

« Ce qui est remarquable dans la *Phénoménologie* de Hegel et dans ses conclusions – la dialectique comme principe mouvant et engendrant – c'est que Hegel conçoit l'auto-engendrement de l'homme comme processus, comme désaisissement et comme dépassement de ce désaisissement, c'est qu'il saisit l'essence du "travail" et l'homme objectif, car réel, comme résultat de son

Le Quatrième État, tableau de Giuseppe Pellizza da Volpedo, 1898-1901, Villa Reale, Galleria d'Arte Moderna, Milan

Ginger Brandy, publicité, vers 1860

Dans *Le Capital*, sa principale œuvre, Marx analyse d'abord le caractère double de la marchandise : « valeur d'usage » et « valeur d'échange ». Cette valeur s'associe avec la marchandise abstraite qu'est l'argent pour façonner celle qui se détermine par le rapport vivant qu'elle entretient aux choses. Il en résulte en définitive que ce n'est pas l'existence humaine qui détermine les valeurs, mais l'inverse. Les produits du travail pénètrent comme autant de signes au sein d'un langage devenu incompréhensible et aliènent ainsi rétrospectivement le processus du travail. « La valeur transforme tout produit du travail en hiéroglyphes sociaux. » Rien n'illustre mieux cette idée que la publicité et les symboles de marques qui suscitent des besoins artificiels devenus apparemment naturels et qui inversent dès lors le rapport entre fin et moyen.

propre travail. » Ce qui importait d'ailleurs à Hegel d'après Marx, ce sont principalement les processus de conscience, et non pas le travail comme « activité sensible de l'homme, comme praxis ». Mais c'est précisément au niveau de cette praxis, au niveau des conditions réelles de travail et des rapports de production qu'il faut, pour Marx, situer l'impulsion du processus. C'est pourquoi il lui paraît nécessaire, dans la continuité de Feuerbach, de remettre le monde sur ses pieds, c'est-à-dire d'inverser les termes de la philosophie hégélienne dans la mesure où elle fait de l'esprit l'origine des choses et ne déduit la réalité qu'à partir de lui.

Marx considère la pensée, donc aussi l'activité du philosophe, comme un travail intellectuel, un travail avec la tête comme instrument, qui engendre des produits au même titre que le travail manuel (qu'il s'agisse du travail des hommes préhistoriques qui travaillaient, cultivaient et fabriquaient des instruments, etc., ou du travail industriel moderne), et qui est de la même manière que le travail manuel soumis aux formes sociales dans lesquelles ce travail est organisé. Mais pour Marx, c'est précisément ce que le réalisme épistémologique évoqué plus haut méconnaît, lui qui part du principe que la perception et la pensée restituent de manière plus ou moins réaliste une réalité indépendante de la conscience. Le réalisme oppose une pensée fonctionnant de manière abstraite à une réalité en soi. Cette abstraction est pour lui le symptôme d'une « aliénation » non pas seulement de la pensée, mais aussi du penseur lui-même, en comparaison avec une situation non aliénée dans laquelle on ne ferait pas de distinction entre travail intellectuel et travail manuel. Marx se refuse également à accep-

ter la conception kantienne en dépit du fait qu'elle ait permis de reconnaître que toute vérité est toujours engendrée. Mais les formes de notre faculté de connaître et de l'unité de la connaissance et de l'objet reposent, de ce point de vue, sur un « sujet transcendantal » qui rend également possible l'unité de notre moi. Pour Marx en revanche, la réalité naît d'un processus d'opposition, et sa permanence se réduit à ce dernier qui prend la forme d'une appropriation de la nature et du travail ; en lieu et place du moi transcendantal, c'est d'une certaine manière un sujet social global qui intervient, la société globale comme acteur.

Le matérialisme historique

Marx s'accorde avec Feuerbach lorsque celui-ci affirme que la religion est la cause, ou plus exactement un résultat de l'auto-aliénation de l'homme qui ne parvient pas à trouver sa véritable existence tant qu'il projette en Dieu les possibilités et les vocations véritables de sa propre espèce. Marx pense en effet que « la religion est le soupir d'une créature vivant dans la contrainte, l'âme d'un monde sans cœur tout en étant l'esprit de conditions d'existence dépourvues d'esprit. Elle est l'opium du peuple ». Cela ne doit d'ailleurs pas être interprété dans un sens complètement trivial : la religion, de même que les systèmes philosophiques que Marx juge tout aussi sévèrement, ne sont pas seulement une fuite ou un aveuglement face à des conditions d'existence génératrices de souffrance et « dépourvues de cœur et d'âme », ils en sont surtout, d'une certaine manière, l'expression nécessaire engendrée inconsciemment. Ils appartiennent tous deux (religion et philosophie) à

Karl Marx discutant avec des travailleurs français en 1844, tableau de Hans Mocznay, 1964, Deutsches Historisches Museum, Berlin

Considérant l'histoire de la philosophie, Karl Marx tire les conclusions suivantes dans sa onzième thèse sur Feuerbach : « Les philosophes n'ont fait qu'interpréter diversement le monde, ce qui importe, c'est de le transformer. » Son *Manifeste du Parti communiste*, les textes du programme de l'Union des communistes, ont, à n'en pas douter, transformé le monde. Marx y définit le prolétariat comme la classe des travailleurs produit par le capitalisme, qui annule et dépasse les contradictions politiques et économiques du capitalisme, et qui a vocation à socialiser la production. En lieu et place d'une société de classes doit se mettre en place une association « où le libre épanouissement de chacun constitue la condition du libre développement de tous ».

Le Laminoir, tableau d'Adolf Menzel, 1875, Alte Nationalgalerie, Berlin

Les thèmes du monde du travail apparaissent de plus en plus souvent à partir de 1870 dans la peinture, où l'on délaisse la présentation allégorique des processus de production au profit d'une restitution réaliste. Le tableau *Eisenwalzwerk* d'Adolf Menzel en constitue le plus célèbre exemple. Il montre le déroulement d'une relève d'équipe dans le hall de production. La machine domine le processus auquel les travailleurs anonymes doivent se soumettre. L'activité monotone au sein du processus industriel met en évidence les mauvaises conditions de travail à l'époque de l'industrialisation et son mépris de l'individualité humaine. Dans sa recherche de l'authenticité caractérisée par une observation très précise des choses, Menzel est parvenu à concilier description de l'atmosphère et restitution de la réalité.

la superstructure d'une infrastructure matérielle constituée par les rapports et les forces de production. Les rapports de production renvoient surtout aux principes qui fondent la propriété et dont sont ensuite issues l'organisation et la répartition du travail social. C'est à travers leurs transformations qu'ils sont repérables dans le processus historique, par exemple à travers la transition par étapes intermédiaires de la société féodale du Moyen Âge, avec, entre autres, son système caractéristique de propriété foncière et de servage à une société moderne capitaliste, avec son système de propriété de moyens de production (usines) et la possession et la vente de sa propre force de travail. Aux « rapports » de production (considérés plutôt objectivement) font face des « forces » productives (considérées plutôt subjectivement), c'est-à-dire le potentiel de force de travail, de techniques, d'innovation et d'inventivité. Mais « les forces productives matérielles de la société finissent, à un certain stade de leur évolution, par entrer en contradiction avec les rapports de production existants et à l'intérieur desquels elles avaient jusque-là opéré. Partant de formes de développement des forces productives, ces rapports de production basculent dans les mêmes entraves que celles des forces de production. Survient alors une période de révolutions sociales ». Les luttes de classe s'extériorisent dans ces révolutions, car aux contradictions du mode de production correspondent les contradictions de l'ordre social d'une société divisée en classes. Les ruptures révolutionnaires peuvent par ailleurs se déployer et se manifester aussi sous forme de théories politiques, économiques et philosophiques, c'est-à-dire au niveau de la superstructure reflétant les contradictions de l'infrastructure.

Ce sont donc là les réflexions centrales de Marx au sujet du « matérialisme historique » qui montre, en tant que théorie de l'histoire et de la société, que Marx concevait le matérialisme comme un processus, se démarquant ainsi du matérialisme mécaniciste de la substance défini par la philosophie des Lumières comme description de la réalité. Les « mouvements » dialectiques, c'est-à-dire l'émergence et le dépassement des contradictions, des antagonismes, sont très importants dans l'approche d'un tel processus. À cet égard, Marx reprend des éléments décisifs dans la philosophie de Hegel. Mais il conçoit la dialectique comme une « méthode » possible et appropriée d'une « description » de l'histoire scientifiquement reconstituée. C'est avec une circonspection toute philosophique que Marx évite de considérer l'histoire simultanément comme une loi interne de l'« être » et du mouvement de la réalité. Car cela conduirait à formuler des hypothèses métaphysiques pour ne pas dire métahistoriques construisant une histoire dont le cours est soumis à une nécessité d'inspiration hégélienne que Marx avait toujours critiquée. Ce n'est qu'ultérieurement, suite aux conceptions mises en avant par Engels puis Lénine, qu'ont été formulées des lois dialectiques auxquelles l'histoire et tous les processus matériels sont soumis (les lois du renversement de la quantité en qualité, de l'interpénétration des contradictions et de la négation de la négation).

L'idéologie

« Les philosophes n'ont fait qu'interpréter diversement le monde, ce qui importe c'est de le transformer. » Cette célèbre formule est l'ultime d'une série de onze notes brèves, dans lesquelles Marx prend

Arthur Schopenhauer, 1788-1860, par Angilbert Göbel, 1859, Staatliche Kunstsammlung, Kassel

Schopenhauer met en exergue dans le titre même de sa principale œuvre, *Le Monde comme volonté et comme représentation*, les fondements de sa philosophie. Il partage la vision kantienne selon laquelle l'homme qui appréhende le monde n'en fait en réalité l'expérience qu'à l'intérieur de la représentation qu'il s'en fait, c'est-à-dire que le monde est par conséquent conditionné par le mode de connaissance du sujet. Contrairement à Kant, il existe pour Schopenhauer quelque chose qui sous-tend cette représentation et qui est donc indépendant de toute expérience ou connaissance, il s'agit de ce que Schopenhauer nomme la « volonté ». Cette dernière n'est pas un but ou une intention, mais une sorte de force qui pénètre toute chose, l'« être » profond des choses et l'instinct de la nature. « Chose en soi », la volonté apparaît toujours sous la forme de différents phéno-mènes qui constituent la manifesta-tion de cette volonté.

Le Philosophe, estampe de Max Klinger, IIIe de la série « Opus XIII, – de la mort II », première édition 1898-1909

Schopenhauer a réussi avec une virtuosité toute littéraire à ramener les aspirations, les actions et les buts particuliers des individus à quelques instincts fondamentaux, et il attribue les phénomènes liés à l'existence terrestre à la manifestation du destin qui exprime la volonté supra-individuelle qui n'est pas une bonne volonté. Dans une série d'estampes qui ont en partie pour sujet des « actions » dramatiques, Max Klinger, fasciné par Schopenhauer, se rallie à cette vision de la vie. Dans une attitude hautaine, le philosophe de Klinger déborde le simple cours réel de la vie et de la nature, représentée ici symboliquement par une femme allongée, pour toucher au fondement métaphysique des choses. Mais ce dernier se révèle être un miroir, le philosophe ne trouve que lui-même. L'endroit exact où se trouve le miroir (et donc la certitude de ce qui est reflété et de ce qui est immédiatement visible) demeure dans une absence trompeuse de clarté : une vision pessimiste de la philosophie.

position par rapport à Feuerbach, et connues sous le titre des *Thèses sur Feuerbach*. Si la philosophie fait partie de la superstructure, comme il est dit dans le dernier chapitre, et reflète involontairement seulement l'infrastructure, elle n'atteint pas la réalité et ne peut rien transformer. Dans un ouvrage écrit en 1845-1846, l'*Idéologie allemande*, non publié de leur vivant, Marx et Engels appréhendent par la notion d'« idéologie » la conviction erronée selon laquelle les théories et les changements de conscience qu'elles suscitent sont censés en fait ne rien pouvoir bouger. La notion d'idéologie est ainsi utilisée dans une acception un peu différente de celle qui a cours aujourd'hui. Les contenus de l'idéologie sont intégrés à la conviction elle-même : « L'idéologie est un processus qui s'effectue certes à travers la conscience de ce que l'on appelle des penseurs, mais elle résulte en l'occurrence d'une fausse conscience. Les forces instinctives qui les font agir leur restent inconnues ; sinon, il ne s'agirait pas d'un processus idéologique. » (Engels)

Feuerbach a voulu, d'après Marx, transformer la « fausse conscience » de la religion en une vraie conscience humaine de soi, ce en quoi Marx par-tage la conception de l'auteur de l'*Essence du christianisme*. Pour Marx, « la réforme de la conscience consiste "seulement" à laisser le monde prendre possession de sa conscience, à le sortir du rêve qu'il fait sur lui-même, à lui "expli-quer" sa propre action », il s'agit d'opérer une « réforme de la conscience non pas à travers des dogmes, mais par l'analyse de la conscience mys-tique qui n'a pas une conscience claire d'elle-même ».

Feuerbach aurait selon Marx effectué cette analyse en étant lui-même soumis à l'idéologie, du fait qu'il en était resté au niveau de la raison, de l'emploi juste de l'entendement. Pour Marx, il s'agit de faire remonter le contenu des idéologies à des rapports historiques antagonistes, à des conflits de classe.

NOUVELLES QUESTIONS SUR LE SENS - RENVERSEMENT DES VALEURS

Arthur Schopenhauer

De même que Hegel et de nombreux penseurs avant lui, Schopenhauer élabore une philosophie ayant une ambition d'explication globale : il s'agit en l'occurrence de se pencher sur « ce qui tient le monde au plus profond de lui ». Mais deux des principales options de sa pensée l'éloignent de la tradition métaphysique. Schopenhauer ne com-mence ni ne finit par Dieu, par l'« être », par la conscience isolée, ou par son expérience, ou ses concepts, mais se situe résolument au niveau de l'homme. Son rapport au monde est certes d'emblée éclairé philosophiquement d'un point de vue épistémologique, mais sa faculté de connaître n'est jamais sortie du contexte de la corporalité, des besoins humains et de son implication dans le mouvement sans fin des situations de la vie. Schopenhauer considère cette interpénétration des choses comme une situation où l'être humain se trouve à la merci de tout, comme souffrance et, à partir de là, tout son enseignement est pessi-miste, ce qui constitue aussi une rupture dans la tradition philosophique européenne. Son pessi-misme n'est pas principalement une absence d'espoir par rapport à l'avenir, mais une posture négative et critique de rejet du monde et de la vie en général.

Le titre de l'œuvre principale de Schopenhauer, *Le Monde comme volonté et comme représentation* (1818), exprime « cette seule idée » présente dans l'ensemble de ses textes. Le « et » du titre contient une allusion à cette idée, car il s'agit de la relation entre deux aspects du monde tels que nous en fai-sons l'expérience et tels que nous avons à les inter-préter. « Le monde est ma représentation », résume Schopenhauer pour en fait approuver la critique moderne du réalisme simpliste selon lequel nous voyons et connaissons le monde comme il est réellement. Kant a pu en revanche, nous dit Schopenhauer, rendre définitivement clair le fait que seuls des « phénomènes » nous sont donnés, et jamais des « choses en soi ». L'espace, le temps, la causalité déterminent notre monde et constituent en quelque sorte des déterminations qui sont en nous *a priori* et qui ne sont imputables qu'à nous comme sujets de l'expérience. Un « phénomène » est, chez Schopenhauer, le plus souvent assimilable à la notion de « représentation » plus ou moins dans le sens de « simple apparence », qui n'était pas celui que Kant lui donnait. « Nous sommes faits de la même matière que celle de nos rêves et un sommeil délimite notre petite vie » : cette formule extraite de *La Tempête* de Shakespeare exprime davantage pour Schopenhauer qu'une simple phrase poétique. La vie éveillée avec ses régularités, ses continuités et ses références mémorielles, est certes différente du rêve, mais sur le fond, le monde comme représentation est un « voile de Maja » s'apparentant au rêve même s'il nous semble réel et ne peut pas nous tromper. Mais rien n'existe en réalité au-delà de la représentation. Schopenhauer s'en prend ici à la notion kantienne de chose en soi qu'il présente comme une sorte de cause inconnaissable qui agit sur notre appareil sensoriel. La chose en soi est bien davantage quelque chose qui ne se situe pas dans une relation de causalité (qu'il n'y a que « dans » des représentations), mais auquel nous avons quand même accès par une certaine forme de l'expérience. Ce mode d'expérience correspond à l'expérience corporelle de soi. Notre corps est, épistémologiquement parlant, une représentation au même titre que n'importe quel objet du monde extérieur, et c'est pourtant quelque chose de tout autre, quelque chose qui se meut en fonction d'une volonté dont nous faisons nous-mêmes l'expérience. Mais que se passe-t-il vraiment lorsque la volonté suscite un mouvement comme le fait de bouger le bras, et qu'est-ce que le mouvement du bras dans la perception de soi ? Selon Schopenhauer, ce n'est nullement la volonté qui intervient avant le mouvement. Le mouvement et la volonté de mouvement sont « une seule et même chose », données de manière différente, en l'occurrence sous forme de volonté et de représentation. « L'action du corps n'est rien d'autre que l'acte objectivé, c'est-à-dire l'acte de la volonté entré dans la contemplation. » On peut exprimer cela sous une forme encore plus accentuée en disant que « tout le corps n'est rien d'autre que la volonté objectivée, c'est-à-dire devenue représentation ».

À partir de là, Schopenhauer assimile à présent une volonté du monde supposée supra-individuelle à la chose en soi qui ne peut d'ailleurs pas être un objet d'expérience et de connaissance dans le sens kantien. Mais Schopenhauer formule cependant des assertions métaphysiques sur la volonté en partant de l'analogie avec l'expérience de la corporalité. Comme chez Schelling et Hegel, il y a là un tout, un absolu qui s'autodifférencie, et s'objective. Mais à l'opposé de l'« esprit » de Hegel, la « volonté » de Schopenhauer est irrationnelle, aveugle et absurde. La volonté comme obscure aspiration correspond à un non-accomplissement, à un manque, c'est la raison de son propre mouvement dévorant. Elle conduit à des objectivations qui, originellement (à leur stade préhumain) dans le mode inexistant du monde comme représentation, prennent la forme du cosmos inorganique, puis de l'organique, puis du vivant, enfin, avec l'homme, celle de la conscience. Ce dernier aspect s'étant actualisé dans l'existence, la volonté s'est elle-même dupée d'une certaine manière, car le fait d'être pourvu d'une conscience et d'une capacité réflexive engendre aussi la liberté de la volonté à pouvoir se nier elle-même. La forme appropriée de cette négation n'est pas le suicide, que Schopenhauer refuse, mais l'ascèse. Il existe par ailleurs une autre forme permettant, à partir de la volonté, d'engendrer la liberté, en tout cas dans certains moments exceptionnels. « L'expérience artistique » permet en effet de faire disparaître tous les objectifs et tous les horizons particuliers de la vie, toutes les aspirations et tous les besoins instinctifs. L'homme devient ce « pur sujet de la connaissance », et la roue d'Ixion – ce moyen de torture de la mythologie qui illustre simultanément le cours circulaire du temps dénué de but et le caractère immuable des événements – s'immobilise.

Sigmund Freud, photo prise vers 1921

L'enseignement de Schopenhauer concernant la volonté exerça une influence considérable sur Freud, le fondateur de la psychanalyse. Freud considère Schopenhauer comme un prédécesseur de sa propre théorie et assimile sa conception de la volonté inconsciente aux « pulsions psychiques mises en évidence par la psychanalyse ». Schopenhauer considère que la volonté est inséparable du corps, car l'homme n'est pas pour lui prioritairement un être de raison, mais bien davantage un être corporel. Il existe une expérience intérieure du sujet dans laquelle le corps est immédiatement présent et apparaît comme expression de la volonté. La volonté n'est donc pas appréhendée par l'intellect, mais on peut y accéder par le simple fait que cet être intérieur nous est beaucoup plus familier que les objets extérieurs de la contemplation. Cette présentation de la volonté, comme être intérieur qui échappe à une approche rationnelle et qui détermine néanmoins fondamentalement toute action, manifeste de grandes similitudes avec la description freudienne de l'inconscient.

Fleurs exotiques, tableau de Jean Benner, 1836, Musée de l'impression sur étoffes, Mulhouse

Schopenhauer eut une sorte de révélation du double aspect de l'« étant » qui est d'une part quelque chose de perçu sensoriellement et une représentation, et d'autre part une pulsion existentielle absurde, en d'autres termes une « volonté » : « Me promenant dans la serre de Dresde, totalement absorbé par la contemplation de la physionomie des plantes », la simple existence des étranges formes végétales (produisant parfois un effet pour ainsi dire pulsionnel) lui apparut soudain comme un mystère. Il commença à parler tout seul, à gesticuler et répondit au gardien qui l'avait prudemment interrogé : « Oui, si vous pouviez me dire qui je suis, je vous serais très reconnaissant. » Il avait manifestement fini par se confondre avec la force aveugle de la cause du monde et s'était en même temps égaré dans la diversité des formes individuelles qui s'opposent directement à cette force, la volonté, et sont en même temps engendrées par elle, même si, en définitive, elles n'en retirent aucun but.

Friedrich Nietzsche, 1844-1900, esquisse à l'huile de Hans Nolde, vers 1899, Goethe-Nationalmuseum, Weimar

Nietzsche fait partie des critiques les plus acerbes de la philosophie traditionnelle. Son œuvre se caractérise par une capacité d'observation et d'analyse acérée et par une puissante forme expressive, ainsi que par une mise des choses en perspective. Concernant la faculté humaine de connaître, Nietzsche constate que cette dernière relève d'un besoin de durée et de constance. Pour être à la hauteur de cette exigence, l'homme se doit de penser dans des catégories et dans des structures unifiantes telles que l'« être », la vérité, l'unité. Mais ce sont là des simplifications destinées à appréhender le monde et à le rendre prévisible. Pour Nietzsche, la philosophie traditionnelle a tendance à commettre l'erreur fondamentale consistant à ne pas tenir compte du caractère fictif et limitatif de ce qui est posé comme principe. Sa critique fondamentale de la civilisation, de la métaphysique et de la religion repose sur cette observation ainsi que sur son concept de valeur qu'il met en perspective. Les valeurs ne sont pas des phénomènes *ex nihilo*, elles résultent en fait de la valeur que les humains attribuent aux choses. La tentative de Nietzsche de procéder à un renversement des valeurs ne signifie pas que de nouvelles conceptions morales ou vérités doivent remplacer les anciennes, mais renvoie à la nécessité de révéler les vrais motifs qui sous-tendent certaines valeurs et la prise de conscience de leur relativité.

Friedrich Nietzsche

Précurseur de la modernité

Dans les analyses historiques récentes, il n'est pas rare de considérer que Marx, Nietzsche et Freud ont livré des interprétations des grandes questions anthropologiques, opérant une rupture révolutionnaire par rapport à certaines traditions de pensée, et ouvert la voie à la modernité. Leurs théories conduisirent, indépendamment l'une de l'autre, à une « subversion du sujet » en essayant de montrer que, pour ainsi dire, la raison et le moi ne sont pas des entités souveraines dans leur propre demeure. Il s'agissait en effet de s'inscrire en faux à la fois contre ce qui était affirmé par la tradition philosophique, mais aussi par le sens commun, ou tout au moins contre ce qui était conçu et prétendument établi par eux comme possibilité. Freud trouva dans le fondement de la psychanalyse, et dans sa théorie de l'inconscient, les motifs et les mécanismes de fonctionnement inaccessibles à la détermination par soi-même et à l'auto-évaluation de la volonté, de l'action et de la pensée humaines après que Marx eut essayé d'effectuer une analyse comparable, à certains égards, des structures sociologiques, économiques et culturelles, et que Nietzsche eut présenté l'ensemble des valeurs comme autant de manifestations et de produits non perçus comme tels de la « volonté de puissance ».

C'est en effet dans ce contexte que Nietzsche, à travers une approche de l'évaluation du sujet, du moi, de la volonté et de la conception illusoire de l'être, a exercé une influence majeure sur des penseurs du XXe siècle (par exemple Heidegger et certains philosophes français postmodernes qui vont parfois puiser aussi chez Marx et Freud). Il est indéniable que Nietzsche adopte un ton résolument moderne lorsqu'il fait par exemple remarquer que « l'on devrait dire ça pense plutôt que l'habituel je pense », ou lorsqu'il parle de l'« absurde surestimation de la conscience » dont on a fait « une unité, un être », et oppose à cela : « nous sommes une diversité qui s'est persuadée qu'elle était une unité », il faut « qu'il y ait une quantité de conscience et de volonté dans chaque être organique complexe », or « notre conscience la plus élevée considère habituellement celle des autres comme fermée ».

La « multitude » que Nietzsche perçoit dans l'individu (qui est étymologiquement parlant pourtant insécable : « individuus », et désigne donc le contraire de la multitude) est également présente dans les explications du monde offrant différentes

perspectives mais jamais une vérité absolue : « À l'opposé du positivisme qui en reste au phénomène "il y a des faits", je dirais : non, les faits n'existent précisément pas, il n'y a que des interprétations ». Le monde est ouvert à un nombre infini d'interprétations dont la réalisation correspond toujours à une certaine manière d'exister liée aussi à la volonté d'imposer son pouvoir, interprétations qui peuvent être incommensurables, n'être ni exclusives l'une de l'autre, ni se confondre l'une avec l'autre. Les perspectives d'approche de l'œuvre de Nietzsche sont d'ailleurs aussi très différentes les unes des autres. Cette œuvre fut élaborée en deux décennies entre 1869, lorsqu'il devint professeur de philologie classique à Bâle à l'âge de 25 ans, et 1889 lorsqu'il sombra dans la folie. À quelques exceptions près, ses livres consistent en de courts paragraphes, qui sont plus ou moins des aphorismes, tandis que *Ainsi parlait Zarathoustra* (1883-1885) restitue les allégories d'un sage à la manière d'un récit testamentaire. Mais il faut recourir ici à d'autres formes d'interprétation différentes de celles nécessaires à la compréhension des écrits philosophiques, qui sont construits sur la base d'un argumentaire logique rigoureux ; il n'est dès lors guère étonnant que les interprétations de Nietzsche se caractérisent par leur divergence extrême.

L'art

Dans son premier livre, *la Naissance de la tragédie* (1872), Nietzsche esquisse sous forme de traité philologique une conception personnelle et foncièrement nouvelle de l'âge grec classique qui se heurta à l'hostilité de ses collègues philologues, et qui, en tant que traité philosophique, en arrive à la conclusion : « L'existence et le monde ne se justifient qu'en tant que phénomènes esthétiques. » Cette phrase renferme à double titre le fait que Nietzsche fut à ses débuts fortement influencé par Schopenhauer. Le fait que le monde et l'existence ne puissent avoir de justification autre qu'esthétique découle de l'équivalence pessimiste entrevue par Schopenhauer entre la « volonté » absurde et le monde « en soi ». Nietzsche restera toujours du même avis selon lequel la volonté en tant que force non individuelle et métaphysique sous-tend la vie, la pensée et l'action. Le fait d'envisager que les phénomènes esthétiques puissent « justifier » le monde en lieu et place de Dieu, de la raison ou de principes éthiques, résulte de l'importance particulière que Schelling et les romantiques allemands, mais aussi Schopenhauer, avaient attribuée à l'art, que Nietzsche va précisément lui aussi mettre radicalement au premier plan. Il modifie en même temps considérablement la conception schopenhauérienne selon laquelle l'expérience artistique permet d'accéder à la plus haute forme de la connaissance et que c'est de cette perspective que l'on peut contempler les idées dans leur sens platonicien. Pour Nietzsche en revanche, l'art, en tant que phénomène d'apparence, « camoufle » les abîmes du monde sans que l'on puisse pour autant en parler comme d'une production d'illusions trompeuses ou de fausse conscience. Ce n'est pas l'être humain seulement qui a besoin de l'apparence d'harmonie et de totalité pour échapper au naufrage que provoque le sentiment d'absurdité, la vie elle-même en a besoin pour trouver une justification à l'absurde.

La Naissance de la tragédie oppose deux pôles qui déterminent l'art mais en définitive aussi toutes les formes de vie, et qui découlent jusqu'à un certain degré, d'une part de la « volonté » et, d'autre part de la « représentation » schopenhauérienne. Le « dionysiaque » est pure énergie vitale qui permet la fusion enivrée de l'individu avec la masse du vivant, mais qui symbolise aussi le combat et la souffrance, l'« apollinien » renvoyant quant à lui à la notion de forme, d'esprit ordonnateur, de distance, de calme. En tant que formes artistiques, la musique relève du premier, l'épique, la poésie du second (si l'on se réfère à la catégorie de l'Antiquité grecque). Le lien entre les deux pôles est, d'après Nietzsche, à l'origine de la tragédie antique. Il fondait en Richard Wagner, qui écrivit aussi des textes

théoriques et auquel le jeune Nietzsche porta une admiration sans bornes, l'espoir d'un renouvellement de la tragédie grâce au drame musical qui était censé, en tant qu'œuvre d'art totale, pouvoir réunir, à l'instar de la tragédie antique, l'œuvre et le public dans une forte expérience libérant les instincts de l'« esprit tragique », et devait permettre d'en revenir à l'époque d'avant la « décadence » initiée, selon Nietzsche, par Socrate.

Nihilisme et renversement des valeurs

Dans la phrase de Nietzsche « Dieu est mort », « Dieu » désigne une globalité de valeurs, tout ce qui définit plus précisément « le vrai, le bien et le beau » et crée des repères de vie. Dans le cadre de très nombreuses réflexions, Nietzsche a essayé de reconstituer la genèse historique, psychologique et anthropologique, donc la généalogie de ces valeurs et attitudes, et de les démasquer, à savoir les faire apparaître comme autant d'illusions et de mensonges. Il explique par exemple la « conscience » à partir de « l'instinct de cruauté qui se retourne contre lui-même dès lors qu'il ne peut plus se décharger vers l'extérieur ». L'amour du prochain lui apparaît ainsi comme un égoïsme déguisé. Il est à ranger, au même titre que l'humilité, la pitié et l'ensemble des valeurs chrétiennes, au rayon de la « morale d'esclave » inhérente aux « hommes du troupeau », de la masse des « faibles », hostile à l'existence et décadente. Et s'oppose en cela à la « morale des seigneurs » qui, de son côté, incarne les instincts vitalistes et le sain

Dionysos, peinture sur vase grecque, vers 490 av. J.-C., détail d'amphore attique

Dionysos est le dieu de l'ivresse, de la passion et de l'extase dans la mythologie grecque. Dans sa première grande œuvre, *la Naissance de la tragédie*, Nietzsche décrit le dionysien comme le pendant de l'apollinien. Nietzsche essaie de montrer que la tragédie grecque est issue du culte de Dionysos. Le dionysien apparaît comme une pulsion originelle se situant au-delà de toute raison et dont on fait l'expérience dans l'ivresse et l'extase. L'apollinien en revanche renvoie à tout ce qui relève de la raison, de la mesure et de ce qui est harmonieusement ordonnancé. Nietzsche voyait ces deux forces réunies dans la tragédie attique la plus haute expression de l'art selon le philosophe.

Les Joies du poète, tableau de Giorgio de Chirico, 1912-1913, collection privée

De Chirico peignit en 1903 le premier tableau qui appartient à ce genre de peinture qu'il qualifia de « métaphysique ». Il nota alors : « J'ai commencé à peindre différents motifs où j'ai essayé de restituer des sentiments forts et mystérieux que j'avais découverts dans les livres de Nietzsche : la mélancolie des belles journées d'automne, l'après-midi des villes italiennes. » En plus de l'atmosphère qu'il ressentit chez Nietzsche, et de l'ombre qui joue un rôle important dans son œuvre, de Chirico avait été tout particulièrement impressionné par un certain passage du *Zarathoustra*. Dans la troisième partie de cette œuvre, Nietzsche y aborde la notion de l'éternel retour qui renvoie à l'attraction que chaque instant produit par rapport à lui-même après avoir existé. Cela rappelle l'impression connue de déjà-vu qui ne repose pas sur une reconnaissance de quelque chose de réel et que la plupart des gens ont déjà éprouvé au moins pendant l'enfance. À supposer que l'on puisse rendre compte de ce phénomène en peinture, c'est bien dans les tableaux de Chirico que cette impression est assurément la mieux restituée.

Le Philosophe, tableau de Ferdinand Hodler, 1886, Kilchberg, collection privée

Ce tableau provient d'une période créatrice de Hodler pendant laquelle il se pencha sur les personnages en marge de la société. Le poids de sa propre situation matérielle se retrouve dans ses représentations de vieux messieurs. Elle caractérise un abandon désespéré à un destin implacable et sans consolations. Ces figures deviennent ainsi des représentants d'un questionnement de soi aux contours dramatiques qui sont restitués sous une forme littérairement rehaussée pour leur donner une dimension véritablement universelle. L'harmonie des contours extérieurs et l'intemporalité de cette toile soulignent bien le retrait résigné en dehors du monde.

égoïsme des individus « forts » et « aristocratiques ». La conception nietzschéenne de la « volonté de puissance » – auquel le « surhomme », que Nietzsche appelle de ses vœux, ne pouvait que souscrire – sous-tend ces distinctions pour le moins problématiques dont il était facile, ou tentant, d'abuser, *a fortiori* en dehors de leur contexte. « Ce monde, monstre de force, sans commencement, sans fin, ce monde est la volonté de puissance – et rien d'autre que ça ! Et vous êtes vous-mêmes aussi cette volonté de puissance – et rien d'autre que ça ! » Mais lorsque Nietzsche considère comme mortes les valeurs du christianisme qui déterminent essentiellement celles de l'Occident, y compris naturellement au-delà de la religiosité, il s'agit moins d'une simple assertion sur un phénomène achevé que sur un processus de disparition en cours qui conduit nécessairement à « l'irruption du nihilisme européen ». Ce dernier peut tout à fait revêtir une forme édulcorée, nous dit Nietzsche, qui ne fera que renfermer le désespoir éprouvé au regard de la néantisation des vérités et des valeurs morales, et devra recourir au mot d'ordre « tout ce qui plaît est permis ». Mais il pourra tout autant se dépasser lui-même et revêtir une forme plus affirmée comme stade intermédiaire nécessaire et provoquer un « renversement de toutes les valeurs ». Seuls les quelques rares « surhommes » en seront capables. Nietzsche évoque dans son *Zarathoustra* la notion d'« éternel retour du même », véritable

pierre de touche pour le surhomme qui est assurément davantage une forme littéraire de provocation que la description d'individus susceptibles d'exister concrètement. Cette notion d'éternel retour présente par des allusions poétiques des réflexions complexes sur le temps, l'expérience du temps et sa conception de l'« être », tout en disant de manière concise que tout est voué à se répéter, et ce sans qu'aucun changement en bien ou en mal n'intervienne jamais. Les nihilistes faibles s'effondrent à la vue de l'absurdité de l'éternel retour, et les nihilistes forts, quant à eux, « en appellent insatiablement *da capo* non seulement à eux-mêmes, mais aussi à la pièce de théâtre ou au drame comme art total ».

Søren Kierkegaard

Les premières publications du Danois Søren Kierkegaard, qui était presque inconnu à l'extérieur de son pays jusque dans les années 1920, correspondent chronologiquement aux premiers textes de Marx. Tandis que ce dernier critiquait la philosophie traditionnelle d'un point de vue matérialiste, en particulier celle de Hegel, Kierkegaard rejette – comme Marx qui se sert des outils hégéliens malgré la critique qu'il lui oppose – les systèmes philosophiques au profit d'une auto-expérimentation du religieux effectuée par l'individu combattant avec sa conscience. La phrase de Hegel, « le vrai est le tout », est absurde à ses yeux. Il ne saurait pour lui y avoir de construction philosophique qui veuille représenter objectivement les vrais principes de l'« étant » à partir de concepts abstraits et généraux. Kierkegaard considère l'objectivité, et par conséquent la quasi-totalité de la philosophie classique qui vise un savoir objectif, comme une idole trompeuse. « Le vouloir-devenir-objectif est une contre-vérité », qui aliène l'homme de lui-même. « La seule réalité qu'un existant ne fait pas que "savoir", est sa propre réalité, le fait qu'il soit là, et c'est cette réalité qui constitue son intérêt absolu. » La vérité ne peut donc pas être connue objectivement, elle est subjective, elle n'est accessible que dans le rapport que l'individu entretient avec lui-même, avec sa réalité propre et avec ses possibilités d'existence. C'est essentiellement dans la foi religieuse que tout un chacun « est intéressé dans un rapport passionnel à l'éternité de son âme à cette vérité infiniment personnelle ». Les « décisions » jouent un rôle important dans la pensée existentialiste de Kierkegaard où l'homme esquisse son avenir et place son passé sous un jour nouveau. De telles décisions constituent des « moments », compris dans le sens propre que Kierkegaard donne à ce vocable, à savoir des points de croisement de l'infini (l'éternité) et de la finitude temporelle. L'homme appartient certes à la finitude, il est soumis à la temporalité, mais son libre arbitre et sa « passion pour l'infini » le hissent d'une certaine manière au-dessus du déroulement des choses dans le temps soumis à la nécessité.

Dans la mesure où, d'après le philosophe, il ne peut pas y avoir de règles générales par rapport à des décisions de vie existentielles et que le particulier ne peut être dépassé dans le général, Kierkegaard ne put faire une présentation dogmatique de sa philosophie. Il fit paraître ses écrits sous divers pseudonymes, le plus souvent latins, non pour se dissimuler en tant qu'auteur, à l'image du « Socrate de Copenhague » (comme il fut appelé), mais pour laisser le champ libre à l'opposition entre différents points de vue présentés avec un art tout littéraire, à l'instar de ce que faisait Socrate dans ses dialogues, et pour exhorter le lecteur à prendre position.

POSITIVISME ET PRAGMATISME

Auguste Comte

Le positivisme refuse toute forme de métaphysique et considère que la source de toute connaissance se trouve dans ce qui est sensoriellement perceptible à travers l'observation, c'est-à-dire à travers les choses « positives ». Auguste Comte, le fondateur du positivisme comme courant philosophique, fut dans sa jeunesse proche des conceptions de Saint-Simon. L'école de philosophie dont il est à l'origine élabora sous la Restauration une société utopique dans laquelle, à conditions sociales égales, une économie planifiée scientifiquement devait diriger tous les domaines de la vie. Comte ne faisait absolument pas partie de cette école, mais il considérait aussi que la science empirique constitue un repère central pour tout ce qui est méthode destinée à accumuler du savoir d'une manière générale ainsi que comme fondement du progrès dans le domaine de la vie sociale. Il étudia notamment les questions soulevées par l'histoire et les théories des sociétés et peut être considéré comme l'un des précurseurs de la sociologie. L'objectif de Comte était de modeler la discipline sociologique sous la forme d'une science positive. Pour Comte, le savoir humain ne saurait se fonder sur des principes généraux à la manière de ce que firent par exemple la philosophie transcendantale ou l'idéalisme allemand. Il part au contraire du principe qu'il est indispensable de trouver des explications reposant sur l'observation de l'histoire et de la société.

Comte n'en était pas moins convaincu de la possibilité de restituer le développement du savoir et de l'esprit selon une certaine nécessité s'articulant autour d'une « loi des trois stades ». Dans le premier stade, le stade théologique, tous les phénomènes sont expliqués par une intervention divine polythéiste ou monothéiste. La société est organisée sur un modèle guerrier. Dans le stade métaphysique, les principes abstraits sont hypostasiés, tout se détermine un peu en fonction d'un combat entre le bien et le mal. Le pouvoir gouvernemental se trouve entre les mains de dirigeants cultivés. Dans le stade scientifico-positif, la recherche empirique et la théorie scientifique fondées sur la logique conduisent à des conditions de vie optimales ; le gouvernement est composé de spécialistes issus de l'économie et de la science. La mission de la « philosophie positive » consiste, aux yeux d'Auguste Comte, à évaluer et à classifier les différentes sciences précisément en fonction de leur « positivité », c'est-à-dire de leur exactitude et de leur degré de liberté par rapport à des hypothèses métaphysiques, et, partant, à élaborer sur cette base une théorie de la science.

John Stuart Mill

De même qu'Auguste Comte, John Stuart Mill s'efforça d'élaborer une théorie de la science qui avait vocation à servir la science politique et sociale, et dont il présenta l'ensemble des

Sören Kierkegaard au café, esquisse à l'huile de Christian Olavius, 1843

L'existence de l'individu se trouve au centre de la philosophie de Kierkegaard. L'existence véritable signifie pour Kierkegaard le choix d'une certaine possibilité de vivre et le rejet d'une autre. Dès lors que cette décision n'intervient pas d'une manière qui ne laisse subsister aucune ambiguïté, le risque existe que la personne passe à côté d'elle-même. Kierkegaard distingue trois modes d'existence, trois « stades ». Au stade esthétique, l'homme vit en fonction de ses besoins sensuels et aspire en permanence au plaisir. Il est donc dépendant de l'extériorité et ne s'est pas encore choisi lui-même. L'homme devient indépendant de l'extériorité au stade éthique, sa vie est dominée par des décisions et par une échelle morale. Mais même à ce stade l'homme n'est pas en mesure d'être vraiment lui-même. Cela n'est possible qu'au stade religieux. Dans la foi, l'homme se saisit d'une certaine forme de vie pour laquelle il se décide en toute connaissance de cause et qui met en exergue la liberté dont il dispose et les limites auxquelles il est confronté. L'analyse de l'existence à laquelle s'est livrée Kierkegaard a influencé de manière décisive la philosophie du XXᵉ siècle.

Auguste Comte, 1798-1857,
portrait d'époque, eau-forte

Le positivisme introduit par Auguste Comte constitue une fin de non-recevoir adressée à la métaphysique. Sa philosophie s'en tient uniquement au réel, à ce qui est utile au progrès et à la société. Dans son *Cours de philosophie positive*, Comte défend la thèse selon laquelle l'esprit humain traverse en fait trois stades d'évolution successifs. Dans le premier stade, d'essence théologique, l'homme cherche l'origine de l'être en fonction d'un principe de connaissance de la vérité et la trouve dans un être surnaturel (Dieu). Dans un deuxième stade, le stade métaphysique, la puissance divine est remplacée par des causes et des idées abstraites par lesquelles l'homme se laisse diriger. Ce n'est que dans le troisième stade, positif et scientifique, que l'on parvient à la découverte des lois naturelles à travers l'observation et l'expérimentation. La devise d'Auguste Comte au sujet des sciences positives est : « savoir pour prévoir, prévoir pour prévenir ». Dans sa loi encyclopédique, Auguste Comte établit une hiérarchie des sciences au sein de laquelle il attribue à la « physique sociale », à laquelle il donne le nom de sociologie pour la première fois, la mission d'examiner et d'organiser les processus complexes de la société humaine.

fondements dans son *Système de la logique déductive et inductive* (1843). Mill se situe dans la tradition de l'empirisme anglais (surtout celle de Hume) ; il ne saurait y avoir de science qui ne travaille exclusivement à partir de faits. Pour lui, la base de toute obtention de savoir réside, en plus de l'observation de faits spécifiques, dans le passage de nombreuses assertions concordantes à des assertions générales relatives à des faits et dont résulte la notion d'« induction ».

Dans la mesure où, comme Hume, il considère pouvoir trouver la justification de ce type de conclusion dans des lois de l'association, c'est-à-dire dans un mode fonctionnel du psychisme, tout savoir relève en dernière instance de la psychologie, même si cela ne joue aucun rôle au niveau particulier et ne tend pas à signifier que le savoir serait en partie arbitraire. Ce type d'approche qui relève de la psychologie rencontra un écho considérable au XIXᵉ siècle. Husserl surtout s'emploiera ultérieurement à la combattre dans le cadre de sa philosophie.

Dans son *Système de la logique déductive et inductive*, Mill met l'accent sur certaines distinctions renvoyant à la fonction des expressions ; ces distinctions ont d'ailleurs aujourd'hui encore conservé toute leur importance pour les fondements de l'analyse linguistique de la logique et de la théorie de la science. Il existe ainsi d'un côté les expressions « singulières » comme les noms propres qui ne peuvent se rapporter qu'à des objets spécifiques, et, d'un autre côté, les expressions « concrètes », qui renvoient directement aux objets. Ces dernières se distinguent de notions « abstraites » telles que « rougeur » ou « liberté » ; la « dénotation » des expressions constitue le pendant de ce qui est désigné par la « connotation », c'est-à-dire le mode de désignation ou, plus exactement, l'expression elle-même et ce qu'elle contient tacitement sur le plan « vibratoire ».

Dans les chapitres suivants de son œuvre, Mill rallie la conviction de certains empiristes de la philosophie des Lumières selon laquelle les mathématiques et la logique formelle ne partent pas moins dans leurs axiomes de généralisations inductives issues des faits de l'expérience à l'instar de toutes les autres sciences qui sont dès lors, pour lui, inductives. La pensée d'une théorie générale de la science qui doit encore être spécifiée dans les différents domaines scientifiques s'oppose aux autres conceptions du XIXᵉ siècle selon lesquelles les sciences de la nature et les sciences de l'esprit appartiennent à des domaines irréductiblement différents.

Les thèses de Mill concernant l'éthique « utilitariste » sont également importantes. Dans son œuvre parue en 1861, *l'Utilitarisme*, il est question d'une éthique dont le principe moral réside exclusivement dans l'utilité des actions. Mill modifie ici la théorie de Jeremy Bentham dont l'intention avait été d'appliquer au domaine éthique des méthodes tirées de la physique. Cette conception, et l'approche consistant à rejeter toutes les « fictions » qui ne sont pas réductibles à des expressions du langage de l'observation, recèle en fait déjà une tendance positiviste. Bentham justifie anthropologiquement son principe moral : « La nature a placé l'homme sous la domination de deux souverains antagonistes : la douleur et le désir. »

Comme l'avait déjà affirmé Hume en son temps, toutes les actions sont en dernière instance évaluées, sur la base de l'expérience, en fonction du potentiel de douleur ou de plaisir qu'elles sont censées procurer par des voies éventuellement détournées. Une action est « bonne » dès lors qu'elle permet d'assurer directement ou indirectement le bonheur d'un individu. C'est en fonction de cela qu'il faut, selon Bentham, envisager l'instauration de normes morales et d'une législation qui les accompagne.

Selon ce dernier, l'utilitarisme s'assigne pour objectif « le plus grand bonheur du plus grand nombre possible de personnes ». De même qu'on peut dénombrer une certaine quantité de gens, il est tout aussi possible, selon Bentham, d'appréhender le bonheur en termes quantitatifs. Mill ajoute aussi à ce bonheur quantifiable un bonheur qualitatif en précisant que l'origine et la nature du bonheur constituent un élément qui n'est pas indifférent à celui qui l'éprouve. Les joies de l'esprit, par exemple, sont d'après lui davantage susceptibles à terme, c'est-à-dire au regard de l'ensemble d'une vie, de procurer du bonheur que les joies du domaine sensible, et doivent donc faire l'objet d'une distinction qualitative par rapport à ces dernières.

Charles Sanders Peirce

Dans le titre d'un article intitulé *Comment rendre nos idées claires* (1878), Peirce esquisse ses intentions philosophiques. Nous avons toujours une multitude de convictions inexprimées qui déterminent nos attitudes et nos actions. Dès qu'un certain nombre d'actions bien établies se soldent par des échecs, une insécurité en résulte que nous nous efforçons de corriger en reconsidérant certaines de nos hypothèses et certains de nos comportements pour les remplacer par des attitudes jugées plus adaptées afin de recouvrer la tranquillité du comportement. Peirce résume très simplement ce que l'on désigne comme un processus cognitif, et qui demeure naturellement un thème de la philosophie, bien qu'il soit aussi nécessaire de faire la lumière sur les idées. Peirce s'est toujours principalement penché sur les questions épistémologiques de la théorie de la science, mais il les a toujours considérées dans des contextes pratiques. Il s'est notamment occupé de sémiotique dans la mesure où nous avons toujours affaire, dans le cadre des processus cognitifs, à des notions et à des représentations qui se rapportent à quelque chose et qui ont quelque chose à voir avec les signes linguistiques.

Peirce considère les concepts comme des règles d'action. Tout ce à quoi les concepts se rapportent possède une « disposition », une sorte de prédisposition *a priori* à se situer dans un contexte, et à y être traité, ce qui donne lieu à des conséquences. Mais Peirce dépasse toutes les contradictions potentielles précisément au niveau de ces relations pratiques dans lesquelles ces contradictions peuvent survenir.

Il formule sur cette base une « maxime pragmatique » : « réfléchis aux conséquences que pourraient en principe avoir les références pratiques que nous laissons advenir dans nos pensées à l'objet de notre conscience. Notre concept de ces effets est alors déjà la totalité de notre concept de l'objet ». Les « règles d'action » sont des concepts comme globalité de ces relations et des effets que nous « produisons », ou qui apparaissent dans des contextes d'utilisation.

Nous comprenons par exemple le concept de « dureté » à partir de notre connaissance de la réaction de certaines choses quand nous tapons dessus, nous savons ce que nous avons à faire et quelles conséquences surviennent lorsque nous nous servons d'objets durs. Peirce évalue le sens des choses, pour ainsi dire en fonction de leur caractère vérifiable. Mais cela n'est le cas que lorsque la vérité, ou la fausseté, des phrases constitue une différence par rapport à nos possibilités de perception et d'action. Pour Peirce, il n'y a pas de vérités définitives ; la signification des concepts s'épuise dans une somme de contextes qui, en tant que structure relationnelle, ne constituent rien d'absolu. Peirce, en faisant valoir sa conception des théories et des concepts évalués en fonction de leur signification pratique, fonde le pragmatisme, un courant philosophique proche du positivisme, et qui sera surtout influent dans les pays anglo-saxons.

Plus d'un million de personnes se pressent sur la plage de Coney Island, photo de 1940

Les foules et les gorges formées par les rues entre les gratte-ciel furent dès le tournant du siècle des motifs photographiques très recherchés, censés montrer l'Amérique moderne. Le pragmatisme américain d'un John Dewey ne saurait être pensé séparément des conditions particulières, des exigences et des structures sociales de la nation occidentale la plus nombreuse sur le plan démographique. Les « possibilités illimitées » auxquelles l'Amérique est mythiquement associée se reflètent peut-être dans la philosophie de John Dewey lorsque ce dernier instrumentalise les méthodes logiques et la pensée rationnelle pour résoudre des problèmes qui varient, et ne les fixe pas sur des vérités éternelles.

John Dewey

Comme Peirce, Dewey pense que la connaissance et l'action, la théorie et la pratique, sont inséparables. Dewey rejette la conception de la connaissance qui fait de celle-ci une forme de la contemplation comme cela est souvent le cas dans la tradition philosophique. Cela ne concerne pas uniquement la « contemplation des idées » (au sens platonicien) plus ou moins mystique, mais aussi, d'une manière générale, l'établissement d'analogies entre le voir et le connaître. La vérité ne saurait être « vue » comme une réplique de la réalité, elle n'est pas indépendante du contexte, des personnes et des événements. La vérité n'est ainsi jamais qu'une réponse permettant d'élargir notre liberté de mouvement pour répondre à des problèmes qui se présentent dans certaines situations. Dewey va faire des postures épistémologiques du pragmatisme ce que l'on va appeler l'instrumentalisme. Il faut comprendre les assertions vraies comme autant d'instruments destinés à résoudre des problèmes, et elles ne sont d'ailleurs destinées qu'à cela. Mais cela ne signifie nullement que Dewey aurait accepté la formule volontariste selon laquelle « seul ce qui est utile est vrai ». Celle-ci repose sur une décision qui renvoie à des buts subjectifs. Or le réseau des relations fonctionnelles de l'organisme humain, de l'environnement humain et de ce à quoi se rapporte l'action humaine, est en fait très dense, et même lorsque des vérités ne se trouvent d'une certaine manière qu'en balance dans ce réseau, et ne parviennent donc pas à s'établir sur un point fixe absolu, elles possèdent une certaine objectivité.

La fin de la philosophie?

Le XXᵉ siècle

Du XIXᵉ au XXᵉ siècle

La philosophie du XXᵉ siècle s'interroge et doute de sa raison d'être. Les catastrophes de ce siècle n'ont pas seulement atteint les philosophes dans leur propre vie, mais elles ont aussi et surtout ébranlé durablement la foi dans le pouvoir effectif de la raison, plus sûrement que n'avait pu le faire l'expérience de la division entre l'ancien et le nouveau au moment des révolutions. Dès lors, contrairement à ce qu'avait envisagé l'idéalisme classique en son temps, la philosophie n'ose plus tenter une réconciliation susceptible de dépasser cette division qui se produit au niveau de la pensée. Elle propage plutôt à travers les nombreuses voix de ses représentants sa propre abdication, que ce soit au profit de l'art, de la science ou de la politique. À aucun moment dans le passé, les philosophes n'ont fait unanimement si peu mystère de leur quête d'un hypothétique salut en dehors de la philosophie. Paradoxalement, cet autoreniement s'accompagne d'une « scientifisation » exemplaire de la philosophie. Il n'y eut jamais dans le passé autant que maintenant de personnes à exercer la philosophie sur un plan professionnel dans les universités du monde entier, et jamais n'a-t-on vu une pareille différenciation entre les disciplines à l'intérieur de la philosophie, dont d'ailleurs seuls les spécialistes peuvent saisir les particularités.

La philosophie du XXᵉ siècle repose principalement sur les œuvres de trois grandes figures : Karl Marx, Friedrich Nietzsche et Sigmund Freud. Marx avait montré que le système économique capitaliste est soumis à des contradictions qui échappent à toute conduite rationnelle et qui recèlent un potentiel de crises constituant autant de menaces pour le système lui-même. Nietzsche avait démasqué l'aspiration humaine à prendre sa destinée en main, l'analysant comme une simple manifestation de la volonté de puissance. Freud se proposa quant à lui de mettre en doute la souveraineté de l'homme sur son moi profond, ses sentiments et ses pulsions en les décrivant comme autant de manifestations se situant dans le prolongement d'une pulsion sexuelle omniprésente. Toutes ces pensées considérées ensemble correspondent à une remise en question radicale de la puissance de la raison, car elles touchent à des domaines décisifs de la compréhension de l'homme par lui-même. Il s'avère en définitive que ce n'est nullement le sujet qui règne en maître sur lui, mais bel et bien des forces aveugles. La philosophie répondit diversement à ce défi ; d'une part à travers une abdication de la raison, d'autre part à travers une radicalisation de la rationalité des Lumières ; et elle allait devoir tenir compte des attaques menées contre la raison dont Marx, Freud et Nietzsche furent les éminents représentants. La foi en la possibilité de façonner le monde de manière rationnelle et raisonnable s'était en fait délitée à la fin du XIXᵉ siècle dans une partie importante de la conscience collective au fur et à mesure que l'homme se vit confiné à jouer le rôle de simple élément du fonctionnement global des sociétés industrielles modernes. La Première Guerre mondiale permit de prendre conscience à quel point l'idée de progrès n'avait rien à opposer aux forces destructives qui s'actualisèrent à ce

LE XXᵉ SIÈCLE

L'historien Eric Hobsbawm a appelé le XXᵉ siècle **l'âge des extrêmes**. Aucun autre siècle ne vit en effet coexister d'une manière aussi étroite dans le temps progrès et régression, guerre et paix, rationalisme et barbarie.

Les deux grandes idéologies du siècle, **le fascisme et le communisme**, amenèrent l'homme à croire en sa capacité à façonner l'histoire. La Seconde Guerre mondiale et l'extermination des juifs vivant en Europe, correspondirent à une rupture de civilisation qui ruina à jamais les promesses politiques de salut dans le monde occidental. Dans la confrontation des blocs, le capitalisme réussit finalement à s'imposer sur le communisme.

L'art et la littérature avant-gardistes commencèrent très tôt, sur le plan culturel, à démembrer le sujet souverain, éclairé et bourgeois du XIXᵉ siècle en ses différentes composantes. Grâce à l'électricité, au disque, au téléphone, à la télévision, à l'ordinateur et à Internet, **une culture de masse mercantile** a pu être très largement diffusée à la fin du XXᵉ siècle. Depuis la révolte estudiantine des années soixante, les projets de vie orientés vers une expérience existentielle du moi remplacent les stéréotypes sclérosés des sociétés industrialisées. **La théorie de la relativité et la théorie quantique**, de même que la découverte de l'**ADN**, constituent les découvertes les plus importantes.

La philosophie tente de faire face aux bouleversements de l'époque.

Thalès de Milet, œuvre de Hans Arp, 1952, collection privée

Les certitudes du rationalisme et du positivisme sont remises en question. **De nouveaux thèmes** sont au centre **de l'interrogation philosophique : la vie, le langage**

et la société. Le langage devient un thème central de la philosophie dans la mesure où, si l'unité de l'expérience semble pouvoir être réalisée dans une multitude de perspectives possibles, c'est uniquement par la compréhension linguistique qu'elle est susceptible d'être atteinte. La notion clé de « vie » tient compte de l'expérience qui a permis de montrer que la disparition des communautés traditionnelles a aussi correspondu à la perte d'une certaine énergie vitale. La société est finalement devenue elle aussi un sujet de la philosophie dans la mesure où il n'est plus possible de rendre compte de manière crédible, en catégories théologiques, des dépendances multiples dans lesquelles se trouve l'individu.

moment-là. Le malaise éprouvé vis-à-vis de la civilisation et de la technique ainsi que la méfiance ressentie face au rationalisme des Lumières stigmatisèrent l'époque, offrant ainsi à la philosophie de la vie les sujets de réflexion dont elle s'est nourrie depuis. C'est de cette confrontation à la raison qu'est issu ce dualisme d'une philosophie de la vie qui oppose le principe dynamique de la vie au principe perçu comme sclérosé de la rationalité.

Philosophie de la vie

Le Français Henri Bergson, certainement le plus célèbre représentant français de la philosophie de la vie, distingue deux principes fondamentaux de la réalité auxquels correspondent deux sortes de mouvements : la vie et son mouvement d'ascension et de poussée, et la matière morte et son mouvement descendant. La matière est passive et il est possible de l'étudier et de la manipuler à l'aide de l'entendement scientifique. La vie en revanche, possède une force effrénée qui lui permet de s'accommoder de la matière : il s'agit de l'élan vital. Cet élan est la force motrice qui se trouve dans tout ce qui est vivant et qui engendre la vie à partir de la matière inanimée. C'est ainsi que Bergson ne conçoit pas l'évolution comme un jeu aveugle de contingences, mais comme un processus orienté vers un but et au cours duquel la vie, dans son déploiement, extorque à la matière des formes de plus en plus élaborées.

La société aussi, d'après Bergson, porte la marque profonde du dualisme de la sclérose et du dynamisme. Une morale morte donne aux masses des règles qui leur permettent de fonctionner comme autant de petites roues dans le grand engrenage de la société. Une morale ouverte et vivante demeure en revanche l'apanage des héros et des saints qui ouvrent de nouvelles voies dans l'ensemble-vie. On peut faire une distinction analogue au niveau religieux. La raison rend supportable aux hommes leur finitude dans la mesure où ces derniers savent s'inventer des idoles qui leur garantissent une sécurité illusoire. La vraie religion, quant à elle, est de nature mystique. Elle se tourne intuitivement vers la source du flux de la vie et se dissocie méditativement du monde de la matière. Compte tenu du lien qu'elle entretient avec une certaine critique hostile à la civilisation et de son admiration pour l'irrationnel, la philosophie de la vie exprime une distanciation sceptique par rapport aux sociétés contemporaines massifiées, ce qui n'a pas été sans retombées politiques au regard de la tendance antidémocratique à laquelle cette philosophie a finalement correspondu.

Phénoménologie

L'insatisfaction qui s'était largement répandue par rapport au rationalisme conduisit en Allemagne aussi à de nouvelles impulsions. La jeune génération se trouvait au début du siècle fortement déçue par la stérilité de la philosophie universitaire très marquée par les tendances néokantiennes qui leur offraient des perspectives épistémologiques intéressantes mais aucune plénitude de vie. Ce fut Edmund Husserl dont le mot d'ordre était : « venons-en aux choses elles-mêmes », qui se proposa de faire revenir la vraie vie dans la philosophie. La « phénoménologie » – c'est ainsi que Husserl baptisa son entreprise philosophique – se tenait très à distance du culte de l'irrationnel. Mathématicien et scientifique de formation, il accordait toujours une importance particulière, voire quelque peu pointilleuse, à un contrôle méthodologique des plus rigoureux de sa pensée ainsi qu'à une présentation péniblement précautionneuse.

Le Philosophe, tableau de Lioubov Sergueïevna Popova, 1915, musée russe de Saint-Pétersbourg

Le XXe siècle est une époque qui a été perçue comme une période de folle accélération et de dissolution d'une perspective unifiée sur le monde. Ces deux tendances, qui ne laissèrent d'ailleurs pas la philosophie intacte, s'exprimèrent surtout dans le cubisme. La perspective y est brisée en une infinité de perspectives différentes qui restent juxtaposées et ne se fondent plus en une image d'ensemble. Une dynamique inouïe du changement s'y manifeste qui engendre l'impression d'avoir affaire à des perspectives se situant dans un flux permanent. La philosophie a réagi en général de manière très ambivalente par rapport à ces tendances. Elle a soit salué, comme l'a fait le positivisme logique, la dynamisation du progrès scientifico-technique, mais elle a refusé la pluralité des modes de connaissances, soit elle a considéré le progrès comme une fatalité malheureuse et accepté le perspectivisme épistémologique comme l'a fait Heidegger.

L'objectif de Husserl était de rebâtir la philosophie en tant que science rigoureuse sur la base de fondements sûrs. Dans ce but, il exige de prendre congé d'une posture naturelle par rapport au monde et de « mettre entre parenthèses » l'existence du monde extérieur. Car la seule chose qui soit sûre, c'est la manière qu'ont les choses de se manifester, et non leur existence en soi. La phénoménologie pense ainsi occuper un point de vue solide en se limitant strictement à l'évidence immédiate de ce qui se manifeste à la conscience, c'est-à-dire les « phénomènes ».

La position fondamentale de Husserl consiste à avancer la thèse selon laquelle la conscience est intentionnellement structurée. La conscience n'est pas la perception passive de quelque chose, mais un acte ayant un objectif. Lorsqu'une personne prend conscience de quelque chose, c'est parce qu'elle comprend activement ce quelque chose comme quelque chose de déterminé. Kant, déjà, avait souligné ce point contre la conception empiriste. Husserl étudie ensuite pas à pas de quelle manière s'effectue dans la conscience la constitution de l'objet.

Après s'être consacré à l'essence des objets logiques et mathématiques dans le cadre de sa première œuvre, *Recherches logiques*, considérée comme son ouvrage le plus important, il se pencha ensuite sur la conscience du temps et, vers la fin de sa vie, alors qu'il fut mis au ban de la société en raison de sa judaïté, il étudia la constitution du monde social. Il est peut-être difficile de comprendre aujourd'hui l'enthousiasme que suscita la phénoménologie. Il faut tout simplement admettre en principe au moins, qu'elle rendit accessible toute la richesse du monde empirique d'une philosophie qui croyait auparavant devoir se satisfaire d'une théorie de la connaissance. Mais ce furent surtout les élèves et successeurs de Husserl qui s'acquittèrent de sa promesse de revenir vers les choses et qui appliquèrent la méthode phénoménologique à des contenus concrets de la conscience.

C'est en France qu'émergea une telle tradition phénoménologique qui a survécu jusqu'à nos jours. Alors que Husserl s'était consacré à la construction du champ perceptif, la phénoménologie prit nettement, en France en 1945, un tournant existentialiste avec l'œuvre initiale de Merleau-Ponty : *Phénoménologie de la perception*. Il tenta de montrer, en se confrontant d'abord à la théorie psychologique de la forme que la perception ne peut être saisie ni de manière sensualiste, comme simple traitement de données sensorielles, ni de manière idéaliste, comme résultat de processus de constitution dans la conscience. La perception est bien davantage un processus actif dans lequel le sujet s'ouvre à son monde. Comme sur un tableau impressionniste, la structure des objets n'est pas clairement établie, mais elle n'est pas non plus complètement arbitraire. C'est ainsi que nous parvenons à voir par exemple une cathédrale sur un tableau impressionniste de Monet dans la mesure où cela nous apparaît comme une possibilité culturellement pertinente de donner un sens à cet embrouillamini de points dont est composée l'image. La perception dépasse ainsi le dualisme du corps et de l'esprit, car les objets perceptibles

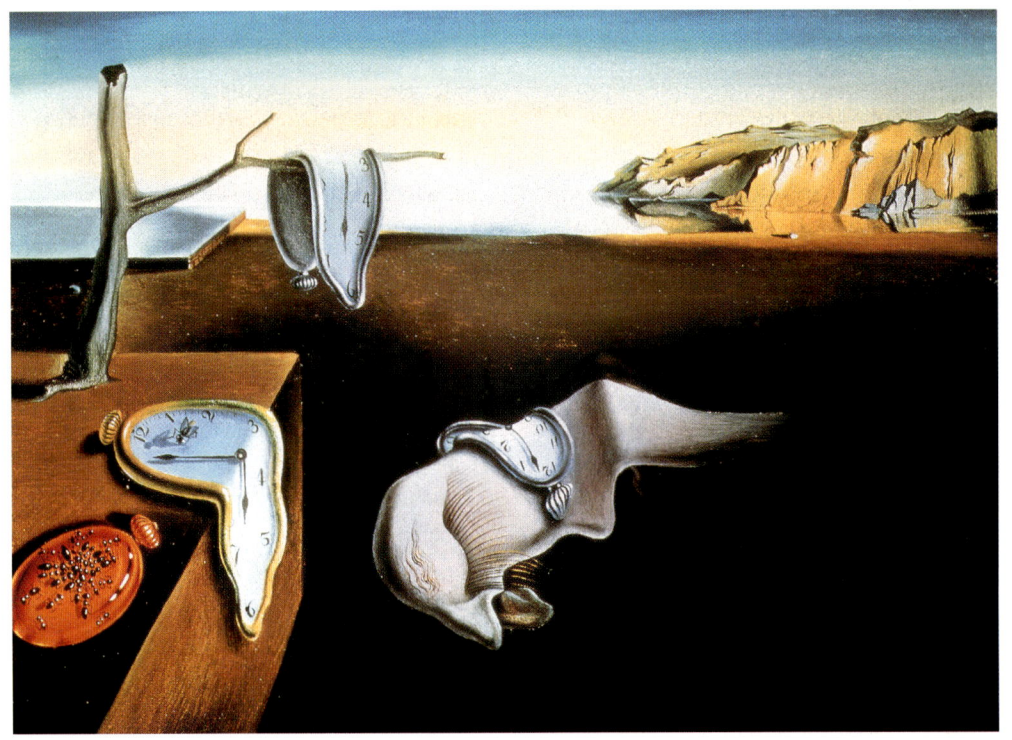

Persistance de la mémoire, tableau de Salvador Dalí, 1931, The Museum of Modern Art, New York

Dans la philosophie de Bergson, le dualisme de l'espace et du temps occupe une place centrale. L'espace est le médium des sciences naturelles et de la technique. En raison du caractère indistinct de tous les points d'un espace, un procédé scientifiquement établi dans un espace donné, est effectivement, par principe, techniquement reproductible. Mais cela suppose que le temps soit aussi conçu par la science comme s'apparentant à de l'espace. La science ne mesure que les changements successifs d'état des corps dans un espace donné. Mais l'essence du temps a vocation de toujours produire du nouveau, aucun moment n'est pareil à un autre. La compréhension de la vraie nature du temps que Bergson a caractérisé comme « durée », sous-tend également le tableau de Dalí. Les instruments de mesure exacte du temps (montres) avec lesquels on essaie d'apprivoiser le temps, sont rattrapés par la durée, car le flux organique du temps n'est pas mesurable, la vision du temps demeure réservée à l'intuition.

ne peuvent être finalement appréhendés que dans un rapport à un sujet intervenant physiquement dans le monde.

La philosophie existentialiste

De la phénoménologie est également issu l'un des mouvements de pensée les plus importants du XXe siècle, et dans lequel certains voient même tout simplement la philosophie du XXe siècle par excellence: la philosophie existentialiste. La Première Guerre mondiale avait désillusionné la génération de ceux qui étaient nés au tournant du siècle. Ils ne voulaient plus rien savoir des idéaux bourgeois de leurs aînés, et l'Église n'avait pas leur sympathie. L'homme semblait à leurs yeux devoir s'en remettre à lui-même dans sa quête du sens de la vie. La liberté de choisir sa vie et le risque de passer à côté d'elle sont au centre des œuvres de Martin Heidegger, Karl Jaspers et Jean-Paul Sartre. Heidegger est sans aucun doute à compter parmi les philosophes les plus importants du siècle. Seule peut-être l'œuvre de Ludwig Wittgenstein supporte la comparaison avec la portée mondiale de l'œuvre de Heidegger, bien que la philosophie de ce dernier – au même titre d'ailleurs que celle de Wittgenstein – est d'un abord très difficile et fait montre des plus hautes exigences quant à la culture philosophique qu'elle suppose auprès de son lectorat. La pensée de Heidegger a conduit ce dernier dans le giron du national-socialisme parce qu'il pensait que le mouvement hitlérien constituait un renouveau permettant de sortir de la décadence de la modernité. Il se rendit rapidement compte de son erreur et démissionna dès 1934, un an après sa nomination, de ses fonctions de recteur de l'université de Fribourg. Toutefois, il ne s'est jamais réellement distancé de son engagement initial en faveur du national-socialisme, et c'est précisément ce silence que beaucoup de ses adversaires, et ses amis aussi, ne purent jamais lui pardonner.

Son œuvre principale, *Être et Temps* (1927), qui le rend pour ainsi dire célèbre d'un jour au lendemain, est une analyse de l'existence humaine et de sa temporalité. S'inscrivant dans la continuité de son professeur, Edmund Husserl, et de sa méthode phénoménologique, il y étudie les structures de base de l'existence humaine, ce qu'il appelle les « existentiaux ». Ces dernières renvoient d'abord au rapport que l'homme entretient avec l'espace et avec le temps, ce rapport se distinguant fondamentalement du mode d'être des choses. L'« être-là » correspond toujours à un « être-dans-le-monde », c'est-à-dire qu'il inclut un rapport à un environnement préexistant par rapport auquel l'« être-là » constitue une chose tout à fait spécifique. Aussi le monde est-il toujours « englobé » d'une manière ou d'une autre. Ce monde englobé *a priori* ne peut toutefois pas choisir son « être-là », car celui-ci est « jeté » dans le monde. L'« être-là » jeté dans le monde n'en est toutefois pas pour autant fixé sur un « être-ainsi » déterminé. Il lui faut en effet d'abord se constituer à chaque instant, c'est-à-dire décider ce qu'il veut être. Heidegger nomme cette existentialité « souci », c'est-à-dire le fait que l'« être-là » est « cet "étant-là" auquel son "être" est important du point de vue de l'"être" ». La temporalité de l'existence humaine se manifeste dans le souci, dans le fait d'avoir connaissance de sa propre finitude; l'« être-là » est donc un « être-pour-la-mort ». S'il n'y avait pas cette certitude de la mort, l'« être-là » ne serait pas « retenu à l'extérieur du néant ». Il n'y aurait pas non plus de risque de passer à côté de sa propre vie, de son identité existentielle. Mais alors, seule la « résolution » de vouloir sortir de son inessentialité, de la « déchéance qui résulte du on » doit permettre d'effectuer ce mouvement de sortie. La question de l'objet même de cette résolution (« À quoi être résolu? ») est toutefois laissée sans réponse par Heidegger.

L'analyse de l'existence est au centre de la première partie d'*Être et Temps*. La seconde partie n'est jamais parue. La philosophie de l'œuvre tardive de Heidegger doit être saisie, à l'issue de ce qui est considéré comme le tournant du milieu des années trente, comme une poursuite de l'œuvre s'inscrivant dans la continuité de sa réflexion initiale engagée par *Être et Temps*. Car la question à laquelle était déjà censée conduire *Être et Temps*, et qui préoccupa Heidegger toute sa vie, est:

Couple d'amoureux, tableau de Marc Chagall, 1978, collection privée

On trouve en France chez Emmanuel Levinas une perpétuation de la philosophie existentialiste. La pensée de Husserl et de Heidegger influença son œuvre qui établit un lien entre phénoménologie et mystique juive. Il accorda un intérêt soutenu à cette mystique qui, suite à l'expérience de l'Holocauste auquel aucun des membres de sa famille lituanienne ne survécut, constitue la véritable particularité de sa pensée. L'éthique de Levinas repose sur le regard de l'autre qui nous engage infiniment; c'est-à-dire que l'autre nous prend à travers son éclat dans le devoir consistant à faire de la mauvaise conscience le fondement de la constitution humaine. Pour Levinas, l'expérience de l'absolu s'enracine dans le fait de savoir que nous voulons certes absolument venir à bout de cette obligation, mais que nous ne le pouvons pas.

Le Cri, tableau d'Edvard Munch, 1893, Galerie Nationale d'Oslo

L'existentialisme trouve ses origines dans l'œuvre de Kierkegaard qui a caractérisé comme existence le rapport que l'homme entretient avec lui-même. La désespérance éprouvée face aux projets hédonistes qu'il est possible de forger à discrétion et la peur ressentie face au manque de repères indispensables pour l'action éthique, auxquelles Edvard Munch donna leur expression artistique, ne peuvent être dépassées pour Kierkegaard que dans la grâce divine. Cette conscience n'est plus accessible aux personnes vivant au milieu de ce siècle, et Sartre comme Camus firent de l'absence de l'aide de Dieu le thème principal de leur œuvre. Le pathos athée qu'ils ont fait passer dans leurs thèses a donné une nouvelle orientation intellectuelle à toute une génération de l'après Seconde Guerre mondiale.

« Qu'est-ce que l'"être"? » La philosophie traditionnelle ne peut, selon Heidegger, répondre à cette question car elle a « oublié » l'« être ». C'est en réalité essentiellement la métaphysique occidentale qui est à l'origine de cet oubli de l'« être » dans la mesure où elle a essayé de décrire l'« être », Dieu, comme l'« étant suprême », comme sa forme la plus parfaite. Or l'« être » est séparé de l'« étant » par une « différence ontologique ». Il ne s'agit en effet pas de quelque chose qui préexisterait au monde, mais de ce qui fait en sorte que l'« étant » puisse être, puisse advenir. Il s'agit en définitive de la source active de tout « étant ». C'est ainsi que l'oubli de l'« être » effectué par la philosophie occidentale est le fait de l'« être » lui-même. Car l'« être » sanctionne pour ainsi dire lui-même l'homme occidental pour l'orgueil dont il a fait preuve en voulant faire du monde un sujet soumis, et il le sanctionne en se retirant du monde, en échappant à l'homme. La philosophie tardive de Heidegger se présente comme un grand appel à la modestie, à une écoute plus attentive des messages chuchotés par l'« être » à laquelle, concède d'ailleurs Heidegger, le poète a plus vocation que le philosophe. Ce n'est que lorsque l'homme apprend à être « détaché », c'est-à-dire lorsqu'il n'essaie plus de soumettre la nature à l'aide de la technique, ce n'est qu'à ce moment-là qu'il pourra se montrer à la hauteur de sa mission qui est d'être le « gardien de l'être ».

Pour Jaspers, psychiatre de formation, c'est plutôt l'insécurité du monde, à laquelle est confronté l'individu menacé par l'échec, qui constitue le point de départ de sa pensée. À la frontière entre mort et hasard, culpabilité et lutte, l'homme s'aperçoit qu'il lui est impossible de s'en remettre à quoi que ce soit dans ce monde. Il subsiste toujours un fossé ultime entre le sujet et l'objet, entre nous et ce à quoi nous nous référons. Jaspers exhorte l'homme de la modernité à reconnaître ce fossé et à saisir son existence de manière responsable. Car il est trop facile de se masquer les yeux face à l'inéluctable de l'échec, et de se consoler à coups de phantasmes religieux ou idéologiques. L'échec n'est plus vécu alors que comme un coup du sort, et non comme une condition fondamentale de l'existence humaine. Car l'échec est en réalité l'autre face de la liberté humaine qui nous place infailliblement dans des situations limites nous obligeant à choisir entre le bien et le mal, entre fidélité à l'« être » et aliénation. C'est dans cette situation que se laisse le mieux pressentir le dépassement de la séparation entre sujet et objet permettant de les englober tous deux. Mais il n'est jamais possible de faire directement l'expérience de cet « ensaisissement ». Car ce dernier ne s'allume que dans la transcendance pour s'en retirer aussitôt. Dès lors, c'est surtout dans une attitude d'attention aimante en faveur des autres, dans une communication existentielle, que l'homme peut saisir l'occasion de se trouver lui-même. Ce fut justement son attitude de pessimiste, mais si humaine, qui permit à Jaspers d'incarner cette conscience de la nation, rôle dont il se servit prioritairement pour garder éveillée la conscience de la culpabilité que les Allemands avaient endossée à l'époque du national-socialisme.

Jean-Paul Sartre occupa quant à lui une place tout à fait exceptionnelle dans le débat politique français, on peut même dire qu'il a incarné le type même de l'intellectuel engagé, qui n'a d'équivalent chez aucun autre intellectuel français. Sartre prit sans cesse position dans les débats publics – par exemple en 1968, lorsqu'il se joignit aux étudiants pour distribuer des tracts. Il fut également particulièrement prolixe comme romancier, scénariste et auteur de pièces de théâtre, ce qui lui valut en outre en 1964 le prix Nobel de littérature qu'il refusa.

Sa relation avec Simone de Beauvoir, l'une des figures les plus marquantes du féminisme en France, tendait à représenter exemplairement l'image du couple ouvert. Sartre est de ce fait plus qu'un philosophe, il est l'inventeur de l'existentialisme comme conception du monde. Et même s'il vouait à Heidegger une grande admiration, et plaçait en quelque sorte sa propre œuvre dans son sillage, Heidegger ne lui opposa que son incompréhension, car Sartre ne s'intéressait pas vraiment à l'ontologie, et lui préférait une philosophie du sujet, plus adaptée à son époque. La liberté humaine y occupe une place centrale, car « l'homme est condamné à la liberté » comme le dit l'une de ses plus célèbres formules. Rien ni personne ne peut se substituer à lui pour faire face à ses décisions, il est seul à devoir assumer ses responsabilités. Le constat qu'aucun sens ne peut être procuré à la vie à partir de l'extérieur ne constitue en réalité qu'un aspect de la philosophie sartrienne. Car pour Sartre, la seule réponse légitime à cette situation se trouve dans l'engagement. On se souvient du Sartre qui vend à la criée *La Cause du Peuple*, journal maoïste, ou qui harangue, juché sur un tonneau, les ouvriers de chez Renault, en 1968. Dans son théâtre, il illustre de manière plastique la détresse de la conscience qui surgit de la nécessité d'être libre et simultanément engagé. Il en va d'ailleurs de même pour les situations dans lesquelles sont plongés les protagonistes des romans et des pièces de théâtre d'Albert Camus, et que ce dernier qualifie d'absurde. Le monde s'oppose en effet constamment aux aspirations de l'homme à vouloir être raisonnable. Il ne reste dès lors plus à ce dernier qu'à se dresser fièrement contre un monde vide de sens et à faire valoir le droit que l'homme revendique de donner un sens aux choses, tout en ayant clairement conscience qu'aucune instance ne pourra jamais s'acquitter de cette exigence.

Dans sa principale œuvre théorique, *L'Être et le Néant*, parue en 1943, Sartre attribue à l'existence humaine un « être pour soi » qui la distingue de l'« être en soi » du monde des objets. L'« être pour soi est ce qu'il n'est pas et non ce qu'il est ». La seconde proposition de cette formule paradoxale signifie que l'homme n'apparaît jamais dans ce qu'il manifeste de son existence. L'existence humaine représente une rupture de l'« être », c'est un néant car l'homme est le « seul étant » qui n'ait aucune essence pré-établie, aucune essence propre ; il ne possède qu'une existence. Il lui faut donc d'abord acquérir cette essence en niant son passé et en se projetant dans l'avenir. Ce point fait l'objet de la première partie du paradoxe énoncé. À chaque instant, l'homme est confronté à la nécessité d'avoir à choisir sa vie, à renouveler son choix par rapport à elle − et il lui faut corrélativement assumer intégralement les conséquences de sa décision.

L'Être et le Néant fut un best-seller de la philosophie. Le fait qu'il soit rempli d'exemples empruntés à la vie quotidienne et de descriptions plastiques n'est d'ailleurs pas la moindre des raisons qui ont conduit à un pareil succès. Sartre illustre notamment la question du danger à vouloir écarter de soi

Martin Heidegger, 1889-1976, photo de Digne M. Marcovicz, 1968

Martin Heidegger est l'un des plus importants représentants de la philosophie existentialiste moderne. Dans son œuvre principale parue en 1927, *Être et Temps*, il applique à l'existence humaine la méthode phénoménologique de son professeur Husserl. Il y caractérise l'être humain comme un « projet jeté », c'est-à-dire comme un être qui, par sa naissance, est dans une situation qu'il n'a pas déterminée, ainsi que comme un être qui doit lui-même se donner le sens de son existence. Il encourt alors le risque de se soustraire à ce défi et de mener une existence « inauthentique ». L'« être » acquiert de plus en plus d'importance dans sa pensée à l'issue du tournant que l'œuvre de Heidegger prend au milieu des années trente. Il considère, depuis cette époque, que la philosophie occidentale s'est fourvoyée car elle a « oublié » l'« être » et l'a totalement chosifié.

la liberté de l'existence humaine en choisissant l'exemple du garçon de café qui se projette comme garçon de café, et uniquement dans cette situation, que parce qu'il ignore à ce moment-là qu'il doit remettre en question cette situation et toutes les attentes sociales liées à cette distribution des rôles. C'est précisément par rapport à ce point précis que Sartre tente, dans le cadre d'une deuxième œuvre extrêmement ambitieuse, *Critique de la raison dialectique* (1960), d'intégrer la dimension sociale de l'intersubjectivité dans l'élan subjectiviste de *L'Être et le Néant*.

Anthropologie philosophique

Kant avait jadis fait remarquer que les trois questions de la philosophie « Que puis-je savoir ? », « Que dois-je faire ? », « Que puis-je espérer ? » peuvent se résumer dans une seule et unique question : « Qu'est-ce que l'homme ? » L'anthropologie philosophique tente précisément de répondre à cette question à travers une confrontation avec la recherche scientifique, en particulier la biologie, et

Les Souliers, tableau de Vincent Van Gogh, 1888, musée Vincent Van Gogh, Amsterdam

Heidegger tente dans l'ultime phase de son œuvre philosophique de découvrir un accès non chosifié à l'« être ». C'est dans ce but qu'il se tourne vers l'art, lequel doit, selon ses attentes, rendre cet accès possible, thèse qu'il développe dans *De l'origine de l'œuvre d'art*, sa principale œuvre consacrée à l'esthétique. Il y souligne la valeur propre de l'œuvre d'art, contre l'esthétique kantienne qui avait étudié l'expérience esthétique sous l'angle de l'effet de l'œuvre d'art sur le sujet. L'œuvre d'art ne doit pas être au cœur d'un malentendu qui en ferait un objet affichant certaines propriétés, comme celles qui lui permettent de restituer la réalité d'une manière particulièrement fidèle ou esthétique. Il permet en réalité de révéler l'essence générale des choses et nous procure de la sorte une vue sur le monde. Ainsi, le tableau de Van Gogh représente une paire de sabots, mais en même temps, ce qui devient perceptible, c'est ce qui fait la nature d'un objet usuel : le fait d'être témoin d'une chose, à savoir la possibilité de pouvoir se fier à la réalité de son existence. Cette œuvre illustre comment les choses dont nous nous entourons et auxquelles nous accordons notre confiance quant au fait qu'elles existent, nous permettent d'éprouver un sentiment d'appartenance au monde dans lequel nous sommes.

Habitante de Venise II, bronze d'Alberto Giacometti, collection privée

Sartre voyait dans les sculptures de Giacometti une solidification d'instants perceptifs du vécu qui jouent aussi un rôle dans sa philosophie. C'est ainsi qu'un chapitre de *l'Être et le Néant* traite du « regard de l'autre ». Je suis seul dans un parc, nous dit Sartre, et je projette mes sensations sur le paysage qui m'entoure. J'aperçois soudain quelqu'un qui m'observe. Je deviens à cet instant précis un objet défini par celui qui m'observe. L'expérience du vide exprime aussi le fait que nous sommes situés dans le monde, que nous nous référons nécessairement aux autres. Pour Sartre, Giacometti est quelqu'un qui se déplace en permanence avec son propre vide. On ressent cette impression de vide en contemplant ses figures. Ces dernières demeurent dans une « distance absolue » par rapport à l'observateur, elles semblent entourées par une contre-lumière comme à l'horizon et paraissent ainsi dépouillées de leur volume.

ce de manière directe, c'est-à-dire sans faire de détour par la théorie de la connaissance, l'éthique ou la théologie.

Un élève catholique de Husserl, Max Scheler, donna une impulsion dans ce sens en publiant en 1928 un petit opuscule dont le titre était: *La Situation de de l'homme dans le monde*. Scheler se pose la question de savoir en quoi consiste la place particulière de l'homme dans le cosmos. D'après lui, l'homme dispose d'une capacité particulière d'« ouverture sur le monde »: son esprit lui donne la faculté de se mettre à distance de son environnement immédiat et de s'ouvrir ainsi au monde qui se situe en dehors de sa sphère de perception.

C'est aussi en 1928 que parut l'ouvrage d'Helmuth Plessner, *Les stades de l'organique et l'homme* dans lequel il localise la place particulière de l'homme dans une « positionnement excentrique » propre à son organisme. Tandis que l'animal se trouve dans une posture « centrée » au milieu de son environnement, l'organisme humain est certes, en tant que corps, le centre immédiat de son environnement, mais il devient aussi objet par rapport aux mouvements dont l'homme dispose pour ainsi dire de l'extérieur. L'organisme humain est toujours simultanément ces deux choses: un médium de l'expression de l'émotion et un instrument qui peut être employé pour atteindre un objectif. Plessner explicite ce double caractère de l'organisme en évoquant les formes d'expression humaines: tandis que les expressions qui relèvent de l'esprit et du langage rendent nécessaire une maîtrise du corps permettant de transmettre efficacement des informations à d'autres personnes, il existe parallèlement des expressions mimétiques spontanées – comme le fait de rougir ou de pâlir – c'est alors l'organisme qui devient lui-même

expressif. D'après Plessner, dans le fait de rire et de pleurer, on assiste à l'effondrement du précaire équilibre de l'homme placé entre le fait d'avoir un corps et le fait d'être un corps, dans la mesure où l'homme est alors tellement envahi par sa corporalité qu'il en perd sa marge de manœuvre en tant que totalité.

Arnold Gehlen, pour sa part, désigne l'homme comme un « être du manque » dans son ouvrage, *Der Mensch. Seine Natur und seine Stellung in der Welt* (L'homme. Sa nature et sa place dans le monde), paru en 1940 et considéré comme l'œuvre la plus importante de l'anthropologie philosophique. Car l'homme demeure en effet largement inférieur à ses ennemis naturels en raison du caractère déficient de ses attributs naturels, que ce soit au niveau de la précision de ses sens, de sa force physique ou de ses instincts. Ses facultés sensorielles et son mode de locomotion sont extrêmement peu spécifiques, et c'est d'ailleurs pourquoi il possède une grande capacité d'évolution et d'adaptation. L'homme a un sens beaucoup plus aigu de la réalité que les animaux, même si l'acuité de ses facultés perceptives est inférieure. Son mode de locomotion n'est pas limité à un répertoire fixe de mouvements. Ses instincts ne le déterminent pas dans des schémas obligatoires de comportement, il a des choix à faire. Ces faiblesses, qui sont en même temps des atouts, permettent à l'homme d'agir, une notion que Gehlen, se référant ici à Dewey, met au premier plan de ses travaux. Ces faiblesses l'incitent simultanément à agir de telle sorte qu'il puisse se délester des dangers d'une trop grande quantité de stimuli, d'une locomotion trop lourde et d'instincts trop diffus, en structurant sa perception. Ce délestage est précisément la mission des institutions. Gehlen compte parmi ces institutions le langage, mais aussi plus

Jean-Paul Sartre, 1905-1980, photo avec Simone de Beauvoir, 1970

Jean-Paul Sartre fait partie des plus célèbres intellectuels du XXᵉ siècle. Il est le fondateur d'une conception du monde existentialiste qui pose l'existence comme précédant l'essence. L'« ego » n'est pas dans la conscience, il est en dehors, dans le monde où il trouve son lieu d'existence. Conformément à sa constitution ontologique, l'homme n'a pas vocation à être quelque chose de précis – comme c'est le cas d'un marteau ou d'une pierre – il lui faut se donner lui-même une nature en agissant dans le monde.

particulièrement les institutions politiques, sociales et culturelles qui, quant à elles, circonscrivent la marge de manœuvre de l'homme par des interprétations du monde et par des règles de comportement liées à des traditions. Elles remplissent d'autant mieux leur fonction stabilisatrice qu'elles parviennent à se soustraire à toute critique et à toute reconsidération de leur mode de fonctionnement. C'est surtout cette approche fondamentaliste de sa théorie des institutions – au-delà des diagnostics sociologiques particulièrement perspicaces qu'il a pu dresser sur son époque – qui l'a fait apparaître comme l'une des figures les plus marquantes parmi les intellectuels conservateurs de la République fédérale d'Allemagne d'après-guerre.

LE LANGAGE

Herméneutique

Ce n'est qu'au XXe siècle que le langage en tant que moyen de connaissance parvient au premier plan de la conscience philosophique. La philosophie du langage existait déjà auparavant, mais la langue était considérée en général comme un simple moyen d'expression de pensées élaborées indépendamment du langage. C'est suite à l'émergence des difficultés de la philosophie de la conscience que cette conception évolua, surtout lorsqu'il s'est agi de décrire la constitution d'objets de l'expérience comme une simple relation entre sujet et objet. Il devint en effet de plus en plus clair que la connaissance d'un monde dont la perception est partagée par d'autres, et de ce fait objectif, ne peut s'effectuer que dans la mesure où les différents observateurs se réfèrent à la même réalité par le truchement d'un langage commun. Les deux grandes traditions de la philosophie du langage de ce siècle, qui s'opposèrent le plus souvent l'une à l'autre avant de se rapprocher vers la fin du siècle, se sont abreuvées à deux sources distinctes. Tandis que l'herméneutique s'efforçait de fonder une théorie scientifique des sciences humaines, la philosophie analytique aspirait à l'idéal de l'exactitude des assertions des sciences naturelles.

L'herméneutique est une théorie de la compréhension. Ses origines remontent à l'exégèse théologique des textes sacrés et trouvent sa forme philosophique dans la pensée romantique de Friedrich Schleiermacher. Wilhelm Dilthey avait établi, en conformité avec l'esprit de la philosophie de la vie, que la démarche de compréhension du chercheur en sciences humaines, contrairement à la démarche explicative du chercheur scientifique, doit s'investir de manière empathique dans son objet d'investigation, en l'occurrence dans les manifestations humaines inscrites au sein des processus historiques afin de parvenir à les comprendre pour ainsi dire de l'intérieur.

Ce fut cependant Hans-Georg Gadamer qui, avec son ouvrage *Vérité et Méthode* paru en 1960, fit converger ces deux tendances de manière à élever l'herméneutique au rang d'une discipline fondamentale de la recherche dans le domaine des sciences humaines. Gadamer partage les prémisses philosophiques de son maître, Heidegger. L'homme est jeté dans un monde et il dispose d'une précompréhension de ce monde. Ce n'est qu'à partir de l'horizon de ce qu'il connaît de toute éternité qu'il est en mesure de s'approprier ce qui lui est étranger et qu'il ne cesse de rencontrer. Le fait de s'accommoder de ce qui lui est étranger dans une perspective communicante modifie son approche des choses de telle sorte que son horizon s'élargit. C'est ce qui se produit de manière exemplaire dans les sciences humaines, en particulier dans le domaine de l'interprétation des œuvres d'art dans lesquelles la force d'ouverture sur le monde du langage s'intensifie. Car dans le mode de communication à double sens qui s'établit avec l'œuvre d'art, l'horizon originel de l'interprète se confond avec celui de l'œuvre. Ce dernier parvient dès lors, à l'intérieur de ce que l'on appelle le cercle herméneutique, à une compréhension plus profonde de ce qu'il avait présupposé au début. Dans la mesure où chaque époque soulève un certain type de questionnement, ce processus d'appropriation ne s'achève jamais, nous ne parvenons en effet à comprendre les œuvres d'art, au même titre que notre vie, que d'une manière toujours différente, et jamais de manière définitive.

La philosophie analytique

La philosophie analytique ne se satisfait pas de l'inachèvement de la compréhension et aspire, pour le savoir philosophique, à la même exactitude que celle qui prévaut pour la connaissance scientifique. Le style de cette pensée que l'on retrouve aujourd'hui surtout dans la philosophie universitaire des pays anglo-saxons, se concentre rigoureusement sur une démonstration et une réfutation subtiles de différents arguments, tout en se tenant éloigné de tout projet explicite se rattachant à une conception du monde. Les racines de la philosophie analytique remontent au XIXe siècle. Le mathématicien Gottlob Frege a imaginé une logique, faisant suite à sa tentative d'instituer un fondement à l'arithmétique, sur la base de laquelle il est possible

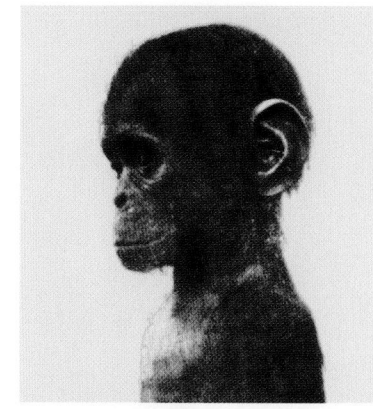

Un jeune chimpanzé et un chimpanzé adulte

L'anthropologie philosophique s'appuie pour beaucoup sur les résultats des sciences empiriques, notamment de la biologie ; une découverte du zoologue et philosophe Adolf Portmann a eu à cet égard une importance toute particulière. Portmann avait prouvé que l'homme a tendance à naître trop tôt en comparaison de ce qui se passe avec les espèces qui lui sont le plus apparentées. Dépourvu de poils, doté d'une quantité d'instincts limités et se trouvant dans un état d'inachèvement à bien des égards, l'homme doit pouvoir passer le cap d'une sorte de grossesse à l'extérieur de sa mère pendant environ une année après sa naissance jusqu'à ce qu'il soit aussi développé que de nombreux animaux à leur naissance. Ses facultés sensorielles, son mode de locomotion et son système moteur sont beaucoup moins spécifiques que ceux des animaux, mais en revanche ils sont susceptibles d'être façonnés, ce qui n'est pas le cas pour les animaux. On voit très bien ces différences sur ces photos de chimpanzés nouveau-né et adulte. Le chimpanzé nouveau-né ressemble beaucoup plus à un humain que le chimpanzé adulte, de telle sorte que l'on peut dire que l'homme demeure un nouveau-né pour ainsi dire toute sa vie.

Gottlob Frege, photo prise vers 1920

Le mathématicien et philosophe Gottlob Frege est considéré comme le père de la philosophie analytique. Il a, à l'issue de sa tentative de constituer un fondement pour l'arithmétique, conçu une logique à l'aide de laquelle il est possible de représenter formellement la structure de toutes les assertions ainsi que leurs liens éventuels. La logique formelle équivaut à une langue naturelle comme l'anglais ou le français dans la mesure où elle dispose d'une syntaxe, donc de règles qui précisent les phrases qui sont conformes à la langue et celles qui ne le sont pas. Les phrases de la logique formelle ne disent toutefois rien sur le monde réel, car le fait qu'elles soient vraies ou fausses résulte de la vérité empirique ou de la fausseté des assertions à partir desquelles ces phrases sont composées. Dès lors, l'assertion logique « A ET B » n'est vraie que si et seulement si l'assertion « A » comme l'assertion « B » sont vraies, et indépendamment de ce que « A » et « B » affirment sur le monde. La sémantique aussi, c'est-à-dire la théorie de la signification d'expressions linguistiques, est redevable à Frege d'avoir pu comprendre des choses décisives. C'est ainsi que les dénominations d'« étoile du matin » et d'« étoile du soir » se rapportent certes au même objet, Vénus, mais leur sens est différent dans la mesure où cela a constitué une découverte informative de constater que l'étoile du matin et celle du soir sont une seule et même chose.

de présenter de manière formelle aussi bien la structure de n'importe quelle assertion que les liens qui, le cas échéant, les unissent. Mais ce fut ensuite surtout le philosophe et mathématicien anglais Bertrand Russell qui appliqua l'analyse logique au langage naturel. Ce dernier devint célèbre auprès du grand public en raison de son courageux engagement pacifiste, d'abord contre la Première Guerre mondiale, puis contre la guerre du Vietnam.

L'idéal d'exactitude que s'appropria ainsi la philosophie de l'analyse du langage alors émergente trouva sa forme d'expression la plus achevée dans le cadre de deux programmes de recherche très différents l'un de l'autre où l'élève de Bertrand Russell, Ludwig Wittgenstein, imprima profondément sa marque : le positivisme logique et la « philosophie du langage ». Le positivisme logique visait à la construction d'une science exacte du langage qui devait se défaire des approximations et des contradictions du langage courant. Son manifeste, le *Tractatus logico-philosophicus* paru en 1921, mit en évidence le génie de l'œuvre initiale de Wittgenstein, constituée par une suite numérotée d'affirmations apodictiques. La question centrale du *Tractatus* renvoie au rapport entre langage et réalité. Selon la célèbre formule du premier principe édicté par le *Tractatus*, le monde se résume à tout ce qui le compose, il s'agit d'un fait assemblé. Ce fait peut en tout état de cause être décomposé en faits élémentaires qui, quant à eux, sont composés de simples choses. Un langage qui permet de décrire la réalité de manière adéquate doit donc être, selon Wittgenstein, une reproduction fidèle de la réalité – il doit pouvoir afficher les mêmes caractéristiques de structure que la réalité. Dans la mesure où les langages naturels ne sont guère satisfaisants pour remplir de telles conditions, Wittgenstein construit avec son *Tractatus* une langue idéale où les noms simples renvoient aux choses simples, et où la structure syntaxique des phrases reproduit la structure des faits. Ce qui est épistémologiquement décisif dans cette approche, c'est que, pour Wittgenstein, les objets et leurs propriétés sont des données de la réalité indépendantes du langage, et qu'ils sont simplement reproduits par le langage. Mais la préoccupation centrale de Wittgenstein dans son *Tractatus* est de montrer la différence entre ce que l'on peut dire avec la langue, à savoir quel rapport il y a entre ce que l'on dit et le monde, et ce qui se manifeste à travers le langage. Ce qui se manifeste dans les phrases d'une langue, c'est le rapport que ce langage entretient avec la réalité. Il en résulte, comme

le concède Wittgenstein, que les phrases du *Tractatus* sont finalement absurdes, tout comme l'ensemble des tentatives philosophiques de dire quelque chose sur le rapport entre langage et réalité. La philosophie ne saurait donc avoir pour mission, d'après Wittgenstein, d'ériger un édifice théorique. Il considère la philosophie comme une activité surtout thérapeutique vouée à nous guérir « contre l'ensorcellement de notre entendement par les moyens de notre langage ».

La passion quasi pathologique de Wittgenstein pour la clarté prend l'aspect d'une urgence existentielle en particulier dans ces phrases finales du « *Tractatus* » qui confinent à une méditation au point d'avoir un aspect presque mystique.

Un groupe de mathématiciens, de scientifiques et de philosophes de grande envergure, qui s'étaient regroupés depuis 1924 à Vienne autour du physicien et philosophe Moritz Schlick, devint rapidement célèbre sous le nom du « cercle de Vienne ». Leur but était de fonder une science unifiée dont les assertions formulées dans le langage de la logique devaient exclusivement reposer sur des observations empiriques.

Toutes les questions qui ne pouvaient pas trouver de réponses exactes en appliquant ce principe – et donc de fait presque toute la tradition philosophique – devaient être rejetées comme autant de faux problèmes résultant de l'emploi de propositions absurdes. Les propositions ne deviennent sensées selon le cercle de Vienne que lorsque l'on peut préciser dans quelles conditions elles sont vraies. Si l'on connaît ces conditions, on sait aussi ce que la phrase signifie. C'est la raison pour laquelle on parle de critère de signification vérificationniste. C'est en particulier Rudolf Carnap qui développa à partir de là un programme physicaliste dans lequel toutes les propositions d'une théorie scientifique devaient pouvoir être traduites en propositions d'un langage d'observation.

Le positivisme logique

Après la fuite aux États-Unis des membres du cercle de Vienne, consécutive à l'arrivée au pouvoir du national-socialisme, sa tradition s'est perpétuée sous une forme différente pour atteindre son apogée sous la férule de Williard Van Orman Quine et Donald Davidson. Sans prétendre à l'établissement d'une théorie de l'emploi de la signification dans le sens de l'œuvre ultérieure de Wittgenstein, Quine, un élève de Carnap, a soumis les hypothèses fondamentales du positivisme logique à une critique radicale. Au centre de sa pensée, on trouve la dépendance fondamentale à un contexte de toute signification linguistique et, partant, de tout savoir. Il ne saurait y avoir une unique restitution exacte de la réalité dans la mesure où différents systèmes de savoir peuvent parfaitement coexister sans pour autant que leur identité soit discernable. Donald Davidson continue pour sa part de croire que la signification d'une phrase peut être expliquée à l'aide de « sa vérité », mais ne pense pas cependant que celle-ci soit indépendante d'une interprétation de compréhension dans un processus de communication entre des personnes. En élargissant également le concept fondamental de l'interprétation à la compréhension d'actions, il parvient à établir un lien entre philosophie théorique et philosophie pratique sur la base d'une analyse du langage qui n'est plus très éloignée, quant à son contenu, de la tradition herméneutique européenne, mais qui repose sur un socle méthodologique très différent.

Wittgenstein avait affirmé dans la préface de son *Tractatus* « qu'il avait pour l'essentiel résolu les problèmes ». Mais les problèmes que s'était posés le cercle de Vienne lors de l'élaboration d'une théorie vérificationniste de la signification ne constituèrent pas la moindre des causes qui poussèrent Wittgenstein à une révision radicale de ses positions antérieures. Ce n'est qu'après sa mort que parut en 1953 les *Investigations philosophiques*, œuvre qui allait donner une nouvelle orientation à la philosophie du XXe siècle. Wittgenstein y abandonne sa conviction d'une réalité indépendante du langage et simplement reproduite par lui. Cette

fois-ci, le monde ne devient susceptible de s'ouvrir qu'à travers la description linguistique qui s'y rapporte. C'est pourquoi il ne saurait y avoir qu'une seule description juste de la réalité. La vérité d'une description dépend en fait du langage utilisé. Cela explique pourquoi Wittgenstein renonce à vouloir constituer une langue idéale exacte qui puisse se passer des approximations du langage courant. Car le langage familier est en réalité très bien comme il est. Ce sont bien davantage les errements dans l'emploi du langage philosophique (et scientifique) qui posent problème. Mais il est tout à fait possible de considérer ces derniers comme étant sans objet grâce à une analyse précise du langage courant. Ce qui demeure inchangé par rapport à sa philosophie initiale, c'est sa perception de la philosophie comme thérapie linguistique.

Dans ses *Investigations philosophiques*, Wittgenstein part du principe que la parole est un jeu dirigé par des règles. Ce « jeu de langage », comme l'appelle Wittgenstein, se coule pour ainsi dire dans des contextes pratiques ou des formes de vie, et la description scientifique n'est qu'une description parmi d'autres. La signification d'un mot résulte du rôle qu'il remplit dans un jeu de langage, autrement dit le sens d'un mot se résume à son emploi.

Cette formulation simple recèle en fait une théorie radicalement nouvelle de la signification. Ce n'est plus le rapport à certains objets du monde, qu'il s'agisse d'ailleurs de choses ou de caractéristiques, qui donne sa signification au mot, mais uniquement

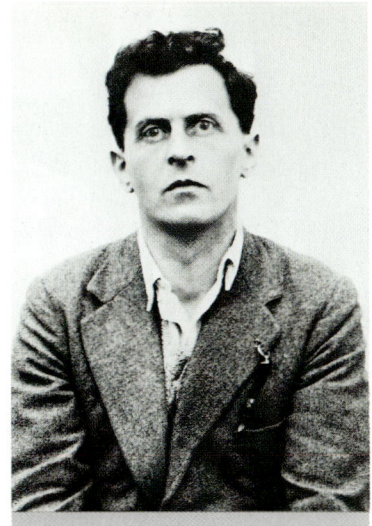

Ludwig Wittgenstein, 1889-1951, photo prise vers 1930

Dans son premier ouvrage qu'il publia en 1921, *Tractatus logico-philosophicus*, Wittgenstein s'efforça d'instituer une langue scientifique idéale censée rendre compte de la réalité. Dans les années trente, Wittgenstein commença à revoir ses considérations sur le rapport entre langage et réalité. Ses *Investigations scientifiques* constituent une rupture par rapport à l'exigence du positivisme visant à établir une seule description scientifique correcte du monde. Il considère que le langage se coule dans une forme de vie. C'est donc la langue, et avec elle la forme de vie, qui donne au monde sa structure, et non plus l'inverse..

La maison de la sœur de Wittgenstein à Vienne, photo de Margherita Spiluttini

Fils d'une famille d'industriels juifs mélomanes, ayant grandi dans les meilleurs cercles de la Vienne impériale, Ludwig Wittgenstein entreprit des études d'ingénieur à Berlin et à Manchester. Pendant ses études, il se consacra plus particulièrement aux questions des fondements des mathématiques. Mais il se passionna par la suite de plus en plus pour la philosophie et la théorie de la science et, sur les conseils de Frege, il partit à Cambridge suivre l'enseignement de Bertrand Russell dont il devint également l'ami. Après avoir fait cadeau de sa considérable fortune à des poètes – entres autres à Rilke et Trakl – et écrit son *Tractatus* tandis qu'il était au front. Pensant alors avoir résolu l'ensemble des problèmes de la philosophie, il devint instituteur dans un village autrichien et jardinier dans un monastère. Il retourna à Vienne en 1926, construisit une maison à sa sœur et entra en contact avec le « cercle de Vienne » dont le rationalisme l'incita à prendre ses distances. En 1929, il repartit pour Cambridge où, mis à part quelques interruptions, il continua à enseigner jusqu'à sa mort.

Scène du film de Rowland V. Lee,
Le fils de Frankenstein, États-Unis,
1939, avec Bela Lugosi, Boris Karloff,
Basil Rathbone et Paul Muni

La philosophie de l'esprit (*philosophy of mind*) s'est constituée en tant que discipline à part entière à l'intérieur de la philosophie analytique. Elle a repris la question classique du rapport mystérieux entre corps et esprit en l'abordant sous différents aspects méthodologiques. La philosophie analytique défend en fin de compte un point de vue moniste qui attribue à l'esprit la fonction d'une sphère apparemment autonome, mais qui n'est en réalité qu'une fonction du cerveau. En s'appuyant sur la technologie informatique, les représentants des sciences cognitives, qui englobent aussi la philosophie de l'esprit, travaillent à la mise au point de l'intelligence artificielle. Mais contrairement au projet du Dr Frankenstein, il s'agit (pour l'instant en tout cas) non pas de créer de la vie, mais d'essayer de reproduire, en les imitant, les fonctions cérébrales que sont la perception et la cognition, et ce grâce à des ordinateurs.

l'emploi juste régi par l'institution sociale. On use correctement d'un mot dès lors qu'on observe une bonne règle d'usage généralement admise. Mais par quel processus? Lorsqu'on apprend une langue, on apprend à utiliser un mot en se servant d'exemples, que l'on applique ensuite à d'autres situations sans pouvoir recourir à des critères qui en garantissent la justesse d'usage. On se satisfait en définitive d'une similitude suffisante du cas pour appliquer le mot qu'on a appris. Il en résulte d'une part un caractère inévitablement approximatif du concept en question. Par ailleurs, Wittgenstein en tire une conclusion épistémologique opposée au scepticisme, selon laquelle les membres d'une communauté linguistique ne doivent pas seulement s'accorder sur des définitions, mais aussi pour l'essentiel sur les jugements qu'ils portent sur le monde.

La philosophie du langage (*Ordinary Language Philosophy*), appelée aussi « Oxford Philosophy » du nom de son centre intellectuel, s'empara des impulsions de son fondateur et tenta, à travers un travail minutieux, de résoudre les problèmes philosophiques modernes par l'analyse de l'emploi du langage familier en se penchant sur les concepts qu'on y rencontre. La théorie de l'acte parlé de John Austin s'avéra à cet égard particulièrement fructueuse. Partant des observations de Wittgenstein selon lesquelles le fait de parler correspond aussi à une action, il montra qu'il est possible de décomposer n'importe quelle action parlée en contenu locutoire (simple acte d'énoncer) et en rôle illocutoire, désignant par là ce que l'on fait en formulant quelque chose (par exemple promettre, remercier, etc.).

Théorie de la science

L'œuvre de Karl Popper, l'un des membres du cercle de Vienne, prit toute son importance après que celui-ci eut fui l'Autriche suite à l'arrivée des nationaux-socialistes, pour aller s'établir à Londres. Mais dans son œuvre principale, *Logique de la découverte scientifique* parue en 1934, Popper s'intéressait alors moins à la structure logique d'un langage scientifique idéal qu'à la manière de parvenir à la connaissance scientifique par l'observation. Car la science aspire à des lois d'assertions, c'est-à-dire à des assertions générales qui soient valables dans n'importe quel cas du domaine d'application de cette loi. Mais comment est-il possible de pouvoir extraire une loi qui soit valable pour un nombre de cas infini à partir d'un nombre infini d'observations? Il s'agit là du problème de l'induction. La réponse de Popper est la suivante: cela est tout simplement impossible. Car un nombre d'observation aussi grand qu'il soit ne peut garantir qu'une observation contraire ne finisse pas un jour par intervenir. Il incombe à la science dans sa mission créative d'établir des hypothèses générales et de les vérifier ensuite dans le cadre d'expériences, car les hypothèses ne sont certes pas vérifiables, mais il est en revanche possible de les contredire ou de les falsifier. C'est par une élimination progressive des théories que l'on peut prétendre augmenter la « ressemblance à la vérité » d'une théorie qui aura survécu au traitement évoqué précédemment.

Quine objecta à la théorie de Popper qu'il n'est pas possible de déduire de différentes hypothèses des affirmations résultant d'observations empiriquement vérifiables, et que cela ne peut être réalisé qu'à partir d'hypothèses complexes. Le fait d'abandonner, ou d'admettre une hypothèse si une observation vient infirmer cette hypothèse, est, d'après Quine, une affaire d'appréciation. L'Américain Thomas Kuhn a expressément soutenu cette conception holistique de la connaissance scientifique dans son ouvrage paru en 1962, *La Structure des révolutions scientifiques*, en procédant à une étude de l'histoire des sciences. Pour ce dernier, la science est loin d'être seulement un processus de progrès permanent qui se caractérise par la collecte de faits. Il s'agit bien davantage d'une production de paradigmes qui se caractérisent par des hypothèses théoriques de base universellement acceptées et à l'intérieur desquels la théorie reconnue comme valide n'est pas fondamentalement remise en cause et est employée pour résoudre des problèmes qui subsistent, et qui sont considérés comme des anomalies. S'il s'avère que ces anomalies persistent, il peut alors se produire une révolution scientifique dont la marque la plus visible est justement un changement de paradigme. Cette éventualité est toutefois en dernière instance fonction de facteurs extra-scientifiques, par exemple de rapports de force politiques. Dans la mesure où la différence entre les anciens et les nouveaux paradigmes est incommensurable, car ils sont en fait incomparables, il n'est pas opportun, pour Kuhn, de parler de progrès scientifique.

LA SOCIÉTÉ

Le marxisme occidental

Depuis la Première Guerre mondiale, on a assisté, dans le contexte de la confrontation à la sociologie considérée comme une science balbutiante, à l'apparition, en Allemagne essentiellement, d'une réflexion sur la modernité des sociétés qu'il est possible de saisir dans son ensemble à travers la notion de marxisme occidental. Cette notion n'est d'ailleurs pas pleinement satisfaisante, car cette réflexion est une tentative d'expliquer la situation du sujet moderne, donc aussi de la civilisation et de la personnalité, à partir des processus de modernisation des sociétés et de transmettre ses enseignements à travers une pratique politique. Karl Marx en constitue bien sûr la référence théorique. Mais le marxisme occidental va libérer la pensée marxiste d'un raisonnement limité au domaine économique. Il se distingue donc du marxisme orthodoxe qui aura représenté pendant près d'un demi-siècle et partout dans le monde la théorie

officielle des partis communistes et des États qu'ils contrôlaient. Il s'en distingue sur le plan théorique par la grande importance qu'il accorde aux phénomènes dits de superstructures, c'est-à-dire aux développements de la conscience sociale, et au niveau pratique par un scepticisme prononcé à l'endroit du modèle de société soviétique.

L'année 1923 peut être considérée comme l'année de naissance du marxisme occidental. C'est en effet cette année-là que parut l'œuvre du Hongrois Georg Lukacs, *Histoire et conscience de classe*. Il partage la conception de Max Weber, l'un des pères de la sociologie, conception selon laquelle la société moderne est caractérisée par un processus permanent de rationalisation, c'est-à-dire par une extension constante des domaines de l'existence dans lesquels l'homme n'agit plus en fonction de valeurs communautaires mais en fonction de ses intérêts particuliers. Lukacs analyse ce processus en tant que « chosification », c'est-à-dire que l'homme moderne perçoit de plus en plus les autres et lui-même comme des « choses » avec lesquelles il entretient un rapport rationnel. L'origine de ce processus se trouve pour Lukacs dans l'extension du salariat où le travailleur contemple sa propre force de travail en tant qu'elle constitue une chose séparée de lui-même, qu'il lui faut vendre. Les travailleurs ont ainsi la possibilité, contrairement à d'autres classes sociales, de s'apercevoir que le système d'économie capitaliste est à l'origine de cette « chosification » et l'espoir de Lukacs était que le prolétariat parvienne à dépasser par la révolution à la fois le capitalisme et le processus de chosification.

Les deux penseurs qui marquèrent profondément le marxisme occidental, mais en s'inspirant beaucoup moins de Max Weber que de la mystique juive, furent Ernst Bloch et Walter Benjamin. Bloch, longtemps ami de Lukacs, essaya de concilier la dimension utopique de la pensée marxiste avec la philosophie spéculative de l'idéalisme allemand dans le cadre d'une « ontologie de l'être qui n'est pas encore ». Ce qui est décisif aux yeux de Bloch, c'est le rêve diurne qui ne s'est pas encore réalisé, l'espérance inaboutie, l'« être » possible. *Le Principe espérance*, sa monumentale œuvre maîtresse de 1954-1959, suit les traces de l'attente jusque dans les manifestations de la vie humaine les plus isolées de l'instant comblé. Walter Benjamin préfère substituer à l'espoir de Bloch la « critique salutaire ». Il a abandonné la foi en la possibilité de se rapprocher ici-bas de l'utopie au profit d'une espérance de salut paradoxale pour laquelle la justice ne se manifeste plus que par une action de

Karl Popper, 1902-1994, photo de Ingrid von Kruse

Karl Popper est le fondateur du rationalisme critique, une école de pensée qui a fait du scepticisme envers l'ensemble des stimulations sensorielles son thème directeur. C'est son œuvre parue en 1932, *Logique de la découverte scientifique*, qui rend Popper rapidement célèbre. Il y critique la conception selon laquelle le développement des sciences se réduirait à une augmentation constante de savoir. Il n'y a pas que la théorie de la science qui doit beaucoup à Popper qui, dans son ouvrage, *La Société ouverte et ses ennemis*, paru en 1945, oppose aux enseignements de Platon, de Hegel et de Marx, qui, d'après lui, étaient potentiellement totalitaires, car ils désignaient une certaine forme de société comme but de l'histoire, la vision d'une société pluraliste et ouverte.

Cygne dans le St. James Park, photo de John Player

Karl Popper illustra sa célèbre thèse selon laquelle les assertions scientifiques n'ont pas vocation à être vérifiées mais à être réfutées par l'exemple des cygnes. Depuis l'Antiquité, les cygnes étaient connus en Europe et ils étaient tous de couleur blanche. L'assertion « tous les cygnes sont blancs » semblait tout à fait exacte. Mais la multiple confirmation de cette observation ne pouvait nullement exclure qu'elle serait, un jour ou l'autre, infirmée. C'est précisément ce qui se passa lors de la découverte de l'Australie où l'on trouva une espèce de cygne noire. L'hypothèse de départ fut donc bel et bien définitivement réfutée. Popper en tira la conclusion, très contestée, qu'une avancée de la science est acquise chaque fois qu'une hypothèse échoue ou n'est pas confirmée.

***Theodor W. Adorno**, 1903-1969, détail d'une photo de 1968*

Theodor W. Adorno, philosophe et sociologue, musicologue et compositeur, a eu une part significative dans l'audience que rencontra l'analyse critique. Sa pensée s'articule autour de la notion de « non-identique », qui désigne ce qui échappe à la catégorisation dans des concepts. Il critique la théorie de la connaissance positiviste, car il lui reproche de revendiquer une neutralité par rapport aux valeurs qu'en réalité elle n'a pas puisqu'elle est soumise aux nécessités d'exploitation de la société capitaliste. L'accès au non-identique ne devient libre selon lui que dans l'art avant-gardiste et dans la musique contemporaine, sans pour autant indiquer de moyen d'en finir avec la damnation du progrès, dont l'une des conséquences essentielles est d'aliéner les pulsions authentiques de l'homme.

***Ulysse et les sirènes**, tableau de Francesco Primaticcio (dit le Primatice)*

Dans un passage central de leur *Dialectique de la Raison* parue en 1947, Adorno et Horkheimer recourent au mythe d'Ulysse pour expliciter leur conception du rapport entre mythe et raison. Ils voulaient montrer que l'auto-affirmation du sujet rationnel suppose une domination croissante sur la nature dont le prix est la soumission des pulsions à la raison humaine. Confronté aux sirènes qui attirent les marins sur leurs falaises fatales par des chants enjôleurs, Ulysse se fait attacher au mât du navire et ordonne à ses camarades de lui boucher les oreilles et de prendre la direction du détroit. C'est ainsi qu'Ulysse parvient à échapper à la séduction des sirènes. Il lui faut renoncer à la satisfaction de ses sens pour survivre comme sujet autonome, souverain de ses actes, tandis que ses camarades n'ont pas même l'occasion de savourer le plaisir ambigu de la tentation : ils symbolisent en fait les travailleurs modernes qui doivent s'occuper de la survie matérielle de leur maître.

mémoire en faveur des innombrables victimes des catastrophes de l'histoire. Il exprima surtout par un travail de critique littéraire, mais au travers d'observations pénétrantes de la culture quotidienne, sa sensibilité pour les malheurs et les révélations de l'esprit du temps.

La tentative d'établir un lien entre la pensée hégélo-marxiste et la recherche sociale empirique est à mettre au compte de la « théorie critique » de ce que l'on a appelé l'école de Francfort. L'Institut pour la recherche sociale avait été créé en 1924 à Francfort, et il était dirigé depuis 1930 par le philosophe Marx Horkheimer. Ce dernier poursuivait avec les chercheurs de son institut le projet d'une théorie de la société interdisciplinaire qui devait étudier les potentiels d'émancipation des sociétés modernes à partir des avancées de la connaissance grâce à la recherche pratiquée dans les différents domaines des sciences sociales. En plus de l'économie, c'est surtout la psychanalyse, les sciences du droit et de la littérature qui devaient contribuer à définir les tendances des évolutions des sociétés qui favorisaient l'attente légitime, au regard de la philosophie de l'histoire, de la prochaine révolution, et celles qui s'y opposaient. Face aux risques, inhérents aux sociétés occidentales, de paralysie des tendances révolutionnaires, l'institut consacra toute son attention aux mécanismes qui contribuent à endormir la classe ouvrière révolutionnaire. C'est ainsi que l'interpénétration croissante de l'État bourgeois et de l'économie capitaliste, la transformation des structures de la famille nucléaire

bourgeoise et la formation d'une culture de masse soutenue par l'industrie, se retrouvèrent au centre des études théoriques de l'école de Francfort.

La philosophie de Horkheimer et de son proche collaborateur et ami, le philosophe et musicologue Theodor W. Adorno, se concentra très rapidement sur la notion de « raison instrumentale ». Ils considèrent le processus de rationalisation de la société moderne comme un déploiement de la rationalité instrumentale qui soumet techniquement non seulement la nature extérieure mais aussi la nature intérieure de l'être humain. Le découragement politique, la perte des orientations morales dès la phase familiale du processus de socialisation, mais aussi l'abêtissement par les médias de masse, s'entremêlent de telle sorte que l'homme n'est plus en mesure d'exprimer ses besoins les plus authentiques. Mais c'est là justement ce qui permet à l'homme d'être psychiquement en mesure de fonctionner comme simple élément dans l'engrenage anonyme de la société capitaliste. La théorie critique s'était donnée pour mission de démasquer, par une critique de l'idéologie, cette fausse conscience dont elle disait retrouver philosophiquement l'incarnation emblématique dans les implications scientifiques du positivisme logique. Après leur départ à New York, suite à l'arrivée au pouvoir du national-socialisme, Horkheimer et Adorno furent de plus en plus saisis par un pessimisme des plus profonds. Eu égard à la barbarie stalinienne d'un côté et à la culture de masse américaine de l'autre, le diagnostic qu'ils firent de leur

époque s'apparenta de plus en plus à la vision d'un monde administré auquel les humains, pris dans un processus d'aveuglement général, ne sont plus en mesure d'échapper. Ils donnèrent en 1947, dans la *Dialectique de la raison*, ses lettres de noblesse à une critique de la civilisation ne faisant plus mystère du scepticisme éprouvé face au progrès. Ils y décrivent la soumission de la nature extérieure et intérieure comme le revers de la médaille de tout phénomène de rationalisation qui ne se réduit pas à sa seule dimension intrumentalo-capitaliste. Seule une *Théorie esthétique* (le dernier titre de l'œuvre d'Adorno) permet de montrer combien la liberté brille encore de ses feux dans les grandes œuvres d'art qui sont autant d'actes consistant à épouser la forme de la nature, à venir se blottir contre elle.

C'est aujourd'hui essentiellement le philosophe et sociologue Jürgen Habermas qui poursuit la tradition de l'école de Francfort. Après que Horkheimer et Adorno se furent consacrés à la fin de leur vie à l'expérience religieuse et esthétique, Habermas chercha à raccrocher son œuvre aux travaux actuels de théorisation en philosophie et en sciences sociales. Son œuvre, qui puise dans de nombreuses disciplines, est construite autour de l'idée selon laquelle la domination de la raison instrumentale dans la modernité ne constitue pas un malheur, mais seulement une hypertrophie unilatérale de la raison technico-instrumentale aux dépens de la rationalité éthico-pratique et esthético-expressive. Mais ces trois formes de la rationalité sont des composantes de la raison, de la raison communicative, car pour Habermas la raison se trouve partout où des hommes parviennent sincèrement à se comprendre en communiquant, et pas seulement là où ils poursuivent rationnellement leurs objectifs.

Habermas localise les domaines d'activité où domine une telle orientation de compréhension dans la sphère privée de la famille et dans le débat public de la sphère politique qu'il désigne communément de « monde-vie » dans son œuvre majeure, *Théorie de l'agir communicationnel* parue en 1981. Au monde-vie s'opposent dans les sociétés modernes dotées d'économies et d'appareils étatiques des domaines d'action qui se maintiennent non pas par de la communication, mais par des mécanismes de direction « déverbalisés », à savoir l'argent et le pouvoir, que Habermas appelle le « système ». Mais il reformule le diagnostic porté jadis sur l'époque par la théorie critique de l'école de Francfort en expliquant les problèmes de la société par une « colonialisation du monde-vie »

par le système, c'est-à-dire qu'il les impute à l'envahissement de l'argent et du pouvoir dans la sphère privée et dans la sphère politique, ce que ces dernières ne sont éventuellement pas en mesure d'assumer. Il réconcilie ainsi la théorie critique avec la perception rationaliste qu'ont les démocraties occidentales d'elles-mêmes en cette fin de XXᵉ siècle.

Philosophie politique

Cet accord normatif avec les institutions fondamentales d'un capitalisme démocratique se retrouve également dans la redécouverte de la philosophie politique de la seconde moitié du XXᵉ siècle. C'est surtout à Hannah Arendt, une disciple de Heidegger, que revient le mérite d'avoir élaboré avec une radicalité absolue les conditions du politique. Son approche du politique est marquée par la démocratie directe des États-cités de l'Antiquité dans lesquels des citoyens libres se rassemblaient sur l'espace public de l'agora pour débattre des affaires publiques.

C'est pourquoi, dans sa principale œuvre philosophique de 1958, *La Condition de l'homme moderne* (1958) où Hannah Arendt analyse la *viva activa* (en opposition à la vie contemplative), elle fait une distinction entre travailler et produire d'un côté, et agir de l'autre. Tandis que le travail sert à la reproduction – d'abord privée – de la vie et que la production permet de fabriquer des choses, l'action n'a quant à elle aucun but au sens strict du terme. Elle établit toutefois un lien : ainsi les hommes peuvent-ils envisager de s'occuper ensemble des affaires publiques. Le discours public en commun est, d'après Hannah Arendt, la source de tout pouvoir politique. C'est ce que les

Manifestation d'étudiants à Berlin, photo prise le 13 avril 1968

À partir du milieu des années soixante, le mouvement étudiant, dont le berceau est l'université américaine de Berkeley, gagne l'ensemble de l'Europe occidentale et s'oppose à l'ordre social établi. Aux États-Unis, cet engagement politique prit pour cible la guerre du Vietnam, en France les étudiants s'en prirent à la rigidité du système d'éducation et, en Allemagne fédérale, la jeune génération demanda des comptes à la génération du IIIᵉ Reich. Ces mouvements eurent en commun de recourir à une rhétorique marxiste et de préconiser la libération sexuelle. C'est dans ce contexte que revient à Herbert Marcuse, membre de l'école de Francfort qui, contrairement à Horkheimer et Adorno, était resté aux États-Unis, le rôle de figure de proue intellectuelle de ce mouvement étudiant américain. Effectuant une synthèse entre théorie marxiste de la société et psychanalyse, Marcuse considérait que la libération sexuelle était une condition indispensable à la révolution politique. Sartre se fit également le porte-parole du mouvement étudiant de mai 1968, tandis qu'en Allemagne, Adorno et Horkheimer se virent surtout confortés dans leurs conceptions pessimistes sur l'époque, eu égard au fait que les étudiants étaient disposés à employer la violence, ce qui ne pouvait que réveiller chez les instigateurs de l'école de Francfort les souvenirs liés à la période de la dictature.

Panopticon de Jeremy Bentham

Panopticon de Jeremy Bentham

Michel Foucault a élaboré une théorie du pouvoir qui permet de ne pas réduire toute absence de liberté aux seuls résultats de la domination d'un être humain sur un autre être humain. Pour Foucault, le pouvoir n'est pas lié à son exercice par une certaine personne. Il s'agit bien plus d'un phénomène anonyme qui va se loger dans l'ensemble des relations sociales et qui y laisse son empreinte. Pour Foucault, comme pour Adorno, la raison est synonyme de soumission. Foucault a défendu cette thèse dans *Surveiller et punir* en se servant de l'exemple du panopticon dessiné par Jeremy Bentham, une construction avec en son centre une tour de laquelle toutes les cellules disposées en cercle ainsi que leurs occupants peuvent être observés sans que l'observateur qui se trouve dans la tour puisse être vu. C'est exactement, selon Foucault, ce regard pénétrant de la raison qui discipline les corps de ceux qui se trouvent dans les institutions modernes : prisons, écoles et usines.

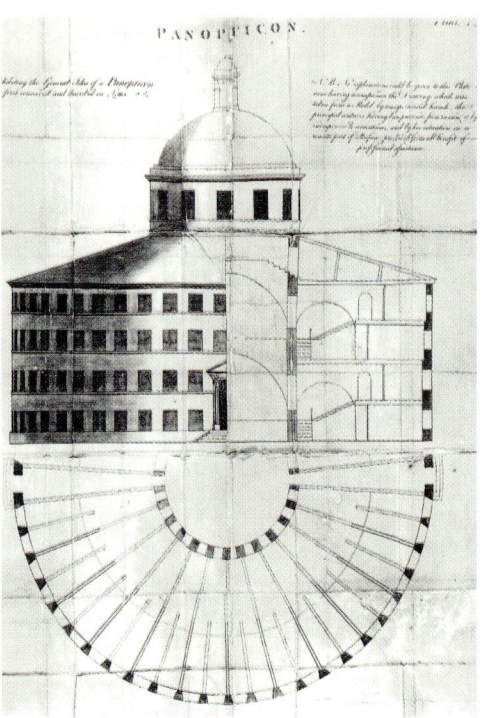

Piazza d'Italia, de Charles Moore, 1978, New Orleans, Louisiane

À compter des années soixante-dix, on assiste en architecture à l'apparition d'une conception qui refuse le fonctionnalisme sobre du Bauhaus et de ses successeurs. L'architecture dite postmoderne se sert sans réserve de l'arsenal de formes des styles de construction du passé pour rendre aux villes leur attrait esthétique que la modernité architecturale a décidé de proscrire de ses conceptions. Il fut aussi beaucoup question de postmodernisme en philosophie dont le principal représentant est Jean-François Lyotard. Le postmodernisme philosophique part du principe que les grandes promesses de salut apparues en Occident ont perdu de leur crédibilité. Les conséquences qui en découlent vont d'une attitude « je-m'en-foutiste » caractérisée par la satisfaction des désirs et allant jusqu'aux pires scénarios de pessimisme de la civilisation (« anything goes ») annonçant une médiatisation totale de la perception et la disparition du monde.

révolutions permettent de mettre nettement en évidence lorsqu'elles s'octroient la possibilité de s'exprimer régulièrement au travers d'institutions démocratiques partant de la base. Mais dès lors que la modernité est de plus en plus dominée par des processus de travail (c'est-à-dire par des nécessités économiques), le danger apparaît de voir la domination totalitaire se mettre à produire un certain type de société et d'y détruire la liberté politique – ce dont elle fit d'ailleurs elle-même l'expérience en tant que juive allemande.

John Rawls s'est, pour sa part, rapproché du politique d'une manière très différente. Ce ne sont pas les conditions de fonctionnement démocratique de la politique qui l'intéressent, mais la question de la justice des institutions et du politique. Son œuvre, *Théorie de la justice*, parue en 1971, marqua la fin d'une ascèse philosophique de plusieurs décennies par rapport aux questions d'éthique. Pour garantir l'impartialité de sa conception, Rawls imagine une discussion imaginaire qui se déroule derrière le « voile du non-savoir » entre tous les membres d'une société et qui a l'ordre social juste pour sujet ; personne ne connaît les capacités, le statut social ou la fortune des autres. D'après Rawls, à l'issue d'un tel débat, on s'accorderait sur deux principes fondamentaux d'une société juste. D'une part, chacun devrait pouvoir disposer d'un droit égal pour tous à jouir des libertés fondamentales. En revanche, le principe de différence stipulerait que la question des inégalités sociales doit être résolue en tenant compte de la nécessité de ménager aux plus défavorisés les meilleures perspectives possibles.

Structuralisme et post-structuralisme

Le structuralisme dont le foyer se situe dans le Paris des années 1950 et 1960, trouve sa raison d'être dans son opposition fondamentale à la pensée humaniste, représentée par Sartre, qui accorde encore une place centrale au sujet Il s'agit donc d'y substituer la description exacte des structures qui sous-tendent la pensée et l'action humaine de manière à montrer que ce sont des processus anonymes qui, à l'époque moderne, produisent l'illusion d'un sujet agissant par lui-même. Habituellement, l'homme n'est pas lucide sur les règles selon lesquelles ces processus s'effectuent, et il lui est encore plus impossible de les changer. Le structuralisme démasque donc la croyance du sujet moderne persuadé d'être souverain sur lui-même, et la fait apparaître pour ce qu'elle est, à savoir une pure illusion, que ce soit avec les outils de l'ethnologie (Claude Lévi-Strauss), de la psychanalyse (Jacques Lacan), ou du marxisme (Louis Althusser), ou encore de la théorie littéraire (Roland Barthes). Les origines du structuralisme remontent à la linguistique de Ferdinand de Saussure. Ce dernier avait appréhendé la langue en termes de système de signes dont la structure est indépendante de la parole individuelle. Mais ce fut Claude Lévi-Strauss qui transposa la méthode structuraliste dans les sciences sociales, méthode qu'il appliqua lors de son exil à New York, en interprétant les relations de parenté des sociétés primitives qui découlent de règles complexes de mariage, comme une structure analogue à un langage et dans lequel les femmes sont échangées au même titre que des mots. L'œuvre de Lévi-Strauss est encore plus fascinante lorsqu'on découvre ses convictions romantiques qui suggéraient que la structure

supraculturelle de la « pensée sauvage » recèle un savoir relatif à une unité originelle avec la nature qui est irrécupérablement perdu pour l'homme moderne.

La distinction – pas toujours très nette – entre structuralisme et post-structuralisme peut être présentée de la manière suivante : pour le premier, il s'agit de mettre en évidence une structure cachée inscrite en profondeur, pour le second, cette structure profonde n'existe pas. Le fait de mettre à nu la fiction que représente la notion de sujet est considéré comme un acte libérateur.

Michel Foucault occupe à cet égard une place centrale en ayant appliqué l'ethnologie structuraliste à l'analyse des sociétés modernes. Foucault appréhende le processus de rationalisation des sociétés comme un processus de soumission du corps humain. Dans ses premiers travaux, il avait essayé de présenter « archéologiquement » l'émergence du sujet moderne issu des discours des sciences humaines de l'époque classique entre 1650 et 1800. En introduisant la distinction entre folie et rationalité, bonne santé et maladie, les sciences délimitent ce qui, en tant que sujet rationnel et souverain du monde anthropocentrique, a le droit ou pas de figurer dans ce qui relève de l'humain.

Dans les années soixante-dix, Foucault s'est consacré à l'étude du phénomène du pouvoir afin de déterminer plus précisément de quelle manière les discours peuvent discipliner le corps humain. Cela intervient lorsque des discours se mettent en relation avec ce qu'il appelle des pratiques. Dans les institutions dirigées scientifiquement, les asiles psychiatriques et les hôpitaux, les prisons et les casernes, les écoles et les usines, un réseau de pouvoir plus ou moins subtil agit sur le corps humain et façonne ainsi le sujet qui est alors complètement coupé de ses pulsions. Dans la théorie du pouvoir de Foucault, il n'existe plus de souverain qui exercerait son pouvoir sur d'autres personnes – le pouvoir est devenu anonyme, de telle sorte que l'engagement politique ne peut plus s'effectuer en fonction d'un objectif de changement de la politique de l'État ; il ne peut agir que par rapport à des situations, contre certains phénomènes d'oppression.

Jacques Derrida représente quant à lui le post-structuralisme au sens strict en se rattachant à maints égards au projet final de la philosophie de Heidegger qui suggérait la déconstruction du « logocentrisme » occidental. Partant d'une critique de la théorie sémantique de Husserl, Derrida essaie de montrer que le sens résulte d'une

différence irréductible entre expression et signification. Cette distinction serait toujours restée cachée à la tradition métaphysique occidentale dans la mesure où sa compréhension du langage s'est toujours laissée guider par la parole. La fugacité de la parole rend toutefois nécessaire l'hypothèse de significations fixes auxquelles renvoient les mots prononcés. Derrida décèle dans cette hypothèse la croyance erronée du logocentrisme occidental auquel il oppose la prééminence de l'écriture. Il emprunte à la mystique juive la pensée selon laquelle le monde résulterait d'un texte originel perdu par rapport auquel tous les textes réels ne constitueraient que des commentaires. Le sens profond du monde demeure mystérieux. C'est cette approche du monde comme texte codé, qui est à la base de l'énorme influence qu'a eue Derrida dans l'étude de la littérature, notamment aux États-Unis.

***Ceci n'est pas une pipe**, tableau de René Magritte, 1929, County Museum of Art, Los Angeles*

Pour le fondateur de la théorie sémantique structuraliste, Ferdinand de Saussure, un signe se compose de deux éléments : le signifiant et le signifié. Le signifié n'est en fait pas l'objet dans le monde auquel on se rapporte à l'aide d'un signe – cela s'appelle en effet une référence – il s'agit en réalité d'une abstraction, une sorte de concept. On attribue à ce concept n'importe quel signifiant par convention, ce qui permet de se servir de l'objet abstrait, dès lors non perceptible sensoriellement, dans la communication, c'est-à-dire d'un concept. Cette différence entre signifié, signifiant et référence est particulièrement bien mise en exergue par le tableau de Magritte qui montre une pipe et qui comporte le commentaire : « Ceci n'est pas une pipe. » La pipe peinte comme représentation d'une pipe, n'est effectivement pas une pipe, elle ne fait que renvoyer au véritable objet. Mais la pipe peinte n'est pas non plus un symbole linguistique dans le sens de Saussure dans la mesure où le signifié lui manque. Elle ne renvoie à aucun concept, contrairement au mot « pipe ». L'image a donc bien une référence, mais pas de signification. C'est en définitive à double titre que la pipe de Magritte n'est pas une pipe.

DICTIONNAIRE DES CONCEPTS

Les mots **en gras** renvoient à d'autres entrées du dictionnaire.

A priori, a posteriori (du latin: en partant de ce qui est avant/après): paire de concepts de la théorie de la connaissance (épistémologie) introduite par les représentants de la **scolastique** en se référant à la distinction aristotélicienne (*hysteron et proteron*). Les connaissances *a priori* sont des connaissances indépendantes de l'**expérience** humaine inhérentes à la raison. Kant classe dans la catégorie de l'*a priori* les conditions qui rendent l'expérience possible, c'est-à-dire les connaissances nécessaires et strictement universellement valables, comme le temps et l'espace, les **jugements analytiques**, les concepts de **catégorie** et de raison. *A posteriori* désigne en revanche toutes les autres sensations et connaissances perçues par les sens et qui ne peuvent pas prétendre à une validité universelle.

Académie (du grec A*kademeia*): il s'agit à l'origine du nom d'une circonscription où se trouvaient des temples à Athènes et baptisée du nom du héros Akademos. Platon y fonda vers 387 av. J.-C. une école philosophique portant ce nom et qui fut fermée par l'empereur Justinien en 529 apr. J.-C. L'académie platonicienne est, dès l'Antiquité, le modèle d'autres écoles (**Peripatos**, **Stoa**) et influencera le système d'éducation du Moyen Âge. Cosme de Médicis fonde à Florence en 1440 l'« Accademia Platonica ». Ce concept désigne depuis les sociétés de savants ou des universités.

Agnosticisme (du grec *a-gnoein*: ne pas savoir): concept de la **théorie de la connaissance** qui porte la marque de T. H. Huxley, et selon lequel l'existant est connaissable non pas en fonction de sa véritable essence mais sur la base de ses manifestations, et qui conteste la possibilité de résoudre le problème de la vérité que pose la **métaphysique**. Les **sophistes** et les **sceptiques** sont déjà à classer dans l'agnosticisme, plus tard ce seront surtout Locke, Hume et Spencer. Nietzsche fait la critique de l'agnosticisme dans la mesure où le point de vue qui est celui de l'impossibilité de connaître la vérité suppose précisément la connaissance de cette vérité, ce qui implique de franchir la frontière menant au **transcendantal**.

Agora: notion désignant aussi bien l'assemblée des citoyens que le lieu où se réunissait cette assemblée (la place du marché). L'*agorein* (le fait de conseiller politiquement) est l'un des devoirs de citoyen les plus importants dans la vie publique grecque. Toute personne majeure de sexe masculin en a le droit et le devoir.

L'agora exprime l'idée fondamentale de la *polis*: l'État repose sur la participation des citoyens à la vie politique.

Analytique (philosophie): concept général désignant les courants de philosophie linguistique qui se sont constitués à la fin du XIXᵉ siècle, essentiellement dans l'espace anglo-saxon. Ce courant défend la thèse selon laquelle de nombreux problèmes philosophiques reposent sur les imprécisions et les ambiguïtés de nombreuses expressions du langage courant. On y distingue deux groupes: le premier (Ryle, Moore, Wittgenstein) s'est consacré à l'analyse précise (logique) du langage courant et de son utilisation. Le second (Russell, Carnap et le cercle de Vienne) a tenté de remplacer les insuffisances du langage courant par une langue idéale qui satisfasse aux exigences de la **logique** formelle.

Archimède (point d'): il s'agit d'un point pivot fixe imaginaire se situant à l'extérieur de la terre et d'un système, d'un fondement du savoir se situant au-dessus de tout doute et à partir duquel il est possible de poser ou de soulever n'importe quoi d'autre. Cette notion renvoie au mathématicien et physicien grec Archimède (287-212 av. J.-C) ou plus exactement à sa célèbre formule: « Donnez-moi un bâton et je soulèverai le monde. »

Axiome (du grec *axioma*: exigence; *axioein*: tenir pour vrai): phrase générale qui n'est pas démontrable et qui constitue la base de la démonstration d'une autre phrase. Les axiomes sont par exemple les principes euclidiens de la géométrie ou de la **logique** (axiome de la contradiction, de l'identité). Dans les sciences naturelles, on désigne comme axiomes des principes qui peuvent certes être vérifiés par l'**expérience**, mais qu'on ne peut pas prouver.

Catégories (du grec *kategorein*: affirmer): désignation introduite par Aristote pour qualifier différentes sortes d'assertions qui peuvent être faites à propos d'un objet. Aristote distingue dix catégories (substance, quantité, qualité, relation, lieu, temps, activité, souffrance, situation, propriété), tandis que Platon n'en connaît que quatre (identité, diversité, persistance, changement). Pour Kant, les catégories sont aussi bien des définitions de l'objet que des formes *a priori* de la connaissance, donc des concepts de l'entendement qu'il déduit des différentes sortes possibles de jugements. Il parvient ainsi à identifier douze catégories différentes qu'il divise en quatre groupes.

Causalité: Désignation du rapport de succession dans le temps de la cause et de son effet. Le principe de causalité dit que tout événement a une cause et, inversement, tout événement induit un effet.

Chose en soi: la chose en soi est quelque chose qui est indépendant de notre **conscience**. C'est un concept de base et un concept limite de la **théorie de la connaissance**. Dans la philosophie prékantienne, la chose en soi est ce qui est libre de toute perception sensorielle et qui ne peut être perçu que par la pensée pure. Dans la *Critique de la raison pure*, la chose en soi demeure fondamentalement inaccessible à la connaissance, elle peut seulement être pensée. Aussi ce concept devient-il un problème méthodologique. Les questions philosophiques qui se posent dans le prolongement de cette notion sont: comment penser quelque chose d'hypothétique qui n'est absolument pas connaissable? Et comment admettre d'une manière générale ce type de notion dès lors qu'elle doit nécessairement rester inaccessible à toute conscience?

Conclusion: c'est une affirmation tirée d'un ou de plusieurs prémisses ou assertions. Concept fondamental de la **logique** et de la **syllogistique**.

Conscience (du latin *conscientia*): savoir qui accompagne l'« **être** » (psychique) propre. En philosophie, la conscience est certes définie de façon toute autre, mais en général on la considère comme la représentation d'objets. Ce concept comprend l'ensemble du contenu des perceptions sensorielles, sensations, sentiments, pensées et stimulations de la volonté. Descartes a laissé son empreinte sur la définition moderne de la conscience; dans son **doute méthodique**, la conscience est le savoir de celui qui doute que son doute ne soit pas lui-même remis en question. Descartes trouve dans la certitude de soi le fondement de son concept de l'« être » et de la connaissance. Kant introduit par le concept de la « conscience transcendantale » le lien entre conscience de soi et unité des objets de la connaissance: le sujet est conscient de son identité et des états variables de son mental, mais il a aussi connaissance de l'unité d'un objet auquel différentes conceptions peuvent se rapporter. Pour Kant, la « conscience transcendantale » est la condition fondamentale à l'exercice de la faculté de connaître.
La **phénoménologie** de Husserl définit la conscience comme une conscience qui est toujours dirigée d'emblée vers quelque chose et qui est, de ce fait, intentionnelle: toute réalité n'est que dans la mesure où elle se rapporte à une conscience perceptible, pensante et se souvenant. Pour Husserl, le monde est un corrélat de facultés de conscience.

Cyniques: école de philosophie fondée par Antisthène (444-365). Les cyniques vivent un idéal d'existence indépendante, méprisant culture et possession de biens. La notion de cynisme remonte précisément à leur mépris affiché pour les conventions sociales et à leur tendance à affectionner les discours provocateurs.

Déduction (du latin *deducare*): identification du particulier à partir du général. Obtention de nouvelles assertions à partir d'autres assertions grâce à des conclusions logiques. Voir **Syllogisme**.

Déisme: conception d'une religion naturelle issue de la philosophie des **Lumières** qui reconnaît l'existence de Dieu comme créateur et origine du monde, mais qui ne croit pas qu'il intervienne dans le cours du monde, et qui exclut donc miracles et révélation.

Dialectique (du grec *dialegein*: art de la persuasion): **logique** de contradiction; méthode de la philosophie. La dialectique était déjà considérée chez les Éléates (Xénophane, Parménide, Zénon), puis ultérieurement par Socrate, comme l'art de rechercher la vérité par le dialogue. Pour Platon, la dialectique est la connaissance qui jaillit de l'opposition d'opinions. Kant désigne la dialectique comme la « logique de la clarté », comme l'art qui permet de placer l'erreur dans la lumière de la vérité. Il utilise la dialectique pour mettre en lumière les sophismes. Chez Fichte (Théorie de la science) et Hegel (Science de la logique), la dialectique est cet exercice de la pensée où la contradiction (ou **négation**) est incluse dans une **idée** ou pensée: tout concept (thèse) est susceptible de s'inverser en son contraire (antithèse), et de l'opposition des deux naît un concept supérieur (synthèse) pour lequel le même phénomène se reproduit.

Doute méthodique: remise en cause systématique des hypothèses non vérifiables qui vise à atteindre le « noyau » de la vérité qu'il n'est alors plus possible de remettre en doute. Descartes parvient par le doute méthodique à la certitude de sa propre existence (voir **conscience**).

École de Francfort: courant de pensée créé à Francfort en 1923 autour de l'Institut pour la recherche sociale. Ses initiateurs (Horkheimer et Adorno) s'expriment en faveur d'une « théorie critique » qui analyse les rapports de domination présents dans la société. Dans leur *Dialectique de la Raison*, Horkheimer et Adorno démasquent les visées de pouvoir de la raison et son basculement dialectique en un **mythe**, tout en reconnaissant que leur propre théorie est en partie une composante de l'aveuglement de la raison. Marcuse et Habermas ont perpétué la tradition de l'école de Francfort.

Empirisme (du grec *empeiria*: expérience): point de vue philosophico-épistémologique qui considère que l'**expérience** est la seule source de savoir. Pour les représentants de l'empirisme classique (Hobbes, Locke et Hume), il n'existe aucune **idée** innée. Tous les contenus de la **conscience** se réduisent à des expériences sensorielles qui sont ensuite combinables en fonction des principes de la similarité et de la **causalité** pour en faire un savoir expérimental. Les méthodes scientifiquement pertinentes de l'empirisme sont donc l'observation et l'expérimentation (**sensualisme**).

Encyclopédie (du grec *enkyklios*: en forme de cercle ; *paideia*: enseignement, éducation): science universelle des **sophistes** dont font partie la grammaire, la rhétorique, la **dialectique**, l'arithmétique, la musique, la géométrie et l'astronomie. L'encyclopédie de l'époque moderne vise à une collecte écrite, systématique et globale du savoir disponible. Diderot et d'Alembert entreprennent sa réalisation en 1751 et achèvent en 1772 l'*Encyclopédie ou Dictionnaire raisonné des sciences, des arts et des métiers*.

Energeia (du grec : être actif, réalité, réalisation): d'après Aristote, *energeia* est le principe qui réalise le possible. En se servant de l'exemple professeur/élève, il explicite le rapport existant entre *dynamis* (possibilité, capacité) et *energeia* : le professeur peut changer la capacité de son élève en lui transmettant du savoir, dès lors que celui-ci est disposé à apprendre. Tant que l'élève ne se sert pas du savoir acquis, il n'est jamais que quelqu'un qui sait à partir d'un possible. Ce n'est que lorsqu'il se sert de son savoir, que cette activité devient *energeia*. Elle se définit comme la réalisation des aspects de la *dynamis*, que sont la capacité à agir et la potentialité.

Entéléchie (du grec *entelekheia*: avoir soi-même comme but): expression qui remonte à Aristote et qui renvoie au fait que l'existant porte déjà en lui-même le but de son développement, comme une graine est d'emblée orientée vers son objectif qui est de produire une plante. L'âme constitue pour Aristote la première forme d'entéléchie d'un organisme viable. Leibniz désigne la **monade** comme entéléchie, car le but de sa réalisation est déjà présent en elle.

Épicurisme : théorie et attitude devant la vie établie par Épicure (341-270 av. J.-C.) pour lequel le bien suprême réside dans la félicité et dans une vie de désirs. Pour atteindre ce bien, Épicure conseille de mener une vie retirée faite d'abstinence politique.

Épistémologie : voir **théorie de la connaissance**.

Esthétique (du grec *aistheticos*: qui concerne ce qui est perceptible): d'abord une théorie de la perception sensorielle avant de devenir une discipline cardinale de la philosophie en tant que théorie du beau et de l'art. L'esthétique en philosophie étudie les conditions de l'apparition de jugements de goût, l'effet produit sur l'observateur, ainsi que le rapport de l'art à la réalité à travers les époques. L'esthétique est à la recherche de la relation de cause à effet entre sensorialité et formation du sens : Platon et Plotin saisissent le beau comme les **idées** qui transparaissent ; pour Aristote, l'ordre, la mesure et la délimitation sont les sources du beau. Baumgarten essaie pour la première fois en 1750 avec son concept de l'« Aesthetitica » de créer une science fondamentale de la connaissance sensorielle. Kant explique dans sa *Critique de la faculté de juger* que le beau est une représentation du suprasensible dans le domaine sensible ; pour Schelling, il s'agit de la présentation finie de l'infini. Hegel et Schopenhauer considèrent que l'art est une vérité visible ; pour Adorno, l'art confine à la vérité dans le sens d'un sauvetage de l'autre, le non-identique.

Éthique (du grec *ethos*: mœurs, coutumes): philosophie morale. L'éthique examine les conditions et les effets de l'action humaine. Contrairement à l'éthique autonome, l'éthique de l'autorité conteste la possibilité pour l'individu de fixer lui-même les maximes de ses actions, comme l'éthique théologique que l'on retrouve dans les commandements chrétiens. L'éthique normative vise à établir des valeurs et des normes universellement obligatoires. L'**utilitarisme** élève au rang d'unique principe moral l'utilité et la maximisation du bonheur. Les stoïciens pensaient que l'éthique découlait d'une loi naturelle. Kant met cette idée au centre de sa notion d'**impératif catégorique**. Il remplace la détermination par la nature par l'autonomie de la volonté qui se donne une loi à elle-même. L'individu est ainsi en mesure de rendre compte des motifs de son action. L'éthique pratique (Singer) élabore des options d'agissement par rapport à des problèmes qui se posent essentiellement au niveau du progrès technique et médical.

« Être » (du grec *on, ousia*; du latin *esse, ens*): on peut classer en trois catégories les significations de ce concept fondamental de la philosophie qui a fait l'objet de nombreux débats : comme existence ; comme identité ; comme relation logique entre deux concepts exprimée par le copulatif « être ». Parménide fut l'un des premiers à définir l'« être » comme ce qui demeure, ce qui n'est pas fugitif, par opposition à l'apparence, au devenir et au périssable. Pour

Héraclite en revanche, il n'y a pas d'« être » qui demeure, mais seulement un « être » en devenir. Aristote pense l'« être » comme l'« être » de l'« étant ». L'**ontologie** considère l'« être » comme l'existence des choses d'une manière générale ; l'ontologie existentialiste de Heidegger conçoit en revanche l'« être » lui-même non pas comme un « étant » mais comme un processus de désenfouissement de l'« étant ».

Eudémonisme (du grec *eudaimonismos*: bonheur): concept générique qui rassemble différentes théories de l'éthique qui ont en commun de vouloir justifier tout ce qui concourt à la réalisation de la félicité. L'**hédonisme**, qui met au premier plan la maximisation du désir, l'enseignement de la Stoa et celui de l'**utilitarisme** sont à classer dans l'eudémonisme.

Existentialisme : philosophie de l'existence et de l'être. L'existentialisme veut renouer l'abstraction de la pensée à l'expérience personnelle et à l'expérience du monde faite par l'individu. La prise de conscience de soi-même s'effectuant dans des situations extrêmes telles que la peur, la culpabilité et la mort. Les principales figures de l'existentialisme sont Kierkegaard, Jaspers et Heidegger (**ontologie**). En France, la notion d'existentialisme renvoie à des philosophies qui, contrairement à l'essentialisme, accordent une préséance à l'existence sur l'essence. Dans *L'Être et le Néant*, Sartre explique que l'existence précède l'essence en affirmant que l'homme commence par exister, se rencontre lui-même, advient au monde et ne se définit qu'ensuite.

Expérience (du grec *empeiria*; du latin *experentia*): savoir relatif au particulier. Aristote définit l'expérience comme la capacité à connaître et à pouvoir juger les choses comme elles sont. L'expérience suppose la mémoire ; ce n'est que sur la base de nombreux souvenirs que l'on peut parvenir, par des perceptions de choses particulières, à des concepts généraux. L'expérience est considérée depuis la fin du Moyen Âge (voir **empirisme**) comme la base de la connaissance scientifique ; Bacon utilise l'expérience dans le sens d'étude, d'examen, et la conçoit comme un processus expérimental, la méthode permettant de dégager des lois générales. L'empirisme (Locke entre autres) associe l'expérience avec la perception. Locke distingue l'expérience extérieure (sensation), l'appréhension du monde extérieur par nos organes sensoriels, de l'expérience intérieure (réflexion), la « vie intérieure » de l'homme accessible à l'intellect. Kant associe le plus souvent l'expérience à la connaissance empirique. Pour la **phénoménologie**, l'expérience est importante pour le rapport pragma-

tique au monde-vie dans la mesure où cette référence procure une base pour toutes les définitions et toutes les facultés de connaissance scientifiques.

Généalogie (du grec *genealogia*): science des origines. Au sens strict, il s'agit de la discipline qui a pour objet la recherche de l'origine et de la filiation des familles. Au sens large, la généalogie a vocation à mettre en lumière la « contextualité » des idées, l'évolution de leur rapport historiquement parlant, comme l'a fait par exemple Nietzsche dans sa *Généalogie de la morale*.

Géocentrisme : (du grec *gë*: terre) il s'agit de la conception qui eut cours jusqu'au Moyen Âge et qui consistait à faire de la terre le centre de l'univers. Avec Copernic s'imposera la conception héliocentrique faisant du soleil le centre de notre système planétaire.

Hédonisme (du grec *hedon*: désir): conception de la vie faisant du désir sensuel et du plaisir le but principal de l'action humaine (**épicurisme**).

Héliocentrisme (du grec *helios*: soleil): voir **géocentrisme**.

Hellénisme (du grec *helle*: le grec): désignation de l'époque de l'Antiquité (IVe siècle av. J.-C.) et pendant laquelle la civilisation grecque s'est répandue en intégrant des éléments arabes, perses et romains.

Hen kai pan (du grec : un et tout): formule qui remonte aux **présocratiques** et décrit le principe cosmique de l'unité du tout : l'univers se déploie de l'un au tout et se dissout à nouveau dans l'un.

Herméneutique (du grec *hermeneuin*: expliquer): l'art d'interpréter et de comprendre. Il s'agissait à l'origine d'une science annexe de la théologie et de la jurisprudence. Elle cherche à établir des règles pour interpréter le droit canon. Puis Schleiermacher élabore une théorie globale de la compréhension destinée à comprendre un auteur mieux qu'il ne saurait le faire lui-même. Le lecteur peut tendre vers cet objectif dès lors qu'il dispose de l'ensemble des connaissances liées au contexte historico-linguistique et biographique de l'ouvrage. Toutes les sciences humaines dont l'objet est constitué par un ensemble de textes sont en fait concernées par la question de l'interprétation juste. Le problème est entre autres que la compréhension d'une partie du texte suppose la compréhension de sa totalité qui est elle-même tributaire de la compréhension de ses composantes (cercle herméneutique). C'est Gadamer qui dans son herméneutique universelle (*Vérité et méthode*) montre qu'il ne saurait y avoir de compréhension sans un savoir préalable. Il décrit le processus de compréhension comme la fusion de différents horizons sémantiques.

Homo-mesura : l'homme comme mesure de toute chose. Maxime de Protagoras, l'un des premiers **sophistes** : « L'homme est la mesure de toutes choses, qui sont, comme étant, et des choses qui ne sont pas, comme n'étant pas. » Protagoras parvient ainsi à la somme conclusive de la raison sophiste, à savoir que l'homme n'est subordonné à rien, ou que rien ne le précède qui puisse l'obliger à reconnaître l'« être » ou le « non-être ».

Humanisme : mouvement d'essence philologique issu de la Renaissance italienne (Pétrarque, Boccace) qui s'oppose, à l'échelle européenne, au dogmatisme **scolastique**. L'humanisme souhaite procurer à l'homme une existence valeureuse et digne grâce à la réactualisation de la culture gréco-romaine et à sa promotion grâce à une éducation intellectuelle et artistique. On trouve comme autres représentants de l'humanisme Érasme, Montaigne et von Hutten. En Allemagne, des figures comme Goethe, Winckelmann, Schlegel et Humboldt marquèrent de leur empreinte l'idéal néo-humaniste.

Idéalisme : au sens large de ce terme, l'idéalisme est un point de vue épistémologique qui conçoit les choses comme un ensemble complexe de représentations, ou une philosophie qui considère la perception humaine comme un monde d'apparence derrière lequel se trouve un « monde en soi » inconnaissable. Partant de la théorie platonicienne des **idées**, où les idées sont considérées comme la réalité authentique, l'idéalisme domine la pensée du Moyen Âge. Descartes, le premier, élève le moi percevant et pensant au rang de principe supérieur de la philosophie. Berkeley réduit l'idéalisme à la formule selon laquelle être, c'est être perçu. En revanche, Kant admet l'existence de la **chose en soi** qui n'est pas accessible à notre perception ; nous ne pouvons connaître les choses que dans leur manifestation et non dans leur essence. L'idéalisme absolu de Hegel considère que la pensée, les idées, sont la seule chose qui soit réelle et vraie.

Idées (du grec *ida* ou *eidos*) : d'après Platon, les idées sont les images originelles éternelles, immuables et accessibles seulement par l'esprit qui sont autant de reproduction des choses. Les idées symbolisent l'« **être** » authentique ; c'est ainsi que pour Platon, le bien véritable est transmis par l'idée transcendante du bien auquel on aspire dans l'action. Les choses prennent simplement part aux idées (*methexis*) en reproduisant les idées. Les philosophies française et anglaise conçoivent l'idée dans le sens courant de *représentations* des choses. Pour Kant et l'*idéalisme* allemand, les idées sont des concepts de la raison dont l'objet

ne peut être atteint dans l'*expérience*.

Illumination : l'illumination est dans la tradition occidentale de la métaphore de la lumière, la lumière de la connaissance où l'on associe la connaissance de la vérité avec la clarté de la lumière. Dans sa théorie de la connaissance, saint Augustin identifie la compréhension de la vérité divine avec l'illumination, un déversement de lumière.

Impératif catégorique : l'impératif catégorique est un principe d'action que Kant résume dans sa *Critique de la raison pratique* par la formule : « Agis de telle sorte que la maxime de ta volonté puisse à tout moment servir de principe d'une législation générale. »

Induction : à l'opposé de la déduction, méthode scientifique qui part du particulier pour tirer des conclusions générales.

Jugements analytiques, synthétiques : Kant distingue dans l'introduction à la *Critique de la raison pure* les jugements relatifs au rapport existant entre prédicat (assertion) et sujet (objet). Les jugements analytiques, c'est-à-dire qui décomposent, sont des explicitations dans lesquelles l'assertion est déjà contenue dans le concept du sujet ; par exemple : « tous les corps sont des étendues » ou encore « un célibataire est quelqu'un qui n'est pas marié ». Les jugements synthétiques, en revanche, sont des jugements de l'expérience dans lesquels l'assertion ajoute au concept du sujet un contenu supplémentaire, par exemple : « tous les corps sont lourds », ou « l'Amazone fait 6 518 km de longueur ».

Léviathan : à l'origine un monstre marin de l'Ancien Testament (Livre de Job). Hobbes s'en sert, dans son œuvre éponyme (1651), comme allégorie de la puissance étatique. Il part en effet du principe que les hommes abandonnent leur pouvoir individuel à un groupe d'hommes, un État tout-puissant, qui régule et endigue les aspirations de chacun au pouvoir.

Logique : théorie de la raison et de la pensée. En tant que science de l'exactitude formelle et de la pensée ordonnée, la logique établit des règles sur l'ordre de succession d'assertions. On trouve en philosophie quatre formes fondamentales de logique : – La logique formelle élaborée par Aristote et la Stoa qui s'est prolongée au Moyen Âge, et qui fixe les fondements de la **syllogistique** : le principe d'identité ; le principe de contradiction ; le principe du tiers exclu ; le principe de la raison suffisante. – La logique transcendantale de Kant qui vise à établir les concepts des objets comme condition d'une connaissance possible. – La logique transcendantale de Hegel qui élabore une logique de l'esprit dans le mouvement dialectique de la nature,

de l'homme et de l'histoire. Enfin, – la logique mathématique marquée par la pensée de Leibniz qui, s'inspirant des signes mathématiques, cherche à représenter des rapports de « conceptualité » par des signes univoques, et qui permet de faire du calcul algébrique en se servant de ses signes.

Logos (du grec : mot, langue, raison) : capacité rationnelle qui se manifeste dans le discours. Concept central de la philosophie grecque. Le *logos* est considéré d'abord comme la représentation de la vérité sous une forme ordonnée, puis aussi comme la raison du monde qui réunit en elle toutes les **idées** (Héraclite, stoïciens). Dans le christianisme, le *logos* est conçu comme la parole et la capacité créatrice de Dieu.

Lumières (philosophie des) : mouvement intellectuel européen du XVIIIe siècle qui cherche à s'émanciper des représentations véhiculées par les autorités traditionnelles, moyenâgeuses et cléricales. Alors que chez Descartes, c'est encore la force illuminante de Dieu qui permet d'accéder à la raison, pour les représentants des Lumières, c'est l'homme lui-même qui, grâce à sa raison, détermine l'ordre rationnel et politique du monde. Les figures les plus représentatives des Lumières sont, en Angleterre, Locke, Berkeley et Hume ; en France, les encyclopédistes Diderot, d'Alembert, Montesquieu, Rousseau ; en Allemagne, Wolff, Lessing et Kant. Ce dernier définit la philosophie des Lumières comme « la sortie de l'homme de sa minorité dont il est lui-même responsable » et il exige par conséquent d'avoir « le courage de se servir soi-même de son entendement ». La confiance rigoureuse que la philosophie des Lumières place dans l'empirie, la raison et l'évolution de la société vers le progrès expose celle-ci au risque que ne se constitue un nouvel état d'immaturité, à savoir la croyance en l'autorité universelle que constituerait la science.

Marxisme : théorie socialiste élaborée par Karl Marx (1818-1883) sur la base de la **dialectique** hégélienne et du **matérialisme** de Feuerbach. En raison des contradictions économiques entre la classe dominante et la classe des travailleurs soumise de manière croissante à sa paupérisation, le marxisme considère que de la lutte de classe doit nécessairement, dialectiquement, résulter une société sans classes.

Matérialisme : orientation philosophique qui conçoit la **matière**, ou les processus matériels, comme la cause fondamentale de tout être et de toute manifestation de la conscience. Pour le matérialisme, la matière est la seule **substance** universelle, toutes les explications peuvent s'effectuer par des lois naturelles. Dans l'Antiquité, les atomistes furent les premiers représentants du

matérialisme (Démocrite, Épicure, Leucippe). Il connut un nouvel élan avec les représentants de la philosophie française des Lumières (Diderot, La Mettrie, d'Holbach). Marx a une conception différente du matérialisme : l'« être » et la conscience se trouvent dans un rapport dialectique, la conscience de l'homme étant un produit de son être matériel, c'est-à-dire des rapports de production spécifiques dans lesquels il se trouve.

Matière : *matiera* est le mot latin pour ce que les Grecs appellent *hyle*, cette substance originelle informe qu'Aristote distingue radicalement des possibilités de sa forme. Descartes considère la matière comme une **substance** étendue (**res extensa**), par opposition à la matière pensante (res cogitans). Pour l'**épistémologie**, la matière est ce qui, partant de l'état de choses, devient un corps délimité dans l'espace et perceptible.

Métaphysique (du grec *meta* : derrière ; *physis* : nature) : concept général qui rassemble une multitude de disciplines scientifiques, dont l'**ontologie**, la cosmologie et la théologie philosophique. Cette notion désigne à l'origine quatorze livres qui étaient classés après ceux consacrés à la physique d'Aristote. Cette classification éditoriale correspond certes au cheminement de la connaissance aristotélicienne qui va des objets perceptibles sensoriellement aux objets extrasensoriels. Mais dans la mesure où Aristote la définit comme la science des causes premières, la métaphysique appartient au commencement de la philosophie. Elle pose la question de l'« être » qui dépasse la nature, la question de l'« être » de l'existant. La métaphysique parvient, par l'intermédiaire de la question métaphysique des causes de l'« être », entre autres, à la question suprême de l'« étant » suprême, Dieu.

Monade (du grec *monas* : unité) : notion désignant en philosophie l'élémentaire insécable ; pour Platon, il s'agit des **idées** immuables ; Épicure et Démocrite appréhendent avec cette notion les atomes. Les monades se trouvent au centre de la philosophie de Leibniz qui, dans sa *Monadologie* (1714), les conçoit comme des centres de force immatériels dont est composée la substance du monde.

Monisme (du grec *monos* : unique, seul) : système philosophique qui (contrairement au pluralisme) ramène l'apparition du monde et la réalité à un principe unique, une substance originelle unique.

Mythe : la notion de mythe renvoie à l'ensemble des traditions d'une communauté sous forme de récits, d'épopées ou, le plus souvent, de processus naturels humanisés. Alors que le *logos* a pour fonction de représenter la réalité comme elle est, le mythe ne revendique aucune véracité. Platon voit dans le mythe un savoir infantile primitif, une sorte de stade antérieur de la philosophie.

Négation : la négation d'une affirmation. Dans la **dialectique** hégélienne, l'antithèse est la négation de la thèse. La synthèse est à son tour la négation de l'antithèse, et, partant, elle représente la négation de la négation.

Néoplatonisme : courant philosophique de la fin de l'Antiquité (IIIe-Ve siècle) fondé par Plotin qui renouvelle et poursuit la théorie des idées de Platon. Pour le néoplatonisme, l'ensemble des concepts d'essence « inférieurs » découle de l'« un », sous forme de différents stades hiérarchiques qui correspondent aux divers stades supérieurs de l'« être » (hypostases), sans que l'« un » perde de sa **substance.**

Nihilisme (du latin *nihil* : rien) : théorie philosophique provenant essentiellement de la scolastique. Les nominalistes pensent que les concepts généraux, les universels, ne sont en vérité que des noms (*nomina*). Ils ne sont jamais que la dénomination des choses qui ne représentent rien de réel. Le nihilisme déclencha de ce fait la Querelle des Universaux au Moyen Âge.

Nominalisme : doctrine selon laquelle un concept n'est qu'un nom dépourvu de réalité, la seule réalité existante étant celle des individus auxquels renvoie ce nom (opp. Réalisme).

Nous, nus (du grec : raison, esprit) : Anaxagore présente le *Nous* comme le principe directeur et ordonnateur du monde. Platon y voit l'« âme pensante » ; Aristote, la faculté humaine de la perception sensorielle et l'entendement.

Ontologie (du grec *on* : être ; *logos* : théorie) : théorie de l'« être » ou des concepts généraux de l'« être ». Les ontologies philosophiques appartiennent à la **métaphysique** ; elles posent globalement la question de l'existant, des présocratiques jusqu'à Kant puis Hegel. L'ontologie phénoménologique de Husserl comprend l'« être » de l'« étant » d'abord comme la manifestation de soi. Dans l'analyse existentialiste de Heidegger, l'« être-là » se caractérise par rapport à tout autre existant comme ce dont il retourne (ce dont il est question, ce qui importe) dans son « être » par rapport à cet « être » lui-même ; Heidegger comprend l'ontologie fondamentale comme une **herméneutique** de l'existence (« être-là ») qui pose la question du sens de l'« être ».

Organon (du grec : instrument) : Aristote parle de l'entendement en tant qu'Organon de l'âme. Organon deviendra plus tard un titre et un concept générique de l'ensemble de ses écrits logiques. Bacon élabore dans son *Novum Organum* une méthode analytique et inductive de la connaissance scientifique qui tire ses concepts et ses axiomes des choses.

Panthéisme (du grec *pan* : tout ; *théos* : Dieu) : conception théologico-philosophique selon laquelle Dieu est présent en toutes choses. Il s'agit d'un concept marqué par la signification que lui donna Toland (1705) qui lève la séparation entre Dieu et la nature de la création, et reconnaît Dieu dans la globalité des choses.

Paradoxe (du grec *para* : contre ; *doxa* : opinion, attente) : le paradoxe antique est une assertion qui contredit le sens commun et qui est apparemment absurde ; c'est ainsi que le paradoxe de Zénon à propos de la tortue et d'Achille, repose sur le fait qu'une série infinie de mouvements ne peut être finalisée ; un paradoxe mis en avant par la Stoa, « seul le sage est riche », s'annule dès lors que l'on donne la signification de « n'avoir besoin de rien » à l'adjectif « riche ». En **logique**, les paradoxes sont des assertions contradictoires qu'il n'est pas possible de résoudre ; c'est ainsi que l'assertion « tous les Crétois mentent, dit le Crétois », ou la célèbre expression de Socrate, « je sais que je ne sais rien », retombent en fait toujours sur elles-mêmes.

Peripatos : nom de l'école fondée par Aristote, baptisée du même nom que le promenoir de cet édifice. Les aristotéliciens qui se rallièrent à cette école furent appelés péripatéticiens (Théophraste, Eudème de Rhodes, Aristoxène, Straton).

Phénoménologie : théorie des phénomènes. La phénoménologie soulève des questions à propos du contenu de la conscience, c'est-à-dire à propos du mode de manifestation des objets à la conscience. Hegel définit la phénoménologie comme la théorie qui reconstitue les différentes étapes de la manifestation de l'esprit sur le chemin du savoir pur : de la naïveté sensorielle, en passant par la morale, l'art, la religion, la science, la philosophie jusqu'à l'esprit absolu. Pour Husserl, la phénoménologie est un concept méthodologique ; à l'aide de la maxime de recherche : « aller aux choses mêmes », il voulait parvenir à des connaissances philosophiques à travers l'analyse des actes intentionnels de la conscience en regardant ce qui est donné au regard qui regarde réflexivement (**conscience**).

Philosophie du langage : cette discipline examine l'essence, la fonction et l'origine du langage naturel. Elle se pose en particulier la question de savoir quelle est la contribution du langage dans la constitution de la réalité du monde et de la **conscience**. La parole ne consiste pas seulement en contenus intellectuels et sensoriels indépendants de leur formulation linguistique ; ces contenus sont en effet le résultat de configurations linguistiques. Parallèlement aux recherches fondamentales de Humboldt et de Herder, la philosophie du langage est un domaine de la **philosophie analytique** (Russell, Carnap, Wittgenstein, Quine).

Positivisme : point de vue philosophico-scientifique qui fonde les connaissances uniquement sur des faits, des perceptions sensorielles et l'expérience, et qui refuse toute métaphysique. Comte formule en 1844 (*Discours sur l'esprit positif*) les principes du positivisme selon lesquels seuls les faits sont pertinents comme objets de la science positive. Le positivisme n'accorde pas d'importance à la vérité en tant que telle, ce qui lui importe, c'est la certitude intersubjective et la corrélation en retour des connaissances ainsi obtenues sous forme de théories sûres. Pour le positivisme, l'« être » et la **conscience** ne sont pas identiques, et le savoir humain est surtout relatif et infini.

Postmodernisme : concept se rapportant à la désignation des nouvelles théories philosophiques contemporaines. Cette notion a été créée par Lyotard. Les philosophes post-modernes s'opposent à la conception d'une **théorie de la connaissance** objective et considèrent le savoir humain comme le résultat des contingences de l'histoire. Le post-modernisme recouvre notamment les travaux de Lyotard, Derrida et Foucault.

Potentialité : la **scolastique** associe à la notion de potentialité l'essence de l'existant. Rattachée à la distinction aristotélicienne de la *dynamis-energeia*, la potentialité est la possibilité inhérente à la substance de parvenir à un stade de l'« être » qui lui corresponde.

Pragmatisme (du grec *pragma* : action) : philosophie développée essentiellement par Peirce, James et Dewey et qui examine et évalue les théories au regard de leur importance pratique pour l'action humaine. Pour le pragmatisme, l'importance d'un concept est fonction de la totalité de tous les modes d'action qui sont susceptibles d'en découler dans différentes situations. Le pragmatisme considère « vrai » ce qui est vérifiable et praticable ainsi que ce qui est admis par la communauté scientifique.

Présocratiques : philosophes grecs ayant vécu avant Socrate et dont la pensée correspond au passage du **mythe** au **logos**. On distingue les sept courants suivants : les philosophes ioniens de la nature (Thalès, Anaximandre, Anaximène) qui soulèvent la question de la substance originelle qui sous-tend tout « étant » ; Héraclite qui conçoit l'« être » comme un devenir éternel contraire au courant suivant ; Parménide et les Éléates dont l'**ontologie** appréhende précisément l'immuable dans l'étant ; Pythagore qui voit dans les nombres le principe suprême ; les atomistes ; les théories des éléments d'Empédocle et d'Anaxagore ; les sophistes.

Querelle des Universaux : un différend opposait déjà Platon à Aristote sur la question de savoir si les concepts généraux (les Universaux) ont une réalité. Deux camps s'opposèrent au sein de la **scolastique** : les réalistes, autour de Guillaume de Champeaux, pensent que le général existe indépendamment et avant les choses (*universalia ante res*) ; pour les nominalistes, autour de Roscelin de Compiègne, la réalité n'existe qu'à partir du particulier, les concepts généraux sont des noms inventés *a posteriori* (*universalia post res*). Abélard imagina une solution provisoire à la Querelle des Universaux en mettant les Universaux dans les choses (*universalia in rebus*) ; dès lors, au concept d'« humain » correspond une réalité de l'humain en général présente (non extérieure) dans tout humain.

Rationalisme : le rationalisme englobe toute position philosophique qui consiste à déduire prioritairement les connaissances d'une pensée rationnelle. Le rationalisme s'oppose donc à l'**empirisme** et au **sensualisme** dans la mesure où il cherche à établir, indépendamment de toute expérience et selon le modèle des mathématiques, un système universel de concepts, de jugements et de conclusions. On trouve déjà chez les Éléates et chez Platon des éléments de rationalisme ; le rationalisme caractérise le mode de raisonnement de la philosophie des **Lumières** (Descartes, Spinoza, Leibniz)

Réalisme : le réalisme s'inscrit dans la lignée de la conception platonicienne des idées et affirme que les concepts généraux (les Universaux) préexistent aux choses et se trouvent en dehors de la conscience, en l'occurrence en Dieu, sous forme d'idées éternelles et sous forme d'idées innées en l'homme. Le **réalisme** a été une conception dominante à l'intérieur du courant **scolastique** et s'est opposé au **nominalisme**. Le réalisme (scientifique), plus récent, défend l'idée selon laquelle il existe une réalité indépendante de nous qu'il nous est possible de percevoir par la perception sensorielle et l'entendement.

Réalité : objectivité indépendante de la pensée. En **métaphysique**, cette notion désigne ce qui est objectivement derrière ce qui est représenté. Chez Kant, la réalité est une **catégorie** de la qualité.

Représentation : image d'un objet issue de la conscience qui peut être produite en l'absence de l'objet et qui repose sur une **expérience** sensorielle et sur la mémoire. Husserl distingue l'activité de ce qui représente des images représentées, et fait également la différence entre ces dernières et les objets de la représentation auxquels la représentation se rapporte.

Res cogitans, res extensa (du latin : substance pensante, substance étendue) : le corporel et ce qui relève de l'esprit sont deux substances (*res*) différentes pour Descartes ; il oppose (dualisme de la substance) à l'« être » matériel étendu, un « être » non étendu (*res cogitans*). Il en résulte un dualisme corps-âme d'après lequel l'âme dirige le corps comme un « esprit dans la machine ».

Révolution copernicienne : réorientation scientifique radicale, du nom du tournant opéré après le passage d'une conception de l'univers **géocentrique** à une conception **héliocentrique**. D'après Kant, la révolution copernicienne consiste en ce que les objets de la connaissance doivent se conformer aux conditions du sujet qui rendent la connaissance possible.

Rhétorique : théorie de l'art oratoire, de sa construction, de ses moyens d'expression et de ses formes de style. Gorgias, un sophiste, défend la rhétorique, contre Socrate, comme un art de la polémique, tandis que Platon la refuse, considérant qu'il s'agit d'un art non philosophique de la flatterie. Aristote compare la rhétorique comme théorie de l'argumentation aux sciences exactes ; Quintilien, qui considère la formation à la rhétorique comme une obligation morale, procède à sa systématisation. Saint Augustin veut par la rhétorique promouvoir l'exégèse et la diffusion de l'Écriture sainte. Au Moyen Âge, la rhétorique appartient aux sept arts libéraux avec la grammaire et la **logique**.

Scepticisme (du grec *skepsis* : examen) : le scepticisme philosophique doute totalement ou partiellement de la possibilité de parvenir à des connaissances vraies. Parmi les sceptiques les plus connus, on trouve les sophistes Protagoras et Gorgias, mais surtout Pyrrhon d'Élide ; son scepticisme éthique se refuse à tout jugement de valeur, car il part du principe qu'on ne peut en vérité jamais juger si une chose est juste ou injuste.

Scolastique (du latin *scola* : école) : école philosophique du Moyen Âge (du IXe au XIIIe siècle). Dans la scolastique, la philosophie se trouve au service de la théologie ; elle a pour mission de consolider la foi chrétienne à l'aide des enseignements aristotéliciens et néoplatoniciens. La lecture et le commentaire de textes, la polémique, où l'on utilise la méthode syllogistique pour vérifier l'exactitude de thèses établies, appartiennent aux méthodes scolastiques.

Sémiotique (du grec *sema* : signe) : théorie des signes qui pose le problème du rapport entre la langue et la réalité et permet l'étude de la langue comme un système formel. Pour Peirce le signe (le mot) est une

relation triadique qui s'établit entre un objet, son représentant et l'interprétant.

Sensibilité : faculté des sens à participer à ce qui entoure l'homme. Concept-clé lié au XVIIIe siècle, d'origine essentiellement littéraire, associé à la volonté de donner une importance particulière aux impressions sensorielles par un abandon poussé aux sentiments et aux mouvements de l'humeur. Soumis à l'**esthétique**, l'art devient le moyen prioritaire de la sensibilité. Kant définit dans son anthropologie la sensualité comme une force, à savoir l'état qui consiste à admettre le désir et le non-désir, ou qui consiste à se tenir à distance des sentiments, de la « sensiblerie ».

Sensualisme : le sensualisme ramène toute pensée et toute connaissance à des données sensorielles. La devise sensualiste de Locke est : « Rien n'est dans l'entendement qui n'ait été préalablement dans les sens. » (*tabula rasa*)

Sophistes (du grec *sophistai* : enseignement de sagesse) : à l'origine, il s'agit de toute personne qui aspire à la sagesse. Au Ve siècle, il s'agit d'un groupe de philosophes grecs (Protagoras, Gorgias, Hippias entre autres) qui dispensent un enseignement dans les domaines de la **rhétorique** et de la philosophie pratique, en général payant, en se rendant d'une ville à l'autre.

Stoa : école philosophique fondée à Athènes en 300 av. J.-C. par Zénon de Kition et baptisée du nom de son lieu de rassemblement : un promenoir de l'*agora*. Pour les stoïciens, le devenir et la disparition du monde sont préétablis dans le plan du *logos* divin ; leur idéal consiste en une vie gouvernée par la raison, conforme à la nature et libre de toute passion et de tout affect.

Structuralisme : méthode scientifique (de la linguistique, de l'anthropologie, de la psychanalyse) qui cherche à connaître la fonction d'éléments à partir de la structure, c'est-à-dire à partir de l'ensemble de la construction que constitue un système. Le structuralisme analyse les ordres symboliques et linguistiques dans lesquels il situe l'existence humaine.

Substance (du latin *substantia* : ce qui demeure, reste au stade de l'ensoi) : Descartes entend par substance ce qui n'est dépendant de rien d'autre dans son existence. Seuls Dieu ainsi que, dans une certaine mesure, le **res cogitans** et le **res extensa**, remplissent ce critère au sens strict. Spinoza admet seulement Dieu comme substance universelle absolue ; pour Kant, la substance n'est qu'une catégorie *a priori* inhérente au sujet ; cette **catégorie** est considérée comme un phénomène qui perdure au-delà de tout changement et dont le *quantum* dans la nature n'augmente ni ne diminue.

Syllogistique (du grec *syllogizesthai* : assembler, déduire) : ensemble de règles destinées à la logique formelle élaborées par Aristote et perpétuées par la **scolastique** ; la syllogistique examine la pluralité des conclusions. Un syllogisme est composé d'au moins deux prémisses et d'une **conclusion** ; la distinction opérée entre qualité et quantité entraîne quatre possibilités de jugements : ceux qui affirment d'une manière générale (tous les S sont P), ceux qui nient d'une manière générale (aucun S n'est P), ceux qui affirment d'une manière restrictive (certains S sont P) et ceux qui nient d'une manière restrictive (certains S sont non P).

Tabula rasa : métaphore désignant l'âme qui n'a pas encore reçu de sensations. Platon et Aristote désignent la mémoire comme un tableau de cire ; Locke et le **sensualisme** comparent l'âme à une page blanche sur laquelle s'inscrivent des choses à travers l'**expérience**.

Téléologie (du grec *telos* : objectif, fin) : théorie selon laquelle d'une manière générale, l'action humaine, les processus historiques et les événements naturels sont orientés vers la réalisation d'un but. Tandis que respectivement le *logos* pour Héraclite et les *idées* pour Platon constituent le but suprême (*telos*), Aristote et la **scolastique** pensent que le but est déjà dans les choses elles-mêmes.

Théodicée (du grec *theos* : Dieu ; *dike* : justice) : Leibniz tente dans ses *Essais de théodicée* de répondre à la question de savoir comment un Dieu créateur tout-puissant et bon peut laisser faire tant de mal et de malheur sur terre. L'imperfection du monde apparaît à Leibniz comme un mal nécessaire : le monde est « le meilleur de tous les mondes possibles », où le mal ne constitue donc pas un manque mais une possibilité d'améliorer les choses.

Théorie de la connaissance (ou épistémologie) : théorie du connaître. La théorie de la connaissance est une discipline fondamentale de la philosophie qui pose les questions sur l'origine des significations, des principes, des méthodes et des limites du savoir. Contrairement à la théorie de la science, elle a vocation à remettre en question la validité du savoir scientifique préexistant. Dans la mesure où dans la tradition initiée par Descartes, apparaît une frontière entre le sujet connaissant et l'objet à connaître, il est nécessaire de parvenir à se comprendre sur la connaissance comme moyen. Tandis que Kant examine dans sa théorie de la connaissance les connaissances métaphysiques qui doivent être indépendantes de toute **expérience**, Fichte se pose la question de la possibilité de la science d'une manière générale. L'épistémologie se divise aujourd'hui en fonction de

l'interprétation de ces présupposés et l'on distingue les courants logique, psychologique et phénoménologico-transcendantal.

Théorie de la science : partie de la philosophie et de l'**épistémologie**. Il s'agit d'une métathéorie dans la mesure où elle a pour objet la science elle-même et ses méthodes. Elle se donne pour mission de développer un concept général de la science ainsi que la vérification des méthodes appliquées en fonction de leur caractère fondé, de leur fiabilité et de leur cohérence.

Transcendant : dans la théorie de la connaissance, cette notion désigne tout ce qui se situe au-delà des limites de la **conscience** et de l'**expérience**. Pour Kant, c'est tout ce qui est suprasensoriel, qui se situe au-delà de l'expérience sensorielle et qui ne peut être appréhendé que rationnellement, par exemple les concepts rationnels de la liberté, de la volonté, de l'existence de Dieu et de l'immortalité de l'âme.

Transcendantal : Kant utilise cette notion dans la *Critique de la raison pure* pour désigner la condition fondamentale en fonction de laquelle il nous est, d'une manière générale, possible d'appréhender et de déterminer rationnellement les objets transcendantaux qui se trouvent en dehors de toute perception sensorielle. La notion de transcendantal n'est donc pas ce qui va au-delà de l'expérience sensorielle (*transcendante*), il s'agit de cette connaissance *a priori* où ne se trouve aucune sensation.

Utilitarisme : doctrine philosophique qui fait de l'utilité le principe et la norme de toute action individuelle et sociale, qui considère qu'une action est juste dès lors qu'elle procure autant ou plus d'avantages et de bonheur que n'importe quelle autre action ; et elle tient pour mauvaise toute action qui engendre l'inverse. C'est ainsi que Bentham énonce en 1789 le principe du « plus grand bonheur du plus grand nombre d'individus » ; Mill situe également dans le gain de bonheur l'objectif du comportement humain, mais il place plus haut les bonheurs de l'esprit que ceux liés aux satisfactions des sens.

Volonté : c'est en général la capacité à se décider pour ou contre une action. Font partie d'un acte de la volonté : le motif d'agir de telle ou telle manière ; la volonté propre ; l'acte de volonté en tant que tel. Kant définit la volonté comme cause de la raison qui détermine à agir en fonction de principes ; il désigne par la notion de « libre arbitre » l'envie dégagée de tout arbitraire subjectif. Schopenhauer, en tant que représentant du volontarisme, identifie dans la volonté le principe fondateur de l'« être » : la volonté existe comme force autonome motrice de la **conscience** au-dessus de la pensée et du sentiment.

DICTIONNAIRE DES PHILOSOPHES

Les mots **en gras** renvoient aux entrées du dictionnaire des concepts.

Abélard, Pierre (Le Pallet 1079 – Chalon-sur-Saône 1142): théologien et philosophe qui, par ses travaux dans le domaine de la théorie de la connaissance et de la métaphysique, est considéré comme l'un des principaux représentants de la scolastique à ses débuts. Dans le contexte de la **Querelle des Universaux**, il adopta une position intermédiaire entre les nominalistes et les réalistes.
Dialectique.

Adorno, Theodor (Francfort-sur-le-Main 1903 – Visp, Suisse 1969): philosophe, sociologue, musicologue et compositeur. Cofondateur de la théorie critique de l'**école de Francfort** qui analyse la culture de masse moderne en terme d'état d'aveuglement, masquant ainsi la domination de l'homme sur la nature et sur sa nature.
Théorie esthétique; Dialectique négative.

Alembert (d'), Jean Le Rond (Paris 1717 – id. 1783): mathématicien, philosophe et écrivain qui, avec Diderot, publia l'*Encyclopédie* des **Lumières.**
Traité de dynamique; Éléments de philosophie.

Anaxagore (Clazomènes vers 500 av. – Lampsaque 428 av. J.-C): philosophe ionien de la nature qui, le premier, perçut dans l'esprit ou la raison (*Nous*) le principe de tout. Il voyait dans les petites particules les pierres de fondation du matériau qui, à travers la raison divine, sont assemblées pour constituer le monde.
De la nature.

Anaximandre (Milet vers 610 – id. vers 546 av. J.-C): le principe de la philosophie ionienne de la nature, selon Anaximandre, n'est plus l'eau, comme le pensait son maître Thalès, mais l'infini (*apeiron*) dont la terre est issue à travers un mouvement de spirale.
Différents fragments in *Les Écoles présocratiques*, Folio essais.

Anaximène de Milet (Milet vers 585 – id. vers 525 av. J.-C): philosophe ionien de la nature pour lequel le principe de toute chose réside essentiellement dans l'air qui se trouve sous différents états, tels que le vent, les nuages, l'eau, la terre et la pierre.
Rhétorique à Alexandre.

Arendt, Hannah (Hanovre 1906 – New York 1975): philosophe et politologue germano-américaine qui conçoit le politique comme un espace public à l'intérieur duquel la coopération entre les citoyens devient possible. Elle considère que l'extension de la sphère économique dans les autres domaines de la société qui s'effectue dans la modernité compromet l'accomplissement du processus politique.
Les Origines du totalitarisme; La Condition de l'homme moderne; La Vie de l'esprit.

Aristote (Stagire, Macédoine 384 – Chalcis, Eubée 322 av. J-C): philosophe et érudit de l'Antiquité classique. Son œuvre extrêmement vaste, dans laquelle il effectue des distinctions et élabore des concepts qui déterminent notre pensée jusqu'à aujourd'hui, constitue le fondement de la philosophie occidentale.
Métaphysique; Éthique à Nicomaque; Analytiques.

Augustin, Aurelius (saint Augustin) (Tagaste 354 – Hippone 430): évêque et théologien dont la pensée était marquée par l'importance de la communauté autour de l'Église. Il ne pense plus le temps en termes de retour de l'identique, comme cela prévalait dans l'Antiquité, mais linéairement, comme une succession de six stades correspondant à une histoire du salut dont l'aboutissement est le Jugement dernier.
Les Confessions; Apologétique.

Bacon, Francis (Londres 1561 – id. 1626): fondateur de la démarche scientifique moderne qui procède de façon inductive, par l'expérience, et non déductivement à partir de principes supérieurs. La soumission à la nature et la pacification de la société doivent ainsi permettre la satisfaction des besoins de tous: « le pouvoir naît du savoir ».
Essais; Pensées et vues sur l'interprétation de la nature.

Benjamin, Walter (Berlin, 1892, Port-Bou, Espagne, 1940): philosophe marxiste et théoricien de la critique de la civilisation qui associe une analyse pénétrante de l'expérience esthétique à un profond scepticisme envers le progrès, et ce sur la base des grandes figures intellectuelles de la mystique juive. Il se suicida au cours de sa fuite en Espagne après l'occupation de la France.
L'Œuvre d'art à l'ère de sa reproductibilité technique.

Bergson, Henri (Paris 1859 – id. 1941): principal représentant français de la philosophie de la vie. Il rejette le principe de la raison scientifique qu'il considère comme rigide et hostile à la vie pour lui opposer le flux organique du temps et l'élan vital.
Introduction à la métaphysique; L'Évolution créatrice; L'Energie spirituelle.

Berkeley, George (Kilkenny 1685 – Oxford 1753): représentant de l'**empirisme** anglais qui ramène toute expérience à des impressions sensorielles. Il radicalise l'empirisme en un idéalisme qui nie l'existence d'un monde extérieur indépendant de la conscience. Pour Berkeley, seul ce qui fait l'objet d'une perception peut prétendre à être considéré comme existant.
Traité des principes de la connaissance humaine; Dialogues d'Hylas et Philonoüs.

Bloch, Ernst (Ludwigshafen 1885 – Tübingen 1977): philosophe marxiste qui mit la notion de « principe d'espérance » au centre de son œuvre. La catégorie de ce qui n'est pas encore y correspond à une utopie qui permettrait à tout un chacun et à toute chose de se développer en fonction du potentiel qui leur est inhérent.
Le Principe espérance; L'Esprit de l'utopie; Droit naturel et dignité humaine.

Bruno, Giordano (Nola 1548 – Rome 1600): philosophe qui, suite à ses affirmations sur le fait que l'infinité de Dieu entraîne celle de l'univers, fut mis au bûcher.
Cause, principe et unité; Les Fureurs héroïques.

Camus, Albert (Mondovi, Algérie 1913 – Villeblevin 1960): philosophe français et écrivain qui, en tant que représentant de l'**existentialisme**, met en exergue l'absurdité de l'existence humaine qui consiste en une incessante quête du sens à donner à sa vie tout en sachant que cette entreprise est vouée à l'échec.
L'Homme révolté; Essais; La Chute.

Carnap, Rudolf (Wuppertal 1891-Santa Monica 1970): philosophe germano-américain, linguiste et théoricien de la science qui, en tant que principal représentant du **positivisme** logique, essaya de ramener l'ensemble de l'expérience à des observations élémentaires à partir desquelles il serait possible de créer une science unitaire. Il considère que tous les autres problèmes philosophiques ne sont que des problèmes illusoires.
La Syntaxe logique du langage; La Logique de la science; Introduction à la sémantique.

Davidson, Donald (Springfield, Massachusetts 1917): philosophe et linguiste qui accorde une importance centrale, dans l'explication des significations linguistiques, à l'interprétation réciproque d'expressions linguistiques par les locuteurs d'une langue.

Démocrite (Abdère, vers 460 – vers 370 av. J-C): principal représentant de l'atomisme antique qui part du principe que tout ce qui existe se compose de particules infiniment petites et semblables en mouvement de chute permanente. D'après lui, les objets perceptibles naissent des turbulences provoquées par le fait que ces particules s'écartent de la ligne droite de la trajectoire de la chute.
Sur l'équilibre de l'âme.

Derrida, Jacques (El-Biar, Algérie, 1930): principal représentant du déconstructivisme philosophique. Pour lui, la philosophie occidentale est marquée par un phonocentrisme, une préférence en faveur du mot parlé plutôt que pour l'écrit Cela se manifeste par un logocentrisme, une fixation sur la raison que Derrida considère comme un fourvoiement de la pensée qu'il s'agit dès lors de « déconstruire » de l'intérieur.
L'Écriture et la différence; Du Droit à la philosophie.

Descartes, René (La Haye [Indre-et-Loire] 1596 – Stockholm 1650): fondateur de la philosophie rationaliste contemporaine. Pour Descartes, la certitude de sa propre existence résulte du doute méthodique appliqué à l'existence du monde extérieur: « Je pense donc je suis ». Il existe en outre, parallèlement à l'existence du moi comme première substance, les choses étendues de la deuxième substance, tandis que Dieu, en tant que troisième **substance**, assure le caractère connaissable du monde extérieur.
Méditations métaphysiques; Discours de la méthode; Traité des passions.

Dewey, John (Burlington, Vermont 1859 – New York 1952): représentant du **pragmatisme** américain qui souligna l'importance de l'intervention active dans la réalité pour le processus d'accumulation de connaissances, et qui eut une influence considérable comme théoricien de la démocratie et comme réformateur de l'éducation aux États-Unis.
Démocratie et éducation.

Dilthey, Wilhelm (Biebrich 1833 – Seis, Tyrol 1911): principal représentant de la philosophie allemande de la vie. Dilthey s'efforça surtout de fonder une science humaine de la compréhension qui se distingue à ses yeux des sciences naturelles par le fait que le chercheur en sciences humaines doit se plonger dans l'objet de ses recherches, à savoir les manifestations de la vie humaine, qu'il lui faut reconstituer *a posteriori*.
L'Édification du monde historique dans les sciences de l'esprit.

Duns Scot, John (Maxton, Écosse vers 1266 – Cologne 1308): philosophe scolastique qui tenta de faire converger les enseignements d'Aristote et de saint Augustin. Il enseignait que c'est à la volonté, et non à l'intellect, que revient la priorité principalement en matière d'éthique.
Traité du premier principe; Sur la connaissance de Dieu et l'univocité de l'étant.

Empédocle (Agrigente vers 490 – vers 435 av. J-C): prédicateur nomade et philosophe qui voyait dans les quatre éléments, qui s'attirent ou se rejettent par amour ou par haine, le principe de toute chose.
De la nature; Purifications.

Épicure (Samos 341 – Athènes 270 av. J-C): fondateur de l'**épicurisme**, également connu sous le nom d'**hédonisme**, dont la philosophie met au premier plan d'une vie juste et sensée, l'évitement de la souffrance et la recherche du bonheur.
De la nature; Maximes capitales.

Feuerbach, Ludwig (Landshut 1804 – Nuremberg 1872): représentant de l'hégélianisme de gauche. Dans le contexte du débat qui l'opposa à Hegel à propos de la philosophie de

l'esprit absolu, il considère que seul le particulier peut prétendre à être réel. Sa critique de la religion veut mettre en évidence le fait que Dieu n'est jamais qu'une projection des aspirations contenues dans l'homme.
L'Essence du christianisme;
La Religion.

Fichte, Johann Gottlieb (Rammenau, Saxe 1762 – Berlin, 1814): fondateur de l'**idéalisme** allemand. Partant de la philosophie de Kant, il tente d'interpréter l'ensemble de la réalité comme une construction de la conscience de soi qui se rapporte à elle-même, de telle sorte qu'elle se distingue d'elle-même en se connaissant. Il conçoit comme action cette distinction entre connaissant et connu où se constitue le sujet conscient de lui.
Essai d'une critique de toute révélation ; Doctrine de la science.

Foucault, Michel (Poitiers 1926 – Paris 1984): principal représentant du **structuralisme**. Il conçoit le sujet moderne comme le produit d'un processus anonyme à travers lequel les sciences de l'homme apparues depuis le XVIIIe siècle ont fait du corps et de l'esprit humain un objet d'observation façonné par le pouvoir des institutions modernes telles que les asiles psychiatriques, les prisons, les écoles et les usines.
Histoire de la folie à l'âge classique;
L'Ordre du discours; L'Archéologie du savoir.

Frege, Gottlob (Wismar 1848 – Bad Kleinen 1925): mathématicien et logicien qui élabora la **logique** formelle à l'aide de laquelle il est possible d'indiquer de quelle manière la vérité d'assertions assemblées dépend de la vérité des composantes de ces assertions. En outre, il a essayé de montrer qu'il est possible de présenter les concepts comme des classes mathématiques d'objets.
Écrits logiques et philosophiques; Les Fondements de l'arithmétique.

Gadamer, Hans Georg (Marburg 1900): représentant de l'**herméneutique** philosophique qui essaie d'établir que la notion de compréhension empruntée aux sciences humaines est l'élément central de ce qui constitue l'existence humaine.
Vérité et méthode.

Gehlen, Arnold (Leipzig 1904 – Hambourg 1976): principal représentant de l'anthropologie philosophique qui caractérise l'homme comme un être de manque voué à compenser les insuffisances matérielles de sa dotation physique en matière de force physique, d'instinct et de perception, par le développement de sa faculté à agir de manière réfléchie.
Der Mensch; seine Natur und seine Stellung in der Welt; Urmensch und Spätkultur.

Guillaume de Champeaux (Champeaux vers 1070 – Châlons-sur-Marne vers 1121): théologien scolastique qui, lors de la **Querelle des Universaux**, adopta une position réaliste radicale selon laquelle seul le

général, les concepts universaux, existent. Il n'y a dès lors pas d'individus, seule l'humanité qui constitue un homme peut prétendre à la réalité, et non ce qui en fait un individu particulier.

Guillaume d'Ockham (Ockham vers 1285 – Munich vers 1347): représentant de la scolastique dans sa période finale qui, lors de la **Querelle des Universaux**, défendit une position nominaliste radicale consistant à affirmer que les concepts ne sont que des signes qui n'existent que dans l'âme et non dans la réalité. Ockham excluait la possibilité d'accéder à une connaissance de Dieu par les moyens de la raison.
Somme de logique; Commentaire sur le livre des prédicables de Porphyre.

Habermas, Jürgen (Düsseldorf 1929): philosophe et sociologue qui perpétue de nos jours la tradition de l'**école de Francfort**. Il essaie de concilier la dimension critique de l'analyse marxiste avec la culture démocratique de l'État de droit, de telle sorte qu'il soit possible de repérer la frontière légitime qui existe entre le système de l'appareil étatique et l'économie d'une part, et le monde de la vie communicative d'autre part.
Le Discours philosophique de la modernité; Après Marx; Connaissance et intérêt.

Hegel, Georg Wilhelm Friedrich (Stuttgart 1770 – Berlin 1831): principal représentant de l'**idéalisme** allemand. Hegel présente son système philosophique comme la description de l'esprit se déployant dans la totalité du monde. Ce déploiement s'effectue dialectiquement, c'est-à-dire que toute manifestation de l'esprit engendre en elle-même son contraire : la négation de cette manifestation. La contradiction s'annule de telle sorte que la négation reste contenue dans la nouvelle manifestation (historiquement) supérieure et la rend ainsi plus concrète, l'accomplit pour ainsi dire.
Phénoménologie de l'esprit; Encyclopédie des sciences philosophiques; Esthétique.

Heidegger, Martin (Messkirch 1889 – id. 1976): principal représentant de l'**existentialisme** allemand. Il caractérise l'existence humaine comme ébauche projetée, comme quelque chose qui se trouve d'emblée dans un environnement non choisi, mais qui doit néanmoins être franchi dans la perspective d'un futur inconnu. Dans son œuvre tardive, Heidegger rend la rationalité occidentale responsable de l'absence, de l'oubli de l'« être ».
L'Être et le temps; Qu'est-ce-que la métaphysique?; Lettre sur la métaphysique.

Héraclite (Éphèse vers 550 – id. vers 480 av. J.-C): représentant de la philosophie ionienne de la nature qui considérait que le feu était le principe de toute chose. Il s'opposa en particulier à la conception de l'école d'Élée d'une immobilité de l'« être ». Il part en effet du principe que la réalité se trouve dans un flux permanent.
De la nature.

Hobbes, Thomas (Westport/Bristol 1588 – Hardwick Hall 1679): philosophe et théoricien politique qui, sur la base d'une **épistémologie** et d'une anthropologie matérialistes, fit du contrat social implicite propre à toute société, le fondement de la légitimité de l'État moderne censé éviter la lutte de tous contre tous.
Éléments de philosophie ; Léviathan.

Horkheimer, Max (Stuttgart 1895 – Nuremberg 1973): philosophe et sociologue qui, en tant que directeur de l'Institut pour la recherche sociale, associa une recherche sociale empirique à une théorie critique de la société d'inspiration marxiste.
Théorie critique; Éclipse de la raison.

Hume, David (Édimbourg 1711 – id. 1776): représentant de l'**empirisme** épistémologique extrême qui essaya de ramener toute connaissance à des impressions sensorielles immédiates et à leurs représentations conceptuelles, ou idées.
Enquête sur l'entendement humain; Enquête sur les principes de la morale; Dialogues sur la religion naturelle.

Husserl, Edmund (Prossnitz 1859 – Fribourg-en-Brisgau 1938): fondateur de la **phénoménologie** dont le propos est de refonder la philosophie comme science exacte de la conscience pure et qui tente de mettre en évidence l'intentionnalité de la conscience.
Recherches logiques; Idées directrices pour une phénoménologie; Méditations cartésiennes.

Jaspers, Karl (Oldenburg 1883 – Bâle 1969): psychiatre et philosophe. L'un des principaux représentants de l'existentialisme chrétien pour lequel l'existence humaine ne devient appréhendable, en même temps que l'« ensaisissement » qui englobe cette existence, que dans l'expérience des situations limites que sont l'échec, la culpabilité et la mort. C'est dans la communication avec autrui que la relation se réalise de la manière la plus parfaite.
Introduction à la philosophie.

Kant, Emmanuel (Königsberg 1724 – id. 1804): fondateur de la philosophie critique moderne et précurseur de l'idéalisme allemand qui mit en évidence les limites et les possibilités de la métaphysique et de l'éthique en examinant les conditions de l'**expérience** et de l'action.
Critique de la raison pure; Fondements de la métaphysique des mœurs; Critique de la raison pratique.

Kierkegaard, Soren (Copenhague 1813 – id. 1855): philosophe et théologien, fondateur de l'existentialisme. Il s'exposa de manière radicale au désespoir et à l'angoisse de l'homme confronté à un Dieu qui se cache.
Traité du désespoir; Le Concept de l'angoise; Crainte et tremblement.

Leibniz, Gottfried Wilhelm (Leipzig 1646 – Hanovre 1716): philosophe et érudit qui a tenté de donner une base ontologique à la science moderne avec sa théorie des **monades** et de

résoudre la problématique de la dualité du corps et de l'âme par une théorie de l'harmonie préstabilisée.
Discours de métaphysique; L'Entendement humain; la Monadologie.

Lévi-Strauss, Claude (Bruxelles, 1908): ethnologue qui introduisit le **structuralisme** linguistique dans les sciences sociales en concevant les relations de parenté des sociétés primitives comme structure s'apparentant à un langage.
La Pensée sauvage; Les Structures élémentaires de la parenté; Anthropologie structurale.

Levinas, Emmanuel (Kaunas 1905-Paris 1995): phénoménologue qui se consacra surtout à la fondation d'une éthique où il voit dans le regard de l'autre une instance qui nous oblige à une responsabilité infinie.
Éthique et infini; De l'existence à l'existant; Humanisme de l'autre homme.

Locke, John (Wrington, Somerset 1632 – Oates, Essex 1704): fondateur de l'**empirisme** anglais. Rien ne peut être présent dans l'esprit qui ne soit pas le résultat de l'activité sensorielle. Philosophe politique également, il fit de l'égalité, de la liberté et de l'inviolabilité de la personne, des valeurs suprêmes sur lesquelles il fonda aussi sa vision d'un ordre économique libéral.
De la conduite de l'entendement; Traité du gouvernement civil.

Lucrèce (vers 97 – 55 av. J-C.): poète et philosophe qui, à travers l'enseignement philosophique de sa poésie, présente une philosophie de la nature empreinte d'épicurisme matérialiste selon lequel tout peut s'expliquer sur la base de lois naturelles tirées de l'interaction entre atomes. Cette connaissance doit permettre une conduite de vie dégagée de la peur des dieux et du destin.
Sur la nature.

Lukács, Georg (Budapest 1885 – id. 1971): philosophe marxiste qui considère la rationalisation de la société moderne comme un processus de chosification dans lequel les rapports sociaux entre les personnes deviennent de plus en plus comme des rapports avec les objets. La chosification trouve son origine dans le fait que le travail au sein du système capitaliste devient une marchandise que le travailleur revend contre un salaire, et qu'il se coupe ainsi de lui-même comme être vivant.
Histoire et conscience de classe; Détrônement de la raison.

Machiavel, Nicolas (Florence 1469 – id. 1527): fondateur de la philosophie politique moderne. Il décrit dans ses œuvres les techniques de conquête du pouvoir qui sont nécessaires à l'affirmation de l'ordre public, et ce, indépendamment de la légitimité d'un gouvernement.
Le Politique; Le Prince.

Marc Aurèle (Rome 121 – Vindobona 180): principal représentant de la philosophie stoïcienne et empereur romain.

L'indépendance totale par rapport aux situations extérieures doit permettre au stoïcien d'atteindre un état de sérénité absolue. *Pensées*.

Marcuse, Herbert (Berlin 1898 – Starnberg 1979): philosophe membre de l'**école de Francfort**. Il étudia surtout les effets sociaux du capitalisme sur l'homme et formula l'espoir d'une révolution remettant en cause le refoulement des pulsions résultant de la morale sexuelle dominante.
Culture et société; Contre-révolution et révolte.

Marx, Karl (Trèves 1818 – Londres 1883): hégélien de gauche, Marx conçoit l'histoire du monde comme un processus de progrès qui suit une logique dialectique. Ce n'est toutefois plus l'autoréalisation de l'esprit qui s'effectue dans ce processus, mais l'autodéploiement des forces productives. Le rapport de production capitaliste caractérisé par l'irruption de crises dans la modernité tend à devoir être dépassé par un nouvel ordre social. *Misère de la philosophie; Le Capital*.

Merleau-Ponty, Maurice (Rochefort 1908 – Paris 1961): phénoménologue français qui a pensé le lien entre corps et raison dans les différents processus de l'existence humaine. C'est en particulier dans sa **phénoménologie** de la perception qu'il montre que la possibilité de l'intervention humaine dans le monde structure sa perception.
Phénoménologie de la perception; L'Œil et l'esprit; Éloge de la philosophie.

Mill, John Stuart (Londres 1806 – Avignon 1873): représentant de l'**utilitarisme** anglais d'après lequel un mode de comportement est justifié dès lors qu'il augmente la quantité d'avantages dans le monde ou réduit celui des désagréments, et ce indépendamment du type d'action que cela suppose. Mill essaya de faire des sciences sociales des sciences exactes semblables à la physique newtonienne en développant pour ce faire une méthode générale.
L'Utilitarisme; De la liberté.

Nietzsche, Friedrich (Röcken 1844 – Weimar 1900): Nietzsche est considéré comme le critique le plus significatif de la philosophie des **Lumières**. Il tente d'ébranler les certitudes des Lumières en se fondant sur l'argument selon lequel les motifs dont se sont dotés les Lumières dans leurs normes épistémologiques et dans leur éthique s'enracinent dans le ressentiment et ne font pas preuve de suffisamment de force et de courage pour accepter les défis d'une existence libre.
Ainsi parlait Zarathoustra; Généalogie de la morale; Par-delà le bien et le mal.

Nicolas de Cues (Kues, diocèse de Trèves 1401 – Todi 1464): mathématicien, cardinal et philosophe qui rassembla dans son système l'unité des contraires de Dieu, des anges, du monde et de l'homme, tout en formulant déjà des conceptions modernes du rapport entre Dieu et l'homme. Car il n'y

a pas de savoir clair sur Dieu, il y a au mieux, le concernant, une ignorance cultivée.
Le Tableau ou la vision de Dieu.

Parménide (Élée vers 515 – *id.* 440 av. J.-C.): fondateur de l'ontologie de l'école philosophique d'Élée. D'après Parménide, la réalité n'est soumise à aucun changement – toute impression de changement n'est qu'illusion. L'« être » réel est en effet une boule qui repose sur elle-même et qui ne connaît aucune modification.
De la nature.

Peirce, Charles Sanders (Cambridge, Massachusetts 1839 – Milford, Pennsylvanie 1914): physicien et philosophe fondateur du **pragmatisme** américain qui essaya de montrer qu'on ne peut attribuer une signification aux signes du langage que dans des contextes d'action. Peirce est aussi le fondateur de la théorie de la vérité consensuelle selon laquelle un consensus, qui s'établit entre tous les interlocuteurs possibles dans des conditions idéales, est équivalent à la vérité.
Textes anticartésiens.

Platon (Athènes vers 427 – *id.* 348/347 av. J.-C.): fondateur de la philosophie de l'idéalisme. D'après Platon, le monde tel que nous le connaissons est une simple reproduction du monde des **idées**. Ainsi, l'idée du cheval n'est autre que le modèle pour tous les chevaux réels, mais l'idée les dépasse en perfection. Il n'est cependant pas possible de percevoir ces idées sur le plan sensible. Il faut pour cela procéder à une contemplation intellectuelle qui s'élève au stade de l'idée par cette contemplation concrète.
Gorgias; Apologie de Socrate; Le Banquet; La République.

Plotin (Lycopolis vers 205 – en Campanie vers 270): principal représentant du néoplatonisme. Plotin conçoit une hiérarchie ontologique au sommet de laquelle se trouve Dieu comme esprit pur ou l'idée platonicienne du bien. Plus un objet participe à l'ordre de la matière, moins il est élevé dans la hiérarchie de l'« être », et inversement. Cette hiérarchie ontologique correspond à une appréciation qui place l'esprit pur dans l'ordre du bien, et la matière pure dans celui du mal.
Énnéades.

Popper, Karl (Vienne 1902 – Londres 1994): fondateur du rationalisme critique. Popper veut démontrer sur le plan épistémologique que le progrès scientifique ne doit pas être conçu comme une simple accumulation de confirmations d'hypothèses, mais comme un processus de remise en cause d'hypothèses. En matière de théorie politique, il plaide en faveur d'une société ouverte qui n'aspire pas à la réalisation d'un objectif, mais qui garantisse simplement la liberté de ses citoyens.
Le Réalisme et la science; La Connaissance objective.

Pythagore (Samos vers 570 – Métaponte 480 av. J.-C.): mathématicien et philosophe qui rassemblait autour de lui un groupe de disciples convaincus que les nombres sont la source et le principe de toutes choses.
De la nature; De l'éducation; De la politique.

Quine, Williard Van Orman (Akron, Ohio 1908): représentant de la philosophie de l'analyse linguistique qui soumet à une critique radicale les hypothèses fondamentales du **positivisme** logique en prouvant la dépendance contextuelle des significations linguistiques et du savoir empirique.
Les Deux Dogmes de l'empirisme; Le Mot et la chose.

Rawls, John (Baltimore 1921): principal représentant de la théorie politique du présent. Les principes fondamentaux d'une théorie de la justice, qui est censée permettre d'évaluer les institutions étatiques, tendent à établir une liberté égale pour tous, associée à une inégalité matérielle dès lors que celle-ci est utile à tous.
Deux Concepts de règles; La Justice comme équité.

Roscelin de Compiègne (Compiègne vers 1050 – Tours ou Besançon vers 1120): philosophe et théologien qui défendit le point de vue nominaliste lors de la **Querelle des Universaux**, selon lequel seul le particulier existe, tandis que les (concepts) universaux ne sont que du bruit et de la fumée.

Rousseau, Jean-Jacques (Genève 1712 – Ermenonville 1778): philosophe politique et social qui a fait dépendre la légitimité d'un régime de la conclusion d'un contrat social censé garantir que, lors du processus de formation de la volonté politique, les intérêts particuliers se fondent en une volonté collective.
Discours sur l'origine de l'inégalité; Les Confessions; Les Rêveries du promeneur solitaire.

Russell, Bertrand (Trelleck 1872 – Penrhyndeudraeth, pays de Galles 1970): mathématicien et philosophe, principal représentant de la philosophie d'analyse du langage à l'aide de laquelle il analyse logiquement des phrases du langage courant. Russell est surtout connu du grand public pour ses prises de position pacifistes et ses essais philosophiques.
Histoire de mes idées philosophiques; Écrits de logique philosophique; Science et religion.

Sartre, Jean-Paul (Paris 1905 – *id.* 1980): principal représentant de l'**existentialisme** français: l'existence humaine se caractérise par sa liberté radicale. L'homme doit à chaque instant se décider pour ou contre un projet de vie et assumer la responsabilité de ses choix.
L'Existentialisme est un humanisme; L'Être et le néant; L'Imaginaire.

Scheler, Max (Munich 1874 – Francfort 1928): philosophe, phénoménologue et sociologue qui opposa au formalisme de l'éthique kantienne

une éthique de la valeur, et qui fonda la philosophie anthropologique en positionnant l'homme dans le cosmos entre l'esprit et la vie.
La Situation de l'homme dans le monde; Le Sens de la souffrance.

Schelling, Friedrich Wilhelm (Leonberg, Wurtemberg 1775 – Bad Ragaz, Suisse 1854): représentant de l'**idéalisme** allemand qui, après avoir commencé son œuvre avec Hegel, poursuivit son propre chemin. Il part du principe qu'il y a un moi absolu dont on ne peut pas prouver l'existence par un discours argumenté, et qui ne peut être perçu que dans le cadre d'une contemplation intellectuelle. S'il arrive que l'unité originelle du moi absolu soit brisée, il incombe à la politique et à l'histoire de la rétablir.
Essais; Œuvres métaphysiques; Introduction à la philosophie de la mythologie.

Schopenhauer, Arthur (Danzig, 1788 – Francfort, 1860): la pensée de Schopenhauer est marquée par une perception profondément pessimiste des choses. L'homme ne peut accéder à la connaissance du monde qu'à l'intérieur des représentations qu'il s'en fait et qui sont sous-tendues par la volonté – une force immanente de la nature.
Le Fondement de la morale; Le Monde comme volonté et comme représentation; De la volonté dans la nature.

Socrate (Alôpekê, Attique vers 470 – Athènes 399 av. J.-C.): fondateur de la philosophie classique grecque. Il n'existe aucun texte de lui, il mit sa philosophie en pratique dans le cadre de ses dialogues qui nous ont été retransmis par ses élèves. Socrate était, à l'instar des sophistes, un rationaliste dans la mesure où il exigeait en fait des arguments fondés en lieu et place des croyances qui avaient cours jusque-là.

Spinoza, Baruch (Amsterdam 1632 – La Haye 1677): représentant de la philosophie rationaliste. Dans le système de Spinoza, il n'y a qu'une seule substance qui est identique à Dieu. Tout ce qui existe, qu'il s'agisse des objets matériels ou des objets psychiques, est composé de cette substance.
Traité politique; Éthique; Œuvres complètes.

Thalès (Milet vers 625 – vers 547 av. J.-C.): fondateur de la philosophie ionienne de la nature, considéré comme le premier philosophe de tous les temps. Se démarquant d'une image du monde entièrement empruntée à la mythologie, il est le premier à formuler la question du principe qui fonde les choses.
Différents fragments in *Les Écoles présocratiques*, Folio essais.

Thomas d'Aquin (Aquino 1225 – Fossanova 1274): philosophe scolastique et théologien qui rassembla la totalité du savoir de son époque dans son livre intitulé Somme théologique. Il relia la philosophie

d'Aristote à la révélation chrétienne pour constituer une conception du monde pensée et construite jusque dans les plus petits détails.
Opuscules théologiques; Somme théologique; Opera omnia.

Voltaire (Paris 1694 – *id.* 1778): principal représentant de la philosophie française des **Lumières**. Voltaire n'a pas, à proprement parler, réalisé une œuvre philosophique, mais sa lutte contre l'obscurantisme et le dogmatisme en firent néanmoins le plus grand philosophe rationaliste français.
Lettres philosophiques; Dictionnaire philosophique;

Candide ou l'optimisme et autres contes; Zadig.

Wittgenstein, Ludwig (Vienne 1889 – Cambridge 1951): principal représentant de la **philosophie du langage**. Après avoir d'abord essayé de développer un langage idéal qui était censé pouvoir reproduire exactement la structure du monde, il se consacra à la fin de sa vie à un examen philosophique du langage courant. Il s'est alors agi d'identifier les problèmes philosophiques comme résultant d'un mauvais usage du langage et de les éliminer en tant que tels.
Grammaire philosophique; Remarques sur le fondement des mathématiques.

Xénophane (Colophon fin du VIe siècle av. J-C): fondateur présumé de l'école de philosophie d'Élée. Critique de la conception mythologique des Grecs antiques. Il reproche son anthropomorphisme à la représentation populaire des dieux dotés de qualités et de défauts, ce qui tend à rabaisser l'essence de la divinité. Xénophane croyait quant à lui en un dieu unique.
Les Silles; Élégies.

Zénon d'Élée (Élée vers 490 – *id.* vers 430 av. J-C): représentant de la philosophie de l'école d'Élée qui essayait, à l'aide de paradoxes (par exemple celui d'Achille et la tortue), de prouver l'irréalité de tout mouvement

de manière à défendre la conception d'un « **être** » reposant sur lui-même et immuable.
Traité de la nature; Contestations; Commentaire critique.

Zénon de Kition (Kition, Chypre vers 335 – Athènes 264 av. J-C): fondateur de la philosophie stoïcienne que Zénon opposait à l'épicurisme. Zénon enseignait qu'une bonne conduite de vie requiert de se sentir totalement indépendant par rapport aux influences extérieures; les affects et l'aspiration à la possession de biens extérieurs ne font en effet qu'ébranler la tranquillité de l'âme et doivent par conséquent être proscrits.
Logique; Fragments.

CRÉDITS PHOTOGRAPHIQUES

L'éditeur remercie les musées, collectionneurs, archives et photographes pour les autorisations accordées en matière de reproduction, et pour leur aimable soutien dans la réalisation de cet ouvrage.

© Archiv für Kunst und Geschichte, Berlin : 6, 7, 8 haut et bas, 12 haut (Erich Lessing), 13 (Erich Lessing), 14 (Schütze/Rodemann), 15 bas (Orsi Battaglini), 17 haut (Erich Lessing) et bas, 18 (Erich Lessing), 19 (Erich Lessing), 20, 21 (Cameraphoto), 22 haut et bas, 24, 25 bas, 26 (Erich Lessing), 27 haut (Erich Lessing) et bas, 28 haut et bas, 29, 30, 31 haut (Erich Lessing) et bas, 32, 33, 34 bas, 35, 36 bas, 37, 38, 39 haut et bas, 40 haut et bas, 42, 43 bas (Erich Lessing), 44, 46, 47, 49, 50, 52 haut (Erich Lessing) et bas, 53, 55, 56 (Michael Teller), 57 bas, 58 bas, 59, 60, 61, 62, 63 haut et bas, 64, 66 haut et bas, 67, 68, 70, 71 haut et bas, 72, 74, 76, 77, 78, 79 haut et bas, 80 haut et bas, 81, 82 haut, 86 bas, 87, 88 haut et bas,

89 haut et bas (Erich Lessing), 90, 91 haut (Erich Lessing) et bas, 92, 93, 94, 95 (Weegee), 96, 97 (Erich Lessing), 99, 100, 102 haut et bas, 104, 105 haut, 106, 108 haut, 108 bas (Erich Lessing), 109

© Archivio Fotografico Electa, Milan : 101 bas

© Bibliothèque nationale de France, Paris : 75

© Bildarchiv Steffens, Mayence : 16

© Bildarchiv Preußischer Kulturbesitz, Berlin 1999 : 36 haut, 51, 65, 107 haut

© Bridgeman Art Library, Londres : 45 (Giraudon/BAL), 58 haut, 73, 111

© Christoph Delius, Aix-la-Chapelle : 34 haut

© Descharnes & Descharnes, Paris : 98

© Fotomas Index, West Wickham : 110 haut

© Graphische Sammlung Albertina, Vienne : 12 bas

© Hulton Getty Picture Collection, Londres : 9, 84, 86 haut, et 107 bas

© Kepler-Kommission der Bayrischen Akademie der Wissenschaften, Munich : 10

© Kunsthistorisches Museum,

Vienne : 15 haut

© Kunstmuseum, Saint-Gall : 83

© Digne M. Marcovicz, Berlin : 101 haut

© Norman McGrath, New York : 110 bas

© Niedersächsische Landesbibliothek, Hanovre : 48 haut et bas

© Photothèque des Musées de la Ville de Paris : 69 (Berthier)

© Scala, Florence : 8 bas, 11, 23, 25 haut, 85

© Margherita Spiluttini, Vienne : 105 bas